쿠데타,
대재앙,
정보권력

쿠데타,
COUP!

대재앙,
CATASTROPHE!

정보권력
TECHNOLOGICAL TAKEOVER!

민주주의를 위협하는
새로운 신호들

데이비드 런시먼 지음 | 최이현 옮김

나
아날로그

일러두기

1. 단행본은 『』, 신문 및 잡지는 ◈, 논문 및 신문 기고글과 영화 등은 ◇로 표기했다.

2. 옮긴이 주는 괄호로 처리했으며, 마지막에 '- 옮긴이'로 표시했다.

3. 국내에 출간되지 않은 도서의 경우 원서명을 병기했다.

4. 외국 인명은 처음 1회에 한해 원어를 병기했으며, 국립국어원의 외래어 표기법의 원칙에 따라 표기했다.

상상도 할 수 없는 일을 생각하다

영원한 것은 없다. 민주주의도 언젠가는 과거 역사의 일부가 될 것이다. 1989년 역사의 종말을 선언했던 프랜시스 후쿠야마Francis Fukuyama조차도 민주주의가 영원하리라고 믿지 않았다.[1] 그러나 아주 최근까지도 서구 민주국가의 시민들은 민주주의의 최후가 한참 멀었다고 생각했다. 그들은 자기 생전에 민주주의가 사라지리라고는 꿈에도 생각해 보지 못했을 것이다. 마지막이 다가오고 있을지 모른다고 생각하는 사람은 소수일 것이다.

하지만 21세기가 시작된 지 20년도 채 되지 않은 지금, 불쑥 이런 질문이 떠오른다. 이것이 민주주의가 최후를 맞는 방식일까?

도널드 트럼프가 미국 대통령에 당선되자 처음으로 그런 의문이 들었다. 철학 용어로 설명하자면, 그 현상은 마치 민주정치에 귀류법reductio ad absurdum을 적용한 것 같았다. 즉 그렇게 터무니없는 결론이 도출되는 것을 보니, 증명 과정에 중대한 오류가 있었음이 틀림없었다. 만약 트럼프가 '이것이 민주주의가 최후를 맞는 방식일까?'에 대한 답이라면, 우리

5

는 더 이상 올바른 질문을 하지 못한다. 문제는 단지 트럼프만이 아니다. 그의 당선은 불신과 편협함으로 분열되고, 터무니없는 비난과 온라인 폭력의 부추김을 받아 불안정해지며, 소음 때문에 상대의 말을 이해하지 못하는 귀머거리들의 대화가 되어 버린 과열된 정치 풍토를 보여 준다. 미국뿐만 아니라 세계 곳곳에서 민주주의가 흔들리기 시작했다.

우선 이 점부터 명확히 해야겠다. 나는 트럼프가 백악관에 입성한 것이 민주주의의 종말을 의미한다고 생각하지 않는다. 미국의 민주적 제도들은 도로 위에 있는 모든 장애물을 극복하도록 설계되었으며, 트럼프의 통치 방식이 아무리 괴상하고 변덕스러워도 민주주의가 무너질 정도는 아니다. 트럼프 행정부는 비교적 평범한 과정을 따를 가능성이 더 크다. 하지만 트럼프가 대통령이 됨으로써 다음과 같은 직접적인 질문들이 제기된다. 미국과 같은 나라에서 실패한 민주주의는 어떤 모습으로 나타날까? 정착된 민주주의를 무너뜨리는 것은 무엇일까? 지금 우리는 그런 질문들을 던져야 한다. 하지만 그 질문에 대한 답은 알지 못한다.

우리의 정치적 상상력은 실패한 민주주의의 과거 모습에 멈춰 있다. 20세기 풍경에 갇혀 있는 것이다. 민주주의가 무너지면 무슨 일이 일어날지 상상하기 위해 1930년대나 1970년대로 거슬러 올라간다. 거리에 탱크가 있고, 별 볼 일 없는 독재자가 국민들에게 단결하라고 외치며, 폭력과 탄압이 뒤따르는 모습 말이다. 트럼프 대통령은 과거의 독재자들과 두루 비교되고 있다. 우리는 독재자가 재림하지 않으리라는 안일한 생각에 빠지지 말라는 경고를 계속 받아 왔다. 하지만 우리가 익숙한 실패의 증거만 찾는 동안 민주주의는 예상치 못한 방식으로 잘못되어 가고 있다. 그것이 더 큰 위험이다. 세상이 1930년대로 회귀할 확률은 높지 않다. 지금은 파시즘과 폭력, 세계대전의 전조가 보이지 않는다. 오늘날은 과거와 너무나 다르며(네트워크로 연결된, 풍요롭고 늙은 사회), 잘못된 역사에 관해 집단적 지식이 굳게 확립되어 있다. 민주주의가 무너질 때 우리는 그 방식에 놀랄 것이다. 지금 우리는 잘못된 곳을 들여다보고 있기 때문에 그런 일이 벌어지고 있다는 사실을 눈치도 못 챌 것이다.

현대 정치학은 다른 질문, 즉 '민주주의가 어떻게 처음 시작되었는가'에 사로잡혀 있어서 민주주의가 무너지는 그 밖의 새로운 방식을 거의 설명하지 못한다. 놀라운 일은 아니다. 민주주의가 전 세계로 확산하는 동안, 그 과정은 일 보 후퇴했다가 두 보 전진하는 경우가 많았다. 민주주의는 아프리카나 중남미, 아시아 등에서 조심스럽게 자리 잡다가 군사 쿠데타로 파괴되면 누군가 다시 일으켜 세웠다. 칠레, 한국, 케냐가 그랬다. 정치학의 핵심 문제 중 하나는 '무엇이 민주주의를 지속하게 하는가'다. 이는 근본적으로 신뢰의 문제. 선거에서 패한 사람들은 다음 선거를 기다리는 보람이 있어야 한다. 부자는 가난한 사람들이 자기 재산을 빼앗지 않으리라는, 군인은 시민들이 총을 들지 않으리라는 믿음이 있어야 한다. 하지만 그런 믿음은 자주 무너진다. 그러면 민주주의가 붕괴한다.

결과적으로 정치학자는 민주주의의 실패를 '퇴보'라는 관점에서 생각하기 쉽다. 민주적 제도에 대한 믿음이 확고히 자리 잡기 전으로 돌아간다는 것이다. 이런 이유로 우리는 오늘날 민주주의가 무너지는 모습을 설명하고자 과거의 실패 사례를 찾아본다. 민주주의가 붕괴되면 처음으로 돌아갈 것이라고 가정하기 때문이다. 창조 과정이 후진하는 셈이다.

이 책에서 나는 다양한 관점을 제시하려고 한다. 민주주의에 대한 신뢰가 확고한 사회에서 정치적 실패는 어떤 모습으로 나타날까? 21세기의 문제는 우리가 신뢰하는 제도들이 얼마나 유지될지, 그 제도들이 언제 작동을 멈출지 등을 우리가 더 이상 알 수 없다는 점이다. 이런 제도에는 정기적으로 치러지는 선거가 포함되며, 이는 여전히 민주정치의 근간을 이룬다. 또한 민주적 정당성을 갖는 입법부, 독립적인 사법부, 자유로운 언론도 민주적 제도에 포함된다. 이런 제도들은 의무를 제대로 이행하지 않아도 계속 기능할 수는 있다. 이런 식으로 속이 빈 민주주의는 우리에게 잘못된 안도감을 느끼게 한다. 민주주의가 반응하지 않아서 짜증이 나고 화가 나더라도 우리는 계속 신뢰를 보내고 도움을 요청한다. 그래서 민주주의는 손상되지 않은 상태에서 무너질 수 있다.

이런 분석은 서구에서 자주 논의되는 민주정치나 정치인에 대한 불신과 상충하는 것처럼 보인다. 지금 유권자들이 과거보다 국민의 대표자를 싫어하고 믿지 않는 것은 사실이다. 하지만 사람들이 민주주의를 적대시하는 것은 신뢰의 문제가 아니다. 불신은 사람들을 자포자기하게 만들 뿐이다. 민주주의는 신뢰받지 못해도 오래 유지될 수 있다. 민주주의가 언제 최후를 맞이하는가는 여러 답이 나올 수 있는 문제이며, 나도 그 답을 찾으려 노력할 것이다. 하지만 그 답이 1930년대에 있지는 않다.

우리는 노인이 다시 젊어지고, 그 젊은이가 경험이 더 많다고 상상하는 벤자민 버튼*의 역사관을 피하려고 노력해야 한다. 역사는 거꾸로 가지 않는다. 서구 민주주의의 현대 모습이 과거에 가장 어두웠던 순간을 상기시키는 것은 사실이다. 버지니아주 샬러츠빌 거리에서 시위대가 나치를 상징하는 만卐자 무늬를 들고 집회를 여는 모습●과 미국 대통령이 그 집회의 책임을 찬성과 반대 측 모두에게 돌리는 것을 본 사람이라면 최악의 사태를 두려워할 만하다. 물론 이런 사건들이 암울하기는 하지만, 우리가 지나온 시절로 되돌아가고 있다는 전조는 아니다. 20세기는 정말로 과거다. 우리에게는 참고할 만한 다른 예시가 필요하다.

그래서 다른 비유를 들어 보겠다. 이 비유가 완벽하지는 않지만, 이 책이 주장하는 내용을 이해하는 데 도움이 되기를 바란다. 서구 민주주의는 중년의 위기를 겪고 있다. 이렇게 말한다고 해서 지금의 사태를 하찮은 일로 축소하려는 의도는 아니다. 중년의 위기는 비참할 수 있고, 심지어 치명적일 수도 있다. 이는 전면적인 위기다. 하지만 민주주의가 불안정하고 탈진했다는 사실, 그리고 사람들이 그런 민주주의에 분노하면서도 한편으로는 안심한다는 사실을 고려하면서 이 위기를 이해해야 한다.

✖ F. 스콧 피츠제럴드의 소설을 기반으로 제작된 영화 <벤자민 버튼의 시간은 거꾸로 간다>의 주인공. 벤자민 버튼은 노인의 외모로 태어나 나이가 들수록 겉모습은 점점 젊어져 간다.

● 2017년 8월 12일 버지니아주 샬러츠빌에서 열린 백인우월주의자들의 집회를 말한다. 당시 이들의 극우주의적 시위에 대항해 맞불집회를 열었던 반대편 시위대를 향해 한 백인우월주의자가 자동차를 몰고 돌진해 1명이 사망하고 20여 명이 상해를 입는 사건이 있었다.

위기에 빠진 중년이 보이는 증상 중에는 젊은이들과 어울리려는 행동도 있다. 그렇다고 중년의 위기를 이해하기 위해 젊은이의 행동 양식을 연구해야 한다고 생각한다면 이는 큰 실수다.

불행한 중년 남성이 충동적으로 오토바이를 사는 행위는 위험할 수 있다. 정말 운이 없을 경우 큰 사고로 이어지기 때문이다. 하지만 열일곱 살 소년이 오토바이를 살 때만큼 위험하지는 않다. 그 중년 남성의 오토바이 입장에서는 당혹스러울 것이다. 주인이 몇 번 타지도 않고 길에 세워 둔 채 애물단지 취급을 할 수도 있으니 말이다. 어쩌면 누군가에게 팔려 갈지도 모른다. 결국 이 문제를 해결하려면 다른 방식으로 접근해야 한다. 이러한 상황을 지금 미국의 상황에 그대로 대입해 볼 수 있다. 미국의 민주주의가 불행한 중년 남성이라면, 트럼프는 그의 오토바이다. 여전히 엄청난 사고의 위험이 존재한다. 하지만 그보다는 이 중년의 위기가 계속될 가능성이 좀 더 높다. 그러므로 이를 조금이라도 해결할 의지가 있다면 다른 방법을 찾아야 할 것이다.

민주주의의 위기를 이런 식으로 다루는 것이 특권층 중년 백인 남성의 방종한 이야기처럼 들릴지도 모르겠다. 이런 사고방식은 전 세계에서 소수의 사람만 누릴 수 있는 호사다. 말하자면 이는 선진국만의 문제다. 위기는 사실이지만, 그다지 심각한 문제처럼 보이지는 않는다. 하지만 그 때문에 민주주의가 어떻게 끝날지 알기가 매우 어려워진다.

처음이나 마지막이 아니고 중간에 위기를 겪으면 전진과 후퇴가 동시에 이루어진다. 더 나은 무언가를 바라는 마음이 우리를 전진하게 한다.

동시에 지금까지 획득한 것들을 놓기 싫은 마음이 우리를 후퇴하게 한다. 그런 망설임은 정상이다. 그동안 민주주의는 우리에게 많은 도움을 주었다. 현대 민주주의가 매력적인 이유는 개인에게는 발언권을 허용하고, 사회에는 장기적인 혜택을 가져다줄 수 있기 때문이다. 이는 대단히 근사한 조합이다. 바로 이 때문에 우리는 아직 민주주의를 포기하고 싶지 않다. 하지만 민주주의 전체 프로그램과 그 대안인 반민주적 프로그램 중 한 가지만 선택해야 하는 것은 아닐 것이다. 민주주의의 매력을 높이는 요인들은 계속 작용하겠지만, 그들이 제대로 조화를 이루지 못할 수도 있다. 그러면 민주주의를 이루고 있는 각 요소들이 분리되기 시작한다. 사람의 행동이 흐트러지기 시작하면 종종 우리는 그 사람이 어딘가 망가졌다고 생각한다. 현재 민주주의는 망가진 것처럼 보인다. 그렇다고 고칠 수 없다는 의미는 아니다. 아직 그 정도는 아니다.

그렇다면 현재 민주주의의 위기는 과거 젊은 시절의 위기와 어떤 점이 다를까? 나는 세 가지 근본적인 차이점이 있다고 생각한다. 첫째, 오늘날에는 질적으로나 양적으로 정치 폭력이 줄어들었다. 서구 민주주의 사회는 대체로 평화로운데, 이는 우리의 파괴 충동이 다른 방식으로 표출되고 있기 때문이다. 물론 여전히 폭력은 존재한다. 하지만 그러한 폭력은 중앙 무대로 나오지 않은 채 정치 주변부와 우리의 상상 속 후미진 공간에서만 활개를 친다. 마치 유령과 같다. 둘째, 대재앙이 주는 위협이 바뀌고 있다. 과거에는 재난에 대한 예측이 사람들을 충격에 빠뜨렸다면, 지금은 오히려 사람들을 바보처럼 만드는 경향이 있다. 우리는 두려워서 얼어붙는다. 셋째, 정보통신기술 혁명이 민주주의가 작동하는 데 필요한 조건을 완전히 바꾸어 놓았다. 지금 우리는 스스로 통제하지 못하고 완전히 이해하지도 못하는 통신 방식과 정보 공유 방식에 의존하고 있다. 이 모든 특징은 노화의 증상과 일치한다.

나는 이 책의 내용을 쿠데타, 대재앙, 기술의 장악 이렇게 세 가지 주제로 정리했다. 우선 민주적 제도를 무력으로 장악하는 일이 아직도 현실적으로 가능한지 알아보기 위해 쿠데타(민주주의가 실패했다는 일반적 증거) 이야기로 시작한다. 만약 쿠데타가 일어날 가능성이 없다면, 무력의 개입 없이 민주주의는 어떻게 파괴될 수 있을까? 민주주의가 파괴되고 있다는 사실을 우리가 알 수 있을까? 음모론의 확산은 위협의 출처가 어디인지 점점 불확실해진다는 표시다. 쿠데타는 소규모 집단이 은밀하게 계획을 세우고 추진해야만 성공을 기대할 수 있으므로 음모가 필요하다. 쿠데타가 일어나지 않으면 아무것도 해결하지 못하는 음모론만 남는다.

다음으로 대재앙의 위험을 분석한다. 정치체제뿐만 아니라 그 밖의 다른 것들이 무너져도 민주주의는 파괴된다. 핵전쟁, 재앙에 가까운 기후변화, 생화학 테러, 살인 로봇의 등장 등이 민주정치를 끝장낼 수 있겠지만 그런 사건 자체는 그리 큰 걱정거리가 아니다. 정말로 끔찍한 일은 남은 사람들이 생존투쟁에만 몰두하느라 상황을 변화시키려면 투표가 필요하다는 생각을 하지 못하는 것이다. 우리가 이런 위협에 직면해 무력해졌을 때, 민주주의가 무너질 위험은 얼마나 클 것인가?

그다음에 기술이 장악할 가능성을 논의한다. 인공지능 로봇이 출현하려면 아직 조금 더 시간이 필요하다. 하지만 인공지능 로봇만큼 지능이 높지는 않더라도 빅데이터 속에서 유용한 정보를 찾아내고 우리가 너무 바빠서 미처 하지 못하는 결정들을 은밀히 처리하는 반지능 기계semi-intelligent machines가 점점 우리 삶에 깊숙이 침투하고 있다. 지금 우리가 가진 기술은 유례가 없을 정도로 효율적이지만, 이 기술을 관리하는 이들은 현대 정치사를 통틀어 가장 무책임한 집단이다. 이 새로운 힘에 대한 민주적 책임을 작별 인사도 없이 포기할 것인가?

마지막으로 민주주의보다 더 나은 대안을 찾는 것이 과연 합리적인지 질문한다. 중년의 위기는 변해야 한다는 신호일 수 있다. 만약 우리가 고루한 체제의 틀에 박혀 있다면, 왜 우리를 비참하게 만드는 것을 단호하게 끊어 내지 못할까? 민주주의에 대해 처칠이 남긴 유명한 말이 있다. 민주주의는 최악의 제도이지만, 역사적으로 시도되었던 다른 모든 제도들을 제외했을 때 그렇다는 것이다. 그는 1947년에 그렇게 말했다. 이미 오래 전이다. 그때 이후로 더 나은 제도가 시도된 적이 없었을까? 여기에서는 21세기식 권위주의부터 무정부주의까지 몇 가지 대안을 살펴본다.

결론에서는 민주주의가 실제로 어떻게 최후를 맞이할지 생각해 본다. 내가 보기에 민주주의에는 종점이 딱 하나만 있을 것 같지 않다. 역사를 통틀어 민주주의가 지나온 다양한 여정을 고려하면, 민주주의는 앞으로도 세계 여러 지역에서 다양한 길을 걸을 것이다. 미국 민주주의가 트럼프를 극복할 수 있다고 해서 터키 민주주의가 18년 넘게 장기 집권하고 있는 대통령 에르도안Recep Erdogan을 극복할 수 있다는 의미는 아니다. 민주주의가 유럽의 일부 지역에서 실패하더라도 아프리카에서는 발전할 수 있다. 서구 민주주의에 발생한 일이 다른 지역의 민주주의의 운명을 결정하지는 않는다. 하지만 서구 사회는 여전히 민주주의의 발전 모델이다. 서구 민주주의가 실패한다면 미래 정치에 미치는 영향이 어마어마할 것이다.

무슨 일이 일어나든(세상의 종말이 먼저 오지 않는 한) 그 사건이 민주주의의 마지막 날을 연장할 것이다. 현재 미국이 경험하는 민주주의가 내 이야기의 핵심이지만, 시간과 장소를 달리해서 민주주의의 다양한 모습도 이해해야 한다. 내가 1930년대에 집착하지 말라고 주장한다고 해서 과거 역사가 중요하지 않다는 말은 아니다. 오히려 그 반대다. 과거사에서도 아주 일부에 불과한 충격적인 순간에 집착하다 보면 다른 곳에서 얻을 수 있는 교훈을 보지 못할 수 있다. 그러니까 1930년대만큼 1890년대에서도 배울 점이 많다. 좀 더 뒤에서, 나는 1650년대와 고대 민주주의도 살펴볼 것이다. 지금 우리에게는 가까운 과거에 비정상적으로 집착하는 경향에서 벗어나게 해줄 역사가 필요하다. 그것이 지금 민주주의가 처한 중년의 위기를 극복하게 해줄 치료제다.

미래는 과거와 달라질 것이다. 과거는 생각보다 오래 전이다. 그리고 미국이 전 세계를 대표하지도 않는다. 그럼에도 나는 가까운 미국 역사인 트럼프 대통령의 취임사로 이야기를 시작하겠다. 그 순간에 민주주의가 끝난 것은 아니었다. 하지만 민주주의의 종말이 어떤 의미인지 생각해 보기에는 좋은 순간이었다.

2017년 1월 20일

나는 영국 케임브리지대학 강당에 있는 대형 화면으로 도널드 트럼프 미국 대통령의 취임식을 시청했다. 강당에는 추위에 대비해서 옷을 단단히 챙겨 입고 나온 다양한 국적의 학생들로 가득했다. 케임브리지대학의 공공장소는 난방이 잘 되지 않기 때문에 많은 사람들이 워싱턴 DC의 취임식장에 있는 사람들처럼 외투와 목도리를 걸치고 있었다. 하지만 학생들의 분위기는 차갑지 않았다. 웃으면서 농담하는 학생들이 많았다. 시민사회장public funeral을 치르러 모인 사람들처럼 다소 축제 분위기였다.

트럼프가 연설을 시작하자 웃음소리가 멈췄다. 대형 화면에 나타난, 미국 국기가 걸린 열주들을 배경으로 서 있는 그의 모습은 어딘지 꺼림칙하고 낯설어 보였다. 우리는 두려웠다. 트럼프의 호통 화법과 거칠고 노골적인 손짓(뭉툭한 손가락으로 허공을 가르고, 연설의 클라이맥스에서는 주먹을 꽉 쥔다)은 '파시즘 만화에서 보던 장면'을 떠올리게 했다. 영화 〈배트맨〉에 나오는 장면(조커가 겁에 질린 고담 시민에게 하는 연설)과도 너

15

무 비슷해서 마치 클리셰cliché* 같았다. 잘못된 비유는 아니다. 클리셰는 진실이 사라지는 공간이다.

트럼프의 연설은 충격적이었다. 그는 민주주의가 반민주적으로 변하기 시작하는, 거칠고 성난 주변부의 감정을 대변하듯 종말론적 표현 방식을 사용했다. 그는 "녹슨 공장들이 우리나라 곳곳에 묘비처럼 흩어져 있고 …… 범죄와 마약이 만연하며, 갱단이 활보합니다"라고 한탄했다. 그는 국가의 자존심을 회복해야 한다고 주장하면서, 청중에게 "우리 모두에게는 애국자가 흘린 붉은 피가 흐릅니다"라고 상기시켰다. 마치 은근한 협박 같았다. 무엇보다도 그는 국민이 뽑은 정치인에게 의사결정을 맡기는 대의민주주의의 기본 원리에 의문을 던졌다. 트럼프는 전문 정치인들이 국민을 배반하고 국민의 신뢰를 저버렸다고 호되게 비판했다.

> "너무나 오래, 우리나라 수도에 있는 소수 집단이 정부 보상금을 거두어 가는 동안 국민이 그 비용을 떠안았습니다. 워싱턴은 번창했지만, 국민은 국가의 부를 공유하지 못했습니다. 정치인들은 번영했지만, 일자리는 사라지고 공장은 문을 닫았습니다."[2]

그는 자신의 당선을 두고 권력이 단지 대통령에서 대통령으로, 정당

✖ 영화나 드라마, 소설 등에서 지나치게 남용되어 틀에 박힌 것으로 여겨지는 요소나 전개 방식 등을 의미한다.

에서 정당으로 이동하는 것이 아니라, 워싱턴에서 국민에게 되돌아가는 순간으로 기념해야 한다고 주장했다. 그는 자신을 방해하는 모든 정치인을 향해서 대중의 분노를 동원하려 했을까? 누가 그를 막을 수 있을까? 그가 연설을 마치자, 케임브리지 강당 안에 있던 사람들은 아연실색해서 할 말을 잃었다. 깜짝 놀란 사람은 우리만이 아니었다. 트럼프가 연단을 떠날 때 전임 대통령 중 하나인 조지 W. 부시가 이렇게 중얼거렸다고 한다. "참 개똥같은 연설이군."

우리는 소비한 것을 즉시 재소비할 수 있는 시대에 살고 있으므로, 나는 트럼프 취임사를 다시 시청했다. 두 번째로 그의 취임사를 다시 돌려보았을 때는 느낌이 달랐다. 트럼프의 연설은 덜 충격적이었다. 나는 그때서야 비로소 무슨 일이 벌어지고 있는지 깨달았다. 이전에는 내가 과민하게 반응했었다. 그는 단지 이 모든 것이 사실이 아니라고 말했을 뿐이다. 두려움을 주는 그의 발언은 기본적으로 예의를 갖추어야 하는 현장에 어울리지 않았다. 그가 말한 것처럼 나라가 이미 분열되었다면 취임식에서 점잖게 앉아 있기는 어렵지 않았을까? 또한 그의 연설은 내가 알고 있던 미국의 모습과도 달랐다. 어떤 역사적 잣대를 들이대도 미국은 전혀 망가진 사회가 아니다.

2016년 미국 민주주의 최악의 시나리오

최근 몇 가지 문제가 있었지만 폭력은 전반적으로 줄고 있다. 분배가 불공평하기는 해도 경제는 번영하고 있다. 만약 미국 국민이 정말로 트럼프의 말을 믿었다면 그에게 투표했을까? 전체 시민사회가 붕괴할 위험을 생각한다면 그에게 투표하는 것은 상당히 용감한 행동이었을 것이다. 아마도 트럼프의 말을 진심으로 믿지 않았기에 그에게 투표하지 않았을까?

나는 이런 수사법이 뉴 노멀(new normal, 시대가 변하면서 새롭게 떠오르는 기준이나 표준 - 옮긴이)이라는 생각에 익숙해지기까지 대략 15분이 걸렸다. 트럼프의 연설문을 작성한 스티브 배넌Steve Bannon과 스티븐 밀러Stephen Miller는 명백히 반민주적인 표현은 넣지 않았다. 트럼프의 연설은 포퓰리즘적이었지만, 민주주의에 반하는 것은 아니었다. 오히려 포퓰리즘은 민주주의를 배신한 엘리트 집단으로부터 민주주의를 되찾아오려고 애쓴다. 대의민주주의의 기본 전제는 사람들이 자신을 대표하는 정치인을 참을 수 없을 경우 정해진 때에 자신의 의사를 표현할 수 있다는 것인데, 트럼프 연설문에는 그 전제에 위배되는 말이 전혀 없었다. 트럼프는 자신에게 표를 준 사람들이 확고하게 믿는 사실을 반복해서 말했다. 즉 이대로 둘 수는 없다는 것이다.

트럼프의 취임식을 반복해서 보는 동안 나는 점점 트럼프에게서 관심을 거두고 그 옆에 도열한 사람들에게 집중했다. 연단에서 남편 옆에 서 있던 멜라니아 트럼프는 불안해 보였다. 오바마 전 대통령은 그저 불편해 보였다. 한쪽에 떨어져 있던 힐러리 클린턴은 얼떨떨한 표정이었다. 합동참모본부 인사들은 냉정하고 무표정한 얼굴이었다. 사실 트럼프가 선서 후에 펼친 연설에는 미국 민주주의에 직접적으로 위협이 되는 말은 거의 없었다. 연설은 그저 말에 불과했다. 정치에서 중요한 순간은 말이 행동으로 바뀌는 때다. 2017년 1월 20일 미국의 민주주의를 끝장낼 수 있는 사람들은 트럼프 옆에 앉아 있는 사람들뿐이었다. 그리고 그들은 아무 일도 벌이지 않았다.

그들이 행동에 나섰다면 달라질 수도 있었을까? 민주주의를 소극적으로 정의한다면, 단순히 선거에 패배한 사람들이 자신의 패배를 인정하는 제도라고 할 수 있다. 사람들은 폭력을 사용하지 않고 권력을 넘겨 준다. 바꿔 말하면, 이들은 웃으면서 패배를 참는다. 일단 한 번 그렇게 했으면 민주주의의 요건을 갖춘 것이다. 두 번 하면 민주주의는 지속될 수 있다. 미국은 비록 아슬아슬했던 상황이 여러 번 있기는 했지만(1876년과 2000년 대선이 특히 논란이 되었는데, 당시에도 트럼프 당선 때와 마찬가지로 총 득표수가 적은 후보가 대통령이 되었다),* 어쨌든 대선에서 패한 사람들이 결과를 받아들였던 사례가 쉰일곱 차례나 있었다. 미국에서 평화롭게 정권 교체가 이루어진 것은 스물한 번이었다. 1861년에 딱 한 번 평화로운 정권 교체에 실패했는데, 당시 남부의 주들이 에이브러햄 링컨을 합법적인 대통령으로 인정하지 않아서 4년 간 전쟁을 치렀다.

✱ 미국의 대통령 선거는 선거인단제도를 따른다. 이에 의하면 국민들은 대통령 후보에게 직접 투표하지 않고, 특정 후보를 지지하기로 선언한 선거인을 뽑는다. 이 선거인단의 투표에 의해 최종적으로 후보가 결정되는 것이다. 또한 대부분의 주에서는 승자독식제도를 취해, 가장 표가 많이 나온 후보에게 선거인단 전체의 표를 몰아 준다. 따라서 총 득표수가 더 많이 나와도 선거인단 수에서 밀리면 선거에서 패배한다.

다르게 표현하면 민주주의는 교전 없는 내전이다.[3] 대리전이 실전으로 바뀔 때 민주주의는 실패한다. 트럼프가 승리한 다음 미국 민주주의에 드리웠던 가장 큰 위협은 오바마나 힐러리 클린턴이 그 결과를 인정하지 않는 경우였다. 힐러리 클린턴은 더 많은 표를 득표했지만(그녀는 대선에 패배한 미국 역대 후보자들 중 가장 많은 표인 290만 표를 얻었다), 낡은 선거인단제도 때문에 당선되지 못했다. 투표 당일 밤에 그녀는 패배한 후보자들이 으레 그렇듯 자신이 패배했다는 사실을 인정하기 어려워했다. 오바마는 그녀에게 전화를 걸어 가능한 한 빨리 결과를 수용하라고 말했다. 거기에 미국 민주주의의 미래가 달려 있었다.

그런 점에서 선거가 끝난 다음 날인 11월 9일에 오바마가 백악관 잔디밭에서 한 연설이 트럼프의 취임사보다 더 중요하다. 오바마는 많은 참모들이 지난 8년간 힘들게 성취한 일들이 전혀 대통령 자격이 없어 보이는 사람 때문에 수포로 돌아갈까 봐 걱정하며 울고 있는 모습을 발견했다. 선거 결과가 발표된 지 몇 시간밖에 지나지 않았을 때였고, 성난 민주당에서는 트럼프의 정통성에 이미 문제를 제기하고 있었다. 하지만 오바마의 입장은 그 반대였다.

"여러분도 아시다시피, 우리나라가 걸어온 길은 직선이 아니었습니다. 우리는 지그재그로 걸었고, 이따금 몇몇은 전진하고 있다고 생각하지만 몇몇은 후퇴하고 있다고 생각하는 길로 가기도 했습니다. 그러나 괜찮습니다 …… 선의가 있다고 가정해야 민주주의가 활발하게

20

작동할 수 있으므로, 국민들 안에 선의가 있다고 믿고 우리 모두 함께 앞으로 가는 것이 무엇보다 중요합니다 …… 그래서 저는 우리 미국 인이 걷고 있는 이 믿기 힘든 여정이 계속되리라 확신합니다. 그리고 저는 그 여정 안에서 다음 대통령이 성공적으로 일할 수 있도록 최선 을 다하고 싶습니다."⁴

오바마가 왜 그런 연설을 할 수밖에 없었는지는 쉽게 알 수 있다. 모든 상황이 민주주의가 제대로 작동하고 있는지 의심하게 했을 것이다. 하지 만 여기에서 이런 질문을 던질 만하다. 현직 대통령이 이와는 다른 말을 해야 한다고 느끼는 상황이란 어떤 경우일까? 지그재그로 걸어온 민주 정치에 대한 신념이 발전의 전제 조건이 되지 못하고 장차 문제의 빌미 가 될지도 모르는 때는 언제일까?

2016년 대선에서 힐러리 클린턴이 승리했다면(특히 그녀가 더 적게 득 표하고 선거인단제도 덕분에 승리했다면) 트럼프는 그렇게 너그럽게 반응 하지 않았을 것이다. 그는 선거 운동 내내 자신이 선거 결과를 수용할지 말지는 누가 승자가 되는지에 좌우된다고 분명히 말했었다. 트럼프가 패 배했다면 그는 오바마가 "우리가 진다면, 실수에서 교훈을 얻고 반성도 하며 상처를 보듬어 툭툭 털어 내고 다시 경기장으로 돌아와야 합니다" 라고 말한 민주주의의 핵심 전제에 도전했을 것이다.⁵ 상처를 보듬는 일 은 트럼프의 방식이 아니다. 만약 민주주의의 최악의 시나리오가 양쪽에 서 선거 결과를 인정하지 않는 것이라면, 미국의 민주주의는 2016년에 위기를 간신히 모면한 셈이다.

트럼프가 패했다면 그가 힐러리 클린턴의 취임식에 참석하지 않았으리라고 쉽게 상상할 수 있다. 그 시나리오는 추하고 옹졸했을 것이며, 어쩌면 폭력 사태로 번질 수도 있었겠지만 입헌 정부에는 그리 치명적이지 않았을 것이다. 공화당은 그럭저럭 버틸 것이다. 반면 오바마가 자신이 여전히 백악관의 주인이라는 이유로 트럼프의 취임식을 허락하지 않았거나 혹은 그 자리에 클린턴을 세우기로 계획했다면, 미국의 민주주의는 지금쯤 끝장났을 것이다.

민주주의는 어떻게 실패하는가

민주주의가 기능하기 위한 최소 정의를 간단히 표현하면 이렇다. '총을 가진 사람들이 총을 사용하지 않는' 것이다. 트럼프 지지자들은 총을 많이 가졌으므로, 트럼프가 졌다면 그중 일부는 총을 사용하고 싶은 유혹에 시달렸을 것이다. 그럼에도 상대 후보가 패배를 인정하지 않는 것과 현직 대통령이 자리에서 떠나지 않겠다고 거부하는 것 사이에는 커다란 차이가 있다. 억울한 패자를 지지하는 사람들이 마음대로 쓸 수 있는 화력이 아무리 크더라도 국가보다는 작다. 그렇지 않다면 더 이상 국가라고 할 수 없다. 민주주의의 최소 정의에서 '총을 가진 사람들'이란 군대를 통제하는 정치인들을 가리킨다. 민주주의는 군대에 명령할 권한이 있는 선출직들이 그 권한을 포기하지 않는 순간 실패한다. 혹은 군대가 명령에 따르지 않을 때도 마찬가지다.

이는 민주주의에 치명타를 날릴 힘을 가진 사람들, 즉 미국의 군 수뇌부가 1월 20일에 트럼프 옆에 앉아 있었다는 것을 의미한다. 만약 이들이 새로운 군 통수권자의 명령을 거부했다면(예를 들어 그들이 새 대통령에게 핵무기 발사명령 인증코드를 맡길 수 없다고 생각했다면), 아무리 격식을 갖추었다 하더라도 그 취임식이 공허한 가식이라는 사실을 숨길 수 없었을 것이다. 케임브리지대학 강당의 분위기가 가볍고 유쾌했던 이유는 트럼프가 아침식사 후부터 핵 가방을 계속 가지고 다닌다는 소문이 퍼져 있었기 때문이다. 그 농담은 우리가 아직 여기에 있어서 다행이라는 의미이기도 했다. 하지만 만약 합동참모본부 의장이 새 대통령은 아무것도 모르는 것이 최선이라고 생각했다면 아무도 웃지 않았을 것이다. 대참사를 촉발할 힘을 가진 변덕스러운 새 대통령보다 훨씬 두려운 상황은 군 수뇌부가 그 권력을 계속 가지고 있기로 결정하는 것이다.

그러나 현직 대통령에게 했던 질문은 군 수뇌부에게도 던질 만하다. 적법한 절차에 따라 선출된 군 통수권자의 명령을 거부하기 적당한 때는 언제인가? 트럼프는 외세에 휘둘린다는 소문에 휩싸인 채 대통령직에 취임했다. 그는 확실히 경험이 부족했고, 책임감이 부족할 가능성이 높았으며, 적당히 타협할 여지도 있었다. 물론 그동안 미국의 민주주의는 심각한 상황을 잘 극복했다. 만약 외교 분야에서의 경험 부족과 무책임함이 최고 권력자에게 큰 걸림돌이었다면 미국 대통령 역사는 매우 달라졌을 것이다. 지금 대처할 방법을 알기 어려운 이유는 미국의 민주주의가 이제까지 심각한 상황을 잘 극복해 왔다는 사실을 알고 있기 때문이다. 케임브리지대학에 있던 우리는 잠시 웃고 난 후에 침울한 표정으로 침묵하며 앉아 있었다. 워싱턴에 있던 사람들도 마찬가지였다.

트럼프 취임식을 보면서 우리는 미국과 같은 민주주의가 어떻게 실패할 수 있는지에 관해 대략 세 가지 그림을 그릴 수 있다. 첫 번째는 다소 상상하기 어려운 그림이다. 트럼프가 적법한 절차에 따라 당선되지만, 미국이 그의 승리를 인정하지 않는다. 현직 대통령이 그가 백악관으로 들어오지 못하게 막고, 군대가 그의 권위를 받아들이지 않는다. 이는 내전으로 가는 길이다. 선거 결과가 알려진 순간 오바마는 그 안을 제외했다. 두 번째는 일어날 수도 있었지만 일어나지 않은 상황이다. 힐러리 클린턴이 승리하고, 트럼프가 그녀의 승리를 인정하지 않는 것이다. 이 경우 반드시 내전이 일어나지는 않는다. 내전의 발발 여부는 실망한 트럼프 지지자들이 얼마나 많은 폭력을 행사하고 견딜 수 있는지에 달려 있다. 우리는 이에 대한 답을 전혀 알지 못한다. 내가 추측하기에, 아무리 험악한 말들이 오가도 폭력이 지속적으로 일어나지는 않을 것이다. 어떤 사람은 트럼프를 위해서 살인도 불사할지 모르겠다. 하지만 그를 위해 죽는다고? 그것은 또 다른 문제다.

세 번째 시나리오는 실제로 일어난 상황이다. 트럼프가 승리하고, 미국의 정치권은 한바탕 웃고 그것을 견디기로 한다. 어떤 사람은 균형을 잡을 수 있다는 희망으로 트럼프 행정부에 마지못해 승선한다. 어떤 사람은 얼굴을 찌푸리고 최악의 상황이 지나가기만을 기다린다. 이들은 트럼프의 거친 말이 유연한 미국 민주주의에 의해 완화되고 길들여질 수 있다고 믿는다. 일종의 도박이나 다름없다. 만약 트럼프가 길들여지지 않으면 어떻게 할 것인가? 하지만 그렇게 무모한 도박은 아니다. 대안(트럼프를 대통령으로 인정하지 않는 것)이 훨씬 무모해 보이기 때문이다. 1932년부터 1933년에 걸쳐 독일 정치인들은 히틀러를 길들일 수 있다고 생각했지만 결국 그에게 사로잡혔고, 그로 인해 재앙과도 같은 일이 일어났다. 그러나 이는 그런 도박이 아니다. 21세기 미국은 독일의 바이마르 공화국과는 다르다. 미국의 민주주의는 훨씬 경험이 풍부하다. 미국 사회는 훨씬 풍요롭다. 미국인들은 민주주의에 반대하며 무기를 드는 것말고도 달리 할 일이 아주 많다.

민주주의는 위기를 극복할 수 있을 것인가

이 책을 쓰는 지금, 어느 쪽이 가능성이 높을지 아직 정해지지 않았다. 하지만 여전히 민주주의가 극복할 가능성이 높다. 트럼프가 대통령이 된 이후에도 미국의 민주주의는 계속 제대로 작동하고 있다고 주장할 수도 있다. 분열을 일으키는 트럼프의 위협과, 수많은 혼란에 잘 대처하도록 설계된 민주적 제도는 계속 충돌할 것이다. 이 제도는 특히 국민을 선동할 때 발생하는 분열에 잘 견딜 수 있도록 되어 있다. 이 선동 정치가는 말과 행동이 다른 세상을 찾고 있다. 그는 충성하라는 자신의 요구를 거절한 민주적 제도들의 덫에 빠져 있다.

의회는 그의 기대와 달리 고분고분하지 않았다. 사법부 역시 행정명령에 제동을 걸었다. 그래서 사법부에 공석이 생기면 트럼프는 그 자리를 자기에게 동조하는 판사들로 채우고 있다. 이는 많은 자리가 공석이었던 연방 공무원을 충원하면서 그가 보여 준 무능력 혹은 마지못해 하던 모습과는 대조를 이룬다. 하지만 그런 전략이 단기간에 결정적 힘을 발휘하기에는 법원과 판사의 수가 너무 많다. 역대 대통령들이 그러했듯 사법부에 행사한 영향력의 효과는 트럼프가 대통령직에서 퇴임한 이후에나 나타날 것이다. 사법부에 기대어 일을 추진하려고 하는 포퓰리스트들의 반란은 대단히 조용하게 일어나는 경향이 있다. 트럼프를 따르는 사람이 있긴 하지만 모든 대통령이 마찬가지였다. 한때는 그의 곁에 포진해 있었으나 현재는 그 수가 계속 줄어들고 있는 측근들과 달리, 미국 민주주의 제도들은 비교적 포섭하기 어려운 것으로 드러났다.

하지만 트럼프의 헌신적인 지지자들이 보기에 이런 결과는 첫 번째 시나리오와 크게 다르지 않다. 그들은 국가가 트럼프의 승리를 인정하지 않는 방식으로 그의 권위를 부인하지는 않았지만, 이는 굳이 노골적으로 그렇게 할 필요가 없었기 때문이라고 주장한다. 그 대신에 '딥스테이트(deep state, 민주주의 제도 밖의 숨은 권력 집단 – 옮긴이)'가 트럼프 취임 첫날부터 대통령으로서 그의 권위를 약화하려고 작정했다고 말이다. 배신은 항상 막후에서 일어난다. 이런 맥락에서 보면 민주주의는 오래전에 작동을 멈춘 것이나 다름없다. 기존 정치권의 권위에 도전하는 대통령은 그 자리를 무사히 보전하기 어려울 것이기 때문이다. 트럼프에 대항하는 쿠데타는 일어나지 않았다. 하지만 그가 대통령이 된 이후부터 쿠데타에 관한 이야기가 끊임없이 흘러나오고 있으며, 트럼프의 지지자들은 진보

단체뿐만 아니라 공화당 내 트럼프 반대자들까지 트럼프를 굴복시키려는 음모를 꾸미고 있다면서 비난하고 있다. 보수적인 정치 평론가 겸 대중 선동가인 러시 림보Rush Limbaugh는 이를 "조용한 쿠데타"라고 불렀다.[6] 이제는 아무도 쿠데타의 의미를 모르는 것 같다.

그와 반대로 트럼프의 완강한 반대파가 보기에 우리는 지금 두 번째 시나리오가 심하게 변형된 상황을 경험하고 있다. 트럼프는 승리했음에도 승리의 결과물인 대통령처럼 행동해야 한다는 것을 받아들이지 않았다. 심지어 그는 총 득표수에서 뒤졌다는 사실조차 인정하지 않았고, 이를 불법투표 때문이라고 주장했다. 역사상 처음으로 당선자가 대선 결과를 인정하지 않는 것이다. 이러한 사태는 기존 민주주의 이론에 부합하지 않으므로 정치학은 이 문제에 관해 거의 아무런 설명도 하지 못한다. 트럼프는 대통령으로서 어떤 비판도 용납하지 않으며, 설령 사실이라도 마음에 들지 않으면 이의를 제기한다. 이러한 태도는 취임식에서부터 드러났는데, 당시 그는 모든 증거가 반대 사실을 가리키는데도 취임식에 모인 군중의 수가 대단히 많았다고 했다. 그는 민주주의라는 문명의 테두리 밖에서 통치하고 있다. 그러나 민주주의에서는 다른 쪽에 진실이 있을 수 있다는 사실을 인정해야 한다. 트럼프는 그를 참아 주고 있는 시스템을 조롱하고 있다.

트럼프가 민주적 제도와의 전투에 빠져 있는 동안 진실을 받아들이지 않는 사람들 사이에 또 다른 싸움이 일어나고 있다. 그들의 세상에는 음모론과 대안적 사실alternative facts✖이라는 그림자가 드리워져 있다. 이 그림자 안에서는 주된 행위자에게 민주주의에 반하는 동기가 있다고 뒤집어씌워야만 사건의 실체를 파악할 수 있다고 가정한다. 어떤 관점에서는 민주주의가 작동하는 것처럼 보일지 모르지만, 실은 전혀 그렇지 않다. 상대편이 더 이상 규칙을 따르고 있지 않기 때문이다. 상대에게 너그럽지 못한 파벌주의 때문에 정치 질서는 이미 무너졌지만 아직 아무도 그 사실을 인정하지 않는다. 교전 없는 내전 대신, 우리는 내전 없는 말싸움을 하고 있다.

이렇게 지하 세계에서 벌어지는 파벌 싸움 때문에 미국 민주주의가 얼마나 큰 위기에 직면해 있는지 파악하기가 쉽지 않다. 만약 트럼프의 취임식장 의자들이 비어 있었다면(혹은 실제로 취임식 자체가 없었다면) 민주주의에 대한 위협은 모두가 알 수 있을 정도로 눈에 띄었을 것이다. 또한 아무도 반박할 수 없을 만큼 전선이 명확했을 것이다. 일부가 두려워했던 것처럼 폭력이 발생해서 취임식이 일어나지 못했다고 해도 마찬가지다. 우리는 상황의 심각성을 인식할 수 있었을 것이다. 하지만 그날 게임이 끝났음을 알리는 어떤 일도 일어나지 않았다. 민주주의에 대한 모

✖ 2017년 트럼프의 취임식에 참석한 사람들의 인원을 두고 백악관과 미국 언론 사이에서 벌어진 공방 중 등장한 신조어다. 미국 언론은 오바마 전 대통령의 취임식과 비교하면서 트럼프의 인기가 과거 정권에 비해 형편없다고 보도했고, 백악관은 취임식에 참석한 사람의 수가 역대 최대였다며 항변했다. 이를 두고 당시 백악관 고문은 "거짓이 아니라 대안적 사실을 제시했을 뿐"이라고 말했는데, 이것이 일종의 유행어가 되었다.

욕은 희화화되었다. 모든 것이 규칙에 따라 진행되었다. 트럼프에 반대하는 사람들은 분노하는 중에도 예의를 갖췄다. 거의 모든 고위 공직자들이 품위를 유지했다. 만약 미국 민주주의에 근본적인 문제가 있다면 그것은 누구나 볼 수 있는 장소에 숨어 있을 것이다.

민주주의의 수명은 누구도 알지 못한다

많은 사람들처럼, 나 역시 트럼프의 취임식 이후 꽤 많은 시간을 들여 그에 대해 생각했다. 어쩌면 실수일지도 모르겠다. 현 대통령이 사람들에게 주목받고 있기는 하지만, 미국은 민주주의의 종말을 예상하기에 적절한 곳은 아닐 것이다. 2017년 1월 20일에 세상 사람들은 눈을 떼기 너무나 어려웠기 때문에 얼어붙은 채 취임식 장면을 시청했다. 트럼프의 연기는 강렬하고 터무니없었다. 다른 곳에서도 그와 비슷한 드라마가 상연되고 있지만, 아마도 그보다는 덜 강렬하고 덜 터무니없을 것이다. 우파보다는 좌파 출신의 비주류 정치인이 선거에서 승리했거나 민주적 제도들이 덜 견고해서 독재자에 의해 쉽게 이용당하는 나라에서 전선은 좀 더 분명하게 나타난다. 만약 민주주의를 무너뜨리기 위해 군대와 시민이 최후의 전면전을 벌이거나 독재자가 명백하게 정권을 장악한다면, 미국보다 다른 나라에서 그럴 가능성이 더 많다. 그러므로 이 책은 미국만 다루지 않는다. 델리와 이스탄불, 아테네와 부다페스트도 들여다볼 예정이다. 트럼프의 사례는 다른 나라에서 보이는 더 큰 민주주의의 위협에 비하면 일종의 기분전환거리에 불과할 수 있다.

하지만 미국은 여전히 중요하다. 만약 그런 기분전환거리가 진짜 현실에서 벌어지는 사건이라면 어떻게 할 것인가? 음모론자처럼 말하려는 것은 아니다. 또한 트럼프의 우스꽝스러운 행동들이 민주적 제도에 대한 공격의 흔적을 의도적으로 감추기 위한 연막이라는 의미도 아니다. 나는 여전히 트럼프에게서 보이는 것이 전부라고 믿는다. 문제는 그에게서 무엇을 보았는지 파악하기가 어렵다는 점이다. 그는 우스꽝스러우면서 위협적이고, 친숙하면서 독특하며, 민주주의가 허용하는 범위 안에 있기도 하고 없기도 한 사람이다. 그의 취임식을 보면서 혼란(충격을 받은 후 15분 뒤 그 충격이 사라져 버린 현상)에 빠진 사람은 나뿐만이 아니었다. 그때 받은 느낌은 여전하다. 최근 역사에서 트럼프만큼 모순된 감정을 동시에 일으키는 민주적 정치인도 없다. 그는 우스우면서 극단적으로 진지하다. 이해할 수 없는 사람이면서 아이처럼 솔직하다. 그는 다른 사람들을 공황 상태에 빠지게 하는 한편으로 평정심을 유지하고 하던 일을 계속하게 한다.

트럼프는 미국 민주주의의 역사에서 그가 지금 서 있는 위치 때문에 중요하다. 그는 역사의 종점이 아니라 중간 어딘가에 있지만, 그것이 종말의 시작이 될 수도 있다. 미국은 전 세계에서 가장 중요한 민주국가일 뿐만 아니라 가장 오래된 민주국가이기도 하다. 그럼에도 미국에서 민주주의가 언제 시작되었는가는 아직 합의되지 않은 문제다. 민주적 제도의 일부는 1776년 미국이 공화국을 수립했을 때 시작되었다. 하지만 노예제도를 가진 공화국은 현대의 기준으로 볼 때 진정한 민주주의 사회라고

할 수 없다. 노예제도가 폐지되었을 때에도 여전히 많은 시민들이 참정권을 갖지 못했다. 20세기가 되어서야 여성에게 참정권이 부여되고 흑인의 인권운동이 성공하면서 비로소 우리가 생각하는 민주주의가 실현되었다. 그렇게 보면 현재 미국 민주주의의 역사는 100년 정도이거나 어쩌면 고작 50~60년 밖에 되지 않았을 것이다. 정치사적으로 미국 민주주의는 늙지 않았다. 하지만 많은 민주국가가 민주주의를 본격적으로 시작해 보기도 전에 무너졌다는 사실을 생각하면 미국은 그렇게 젊지도 않다. 미국의 민주주의는 중년이다. 고대 아테네의 민주주의는 200년간 유지되다가 사라졌다. 그 기준으로 본다면 미국의 민주주의는 아직 반도 오지 않았다.

자기 자신의 죽음은 물론, 죽음 자체를 생각하기란 쉽지 않다. 하지만 중년은 죽음을 생각하기 시작하는 나이다. 누구나 언젠가 죽는다는 사실을 안다(젊은 사람이라면 죽음이 다른 사람에게나 일어나는 일이라고 생각할 수도 있겠다). 중년이 됐다는 것은 죽음이 다가온다는 사실을 인정할 정도로 충분히 오래 살았다는 뜻이다. (다른 사람들의 사례를 보면) 죽음이 갑자기 오기도 한다. 하지만 온갖 질병과 통증을 죽음이 임박했다는 신호로 받아들이는 것은 어처구니없는 생각이다. 건강염려증 자체도 질병이다. 삶은 그저 살아지는 것이고, 최고의 순간은 아직 오지 않았을지 모른다. 그것이 미국 민주주의의 현주소다.

정치사상사에는 국가라는 인공 생명과 인간의 자연 조건을 비교하는 연구가 많다. 이런 유추 방식은 자세히 살펴보면 사실이 아니거나 형편

없는 내용을 담고 있는 경우가 많다. 국가라는 정치적 주체를 인간과 대등한 것으로 보아 정치체body politic가 죽음을 피할 수 없다고 여기는 생각은 오히려 어떤 희생을 치르더라도 연속성을 지켜야 한다고 주장할 구실이 될 수 있다. "왕이 죽었다! 국왕 만세!" 하지만 이러한 유추의 오류에도 불구하고 정치는 사람들이 늙는 과정을 보면서 무언가를 배울 수 있다. 미국의 민주주의는 지치고 변덕스러운 중년에 이르렀다. 심지어 중년이 흔히 겪는 건강염려증에 대한 면역은 아직 생기지 않았다. 가벼운 질병으로도 죽음이 닥칠까 두려워하는 마음은 죽음을 진지하게 생각하는 것과는 다르다. 건강염려증은 무력감을 일으켜 일관된 행동을 하기 어렵게 만든다. 또한 사람들에게 잃을 것이 별로 없다고 생각하게 만들어서 무모한 행동을 야기하기도 한다. 중년의 위기를 경험하는 방식은 매우 다양하다. 미국은 지금 그 다양한 방식을 한꺼번에 경험하는 중이다.

정치체제의 수명과 인간의 수명을 비교했을 때 두드러지는 결함은 인간이 대략 얼마나 오래 살 수 있는지 우리가 알고 있다는 점이다. 적어도 우리는 인간의 수명을 알고 있다고 생각한다. 하지만 국가의 수명은 전혀 알지 못한다. 아테네의 민주주의가 200년간 지속됐다고 해서 그것이 민주주의의 기본 수명이라는 의미는 아니다. 비록 미국의 민주주의가 중년쯤 되었다고 하더라도, 그것이 청년기에 가까운지 말년에 가까운지는 알 수 없다.

그와 동시에 인간의 수명과 관련해서도 의문이 들기 시작한다. 실리콘밸리를 포함해 일부 지역의 소수 특권층은 불멸 가능성을 생각하기 시작했다. 기술이 발전해서 자연 수명에 맞선(생명을 200년, 2,000년 혹은 영원히 연장함으로써) 최초의 인간들이 이미 살고 있을지도 모른다. 어쩌면 미국의 민주주의는 그 안에 살고 있는 일부 사람들보다 먼저 죽음을 맞이할지도 모르겠다. 국가가 국민보다 오래 산다는 개념이 전제되었기에 사람들은 국가를 유지해야 한다고 생각했다. 그래서 사람들은 요청을 받으면 국가를 위해 죽어야 했다. 그런데 국가가 국민을 위해 죽으라는 요구를 받으면 어떻게 될까? 장수 가능성에 근거한 논리가 변하고 있을지 모른다.

트럼프의 취임식에서 우리는 아이 같은 정치적 인성political personality을 가진 노인이 더는 인간의 죽음이 절대적인 조건이 되지 않는 시대에 불안한 중년에 이른 국가의 수장이 되는 모습을 보았다. 이제 민주주의의 삶과 죽음이 어떤 의미인지 생각해 볼 때다.

우리는 워싱턴 이야기로 돌아갈 것이다. 하지만 그보다 먼저, 아테네에서 벌어진 일부터 살펴보아야 한다.

차례

제1장 | 쿠데타의 위험은 현존하는가

제2장 | 민주주의는 대재앙을 막을 수 있는가

쿠데타의 위험은
현존하는가

민주주의가 무너지는
전통적 방식

×

민주주의가 무너질 때, 우리는 대개 극적인 장면이 펼쳐지리라 예상한다. 민주주의의 실패는 이미 나름의 의식을 갖춘 공공 행사로서 현대사에 자주 등장한다. 민주주의는 전 세계에서 여러 번 사망했다. 그래서 우리는 그 모습이 어떤지 잘 알고 있다. 아마 이런 그림일 것이다.

사전에 알려진 내용은 아무것도 없었다. 밤사이에 탱크가 도시를 포위했고, 군부가 라디오와 텔레비전 방송국, 우체국 등 핵심 통신시설을 장악했다. 이들은 총리를 체포했다. 3주 후에 치러질 선거에서 그의 자리를 물려받을 것으로 예상되는 유력 인사도 붙잡았다. 의회와 왕궁을 점령했다. 위험인물의 명단을 배포하고 이들을 격리했다. 이 모든 일이 불과 몇 시간 동안 일어났다. 쿠데타를 지휘한 대령들이 왕의 주말 별장으로 찾아가서 자신들을 국가의 합법적인 새 통치자로 공식 인정해 달라고 요구했다. 이들은 왕에게 이렇게 말했다. "나라를 구하기 위해 당신의 이름으로 쿠데타를 일으켰습니다."

격노한 왕이 물었다. "총리는 어디 있나? 내 정부는?"

왕이 들은 말은 이랬다. "당신에게는 아무도 없습니다. 우리가 전부 체포했으니까요."[7]

이 도시는 아테네였고, 때는 1967년 4월 21일 밤이었다. 쿠데타 세력이 표적으로 삼은 인물은 중도연합Centre Union 내 좌파 지도자인 안드레아스 파판드레우Andreas Papandreou였는데, 당시 그의 아버지 게오르기오스Georgios가 이끌던 중도연합은 그리스에서 차기 민주 정부를 구성할 것이 확실한 상황이었다. 미국 정보기관의 사주를 받은 무장 세력은 안드레아스가 그리스를 북대서양조약기구(NATO)에서 탈퇴시키려는 계획을 세우고 있다고 의심했다. 또한 그가 자신들의 계급을 박탈할 것이라고 믿었다. 쿠데타 세력은 시골 별장에 있던 안드레아스를 옥상까지 쫓아가서 무력으로 위협하고, 그를 작은 호텔에 가둔 채 중무장한 경비대를 시켜 감시했다. 《뉴욕 타임스》 기자 사이러스 설즈버거Cyrus Sulzberger는 호텔에 있는 안드레아스를 방문한 뒤 그에 대해 이렇게 썼다. "그는 당당한 얼굴을 하고 있었지만, 입 주변은 다소 어두워 보였고, 사람들이 겁먹으면 으레 그렇듯 손을 가만두지 못했다."[8] 안드레아스는 당시 국왕이었던 콘스탄티노스 2세가 쿠데타 세력의 요구를 받아들이는 조건으로 이들로부터 아무도 함부로 해치지 않겠다는 약속을 받은 사실을 알지 못했다. 훗날 그리스 총리가 되는 안드레아스는 24시간 동안 목숨을 건질 수 있을지 없을지 전혀 알 수 없었다.

쿠데타는 일사천리로 진행되었고 불시에 피해자들을 덮쳤기에 성공할 수 있었다. 피해자 중에는 군 통수권자도 포함되어 있었는데, 그는 부하 장교들이 무엇을 계획하고 있었는지 전혀 알지 못했다. 국민들은 민주주의 국가에 살고 있다고 믿은 채 잠자리에 들었다가 다음 날 아침에 일어나 이것이 더는 사실이 아님을 알게 되었다. 쿠데타 전후에 일어나는 사건들이 확연하게 다른 모습을 보이는 것은 성공한 쿠데타의 특징이다. 4월 22일 그리스의 라디오 방송국은 새 정권의 명령으로 정규 방송을 중단하고 군대 음악을 내보냈다. 정당은 해산되었고, 군사 재판소가 설립되었으며, 언론의 자유는 사라졌다. 그러는 동안 거리에는 여전히 탱크가 서 있었다. 이런 방식의 쿠데타에서 성공의 열쇠는 현재 벌어지고 있는 일을 누구도 의심하지 않아야 한다는 점이다. 사람들이 의심하지 않아야 새로운 체제에 확실하게 복종하기 때문이다. 그렇게 하지 않으면 쿠데타는 실패하거나 내전으로 이어진다.

불안정한 민주주의는 쿠데타를 부른다

파국으로 치닫는 속도가 빨랐다고 해서 건강하던 사람이 심장마비로 급사하듯 건전하던 민주주의가 순식간에 무너지지는 않는다. 그리스의 민주주의는 오랫동안 상태가 심각했다. 쿠데타의 원인에 대해서는 지금도 여전히 폭넓게 논의되고 있다. 당시 쿠데타의 원인이 될 만한 요소가 너무나 많았기 때문이다. 그리스는 이념적으로 좌파와 우파가 대립하고 있었고, 제도적으로 왕과 군대와 의회가 분열되어 있었다. 파벌 간에는 서로 아무도 믿지 않았고, 한 파벌 안에 다시 작은 파벌이 존재했다. 선거로는 이들의 차이를 해소할 수 없었다. 1961년 폭력으로 얼룩진 군사 작전 이후 승리자의 위치에 있었던 우익 성향의 국민급진연합National Radical Union(ERE)은 집권당으로부터 정권을 빼앗았다. 수많은 유력 정치인들이 살해당했지만 가해자들은 법의 심판을 거의 받지 않았다. 국왕이 의회의 지지 없이 임명한 총리들이 잠깐 등장했다 이내 사라졌다. 국책을 담당하는 책임자가 누구인지 도무지 알 수 없었다. 어쩌면 책임자는 아무도 없었는지도 모르겠다.

한편 당시 그리스는 냉전 시대의 최전선이었으므로 단순한 국지적 분쟁이 전개될 때보다 이해관계가 복잡했다. 관찰력이 있는 사람이라면 누구나 미국 정보기관(CIA)이 여기저기 개입하는 것을 감지할 수 있었다. 추정하건대 설즈버거는 CIA 요원이었을 것이다. 그렇지 않다면 어떻게 억류된 안드레아스를 그렇게 빨리 만날 수 있었겠는가? 만약 미국이 아니라면 러시아가 개입했을 것이다. 중도좌파는 공산주의 첩자로 몰려 고발당했다. 편집증이 널리 퍼지고 음모론이 횡행했으며 터키가 침략할지 모른다는 오랜 두려움이 되살아났다. 특히 냉전 시대에 지정학적 권력 다툼에서 자신들이 노리개라는 사실을 알고 있는 그리스 같은 나라에서 편집증이 확산되는 현상은 충분히 이해할 만했다. 유럽 기준으로 보면 그리스는 가난한 나라였고, 전면적 내전에서 벗어난 지 겨우 20년 정도밖에 되지 않았다. 그리스에서 민주주의는 대단히 불안정한 토대 위에 세워지고 있었다. 1967년의 쿠데타는 충격적인 사건이었지만, 동시에 오래전부터 예견되었던 일이기도 했다.

그리스에서 쿠데타가 일어나게 된 원인은 그 나라의 민주주의가 가진 약점 때문이었다. 이는 정변을 주도한 세력들에게 쿠데타가 필요한 이유이기도 했다. 이들은 국내의 정치 분열 상황을 이용해서 직접 자신들의 손으로 일으킨 쿠데타에 대해 그들 스스로 정당성을 부여했다. 즉 민주주의가 제 기능을 하지 못하고 있었으므로 이만 끝내야 한다고 여겼다. 하지만 그렇다고 쿠데타가 정당화되는 것은 아니었다. 그런 설명은 전혀 설득력이 없었기 때문이다. 민주주의가 그렇게 연약하고 쓸데없다면 그 제도에서 벗어나기 위해 왜 그렇게 잔인한 수단을 동원하겠는가? 사람들을 체포하고 거리에 탱크를 세워 놓으며 군대 음악을 틀어야 할 필요가 있었을까? 민주주의 자체가 아니고서야, 이들이 두려워한 것은 무엇이었을까?

현대 민주주의에 쿠데타가 일어날 가능성

그로부터 50년이 흘렀다. 그리스의 민주주의는 또다시 깊은 위기에 빠졌다. 그리스는 여전히 이념적으로 첨예하게 대립하고 있고, 조직적으로 분열되어 있다. 경제 상황은 몹시 심각하다. 그리스는 현대 역사상 최악의 불황 중 하나를 경험하고 있다. 국민소득은 대공황 당시의 미국보다 더 오래, 더 심하게, 더 극적으로 하락하고 있다. 청년 실업률은 50퍼센트를 넘는다. 사태가 이 지경이 된 주된 원인이 구제금융 협상에서 피도 눈물도 없는 채권자처럼 행동한 독일에게 있다고 비난하는 음모론이 만연하고 있다. 이제는 왕정이 아닌데도 독일이 국왕의 뒤를 봐주는 막후 실력자라고 생각하는 사람들도 있다. 선거는 별 도움이 되지 않는 것 같다. 누가 승리하든 같은 문제가 반복되기 때문이다. 지금 그리스에서 민주정치에 대한 신뢰는 사상 최저 수준이다.

이러한 상황은 또 다른 쿠데타가 일어나기에 적합한 조건이다. 그리스 군대는 여전히 재정 지원을 충분히 받고 있지만, 터키가 침공하리라는 오랜 두려움은 완전히 사라지지 않았다. 성난 시민들, 분열된 엘리트 집단, 심각한 경제난, 외세의 간섭 등이 한데 섞이면 바로 그 자리에서 민주주의가 종식된다. 하지만 쿠데타를 일으켰던 대령들이 1974년에 몰락한 이후 그리스에서 군사 쿠데타는 사라졌고, 또 다른 쿠데타가 일어날 가능성도 대단히 적어 보인다. 그리스 의회에 군사 독재를 공개적으로 지지하는 신파시스트neo-fascist 정당인 '황금새벽당Golden Dawn'이 의석을 차지하고는 있다. 하지만 이들에 대한 지지율은 10퍼센트를 넘지 않으므로, 소수의 의견을 대변한다고 볼 수 있다. 그러므로 현실적으로 그리스에서 군사 쿠데타가 일어날 가능성은 희박하다. 만약 1967년과 같은 사태가 반복된다면 이는 단순한 충격 그 이상이며 거의 불가해한 사건으로 여겨질 것이다.

21세기 민주주의 사회는 어떻게 달라졌는가

그동안 그리스에서 무엇이 변했을까? 우선 오늘날에는 조직 간 대결 구도가 완전히 달라졌다. 과거에는 왕·군대·의회가 대립했지만, 오늘날에는 유럽연합(EU)·금융기관·의회가 대립한다. 아무도 주머니에 총을 넣은 채로 대결에 응하지 않는다. 실제 싸움은 정장을 입고 스프레드시트spreadsheets로 무장한 이들 사이에서 벌어진다. 이런 권력 다툼에서 그리스 군대는 적극적 참여자가 아니다. 이들은 그저 구경꾼에 불과하다.

다음으로 냉전 시대가 막을 내렸다. 이제 더 이상 서구의 민주주의와 이념적으로 대립하던 세력 사이에 투쟁이 일어나지 않는다. 그리스는 국제 금융과 국가 주권이 서로 대결하는 독특한 싸움의 최전선에 있다. 그리스는 시리아를 포함해 내전이 벌어지는 여러 나라에서 밀려오는 난민 문제로 골머리를 앓고 있다. 미국은 그리스에서 벌어지는 일에 관심이 없지는 않지만, 이는 공산주의가 세계를 장악할까 봐 두려워할 때 느꼈던 생존이 걸린 문제와는 다르다. 이제 CIA에게는 더 중요한 일들이 있다. 냉전 시대에는 분명히 보였던 러시아의 개입이 지금은 어디에나 보이면서 어디에도 보이지 않는 미심쩍은 어둠으로 대체되었다. 중국도 러시아와 비슷하지만, 국제 상황을 군사적으로 이용할 생각은 없다. 그보다는 투자 기회를 찾느라 바쁘다.

정치 환경이 바뀐 것처럼 그리스 자체도 변화했다. 지금의 그리스는 1967년의 그리스가 아니다. 2018년 국내총생산(GDP)이 25퍼센트 가량 떨어지면서 10년 전보다 경제 상황이 크게 나빠지기는 했지만, 그래도 50년 전보다는 훨씬 부유하다. 그리스 경제 규모는 1968년부터 2008년 사이에 다섯 배 증가했고, 1인당 GDP도 가장 높았을 때는 3만 달러에 육박했다. 현재는 1인당 GDP가 2만 달러에 더 가깝다. 이런 상황으로 보아 그리스는 정치학자들이 판단하기에 민주 사회가 군사 쿠데타에 취약해지는 지점에서 훨씬 벗어나 있다. 일단 1인당 GDP가 8,000달러를 넘으면 민주주의 사회가 군정으로 돌아가지 않는다. 왜 그럴까? 이 질문에 확실하게 대답하기는 어렵다. 하지만 부유한 나라일수록 쿠데타 가담자들의 생각을 바꿀 유인책을 가질 가능성이 커지는 것 같다. 시민은 물론 군인과 정치인 등 모든 사람이 잃을 것이 많으면 나라 전체를 전복하기 전에 한 번 더 생각하기 마련이다.

그리스는 50년 전보다 노인 인구가 훨씬 많아졌다. 오늘날 그리스는 전 세계에서 중위연령이 가장 높은 나라 중 하나로, 인구의 반이 46세 이상이다. 1960년대와 70년대에 일어났던 유혈사태와 비교하면 확실히 오늘날에는 경제적 위기에도 불구하고 폭력 사태는 거의 일어나지 않고 있다. 정치적 폭력 행위는 젊은이들의 방식이다. 청년실업률이 높아도 이것이 사회적 불안으로 이어지지 않는 이유는 그리스에 젊은 사람들이 많지 않기 때문이다. 그리스에는 학생보다 연금 수급자가 훨씬 많다.

인구통계학적 관점에서 보면 이런 상황은 종말을 향해 가는 것처럼 보인다. 그리스에는 사망자 10명당 출생아 수가 1명인 지역들도 있다. 2008년 경제 위기가 시작된 이후로 거의 50만 명이 그리스를 떠났는데, 이 수치는 그리스 전체 인구의 약 5퍼센트에 해당한다. 40세 이하 연령층에서는 많은 사람들이 어렸을 때 살던 집을 떠나지 않은 채 부모와 조부모의 소득에 기대어 살고 있다. 어쩌면 이렇게 서서히 인구통계학적 종말로 향해가는 상황이 민주주의를 유지하게 하는 요인 중 하나일지 모른다. 인구통계학적으로 엔트로피가 상승함으로서 정치의 기본 조건인 폭발적 변화가 사라진 셈이다.

또한 노인들에게는 젊은이들에게 없는 추억이 있다. 황금새벽당은 소외된 그리스의 젊은이들로부터 많은 지지를 받는다. 젊은이들은 쿠데타를 경험한 적이 없고 그 내용도 거의 알지 못하므로 군정 시대와의 연관성을 강조하는 황금새벽당에 별다른 거부감이 없다. 하지만 나이가 많은 그리스인들은 그 시절이 어떠했는지 기억한다. 군정 시대는 폭력과 압제의 시대였다. 이 시도는 결국 실패했고, 평화와 번영을 가져온 다른 정치 형태로 대체되었다. 지난 50년간 그리스 역사를 경험한 사람들은 민주주의를 아직 포기하고 싶지 않을 것이다. 물론 현재의 경제 위기를 해결하려면 고군분투해야 할지도 모른다. 하지만 과거와 비교했을 때 민주주의는 여전히 괜찮은 제도처럼 보인다.

시대가 바뀌면 쿠데타의 성격도 달라진다

또 다른 가능성도 있다. 그리스와 그 나라의 정치 상황이 변해 온 것과 마찬가지로 쿠데타의 성격 자체도 변했을지 모른다.

2015년에 그리스 재무장관을 맡고 있던 야니스 바루파키스Yanis Varoufakis는 재임 내내 쿠데타가 일어날까 봐 걱정하며 보냈다. 바루파키스가 그 아슬아슬하던 시기를 회고하며 2017년에 출간한 『한 자리에 모인 어른들Adults in the Room』에는 그런 두려움이 잘 드러나 있다. 그가 공정한 목격자는 아니다. 시리자(Syriza, 그리스어로 급진좌파연합의 약칭 - 옮긴이)가 집권하는 동안 그의 임기는 짧았다. 그리스가 막대한 국가 부채로 잠재적 채무불이행의 위험이 최고조에 올랐던 시기에 바루파키스는 고작 6개월간 장관 자리에 있었다.

재무 장관 시절 바루파키스는 그리스가 유로존Eurozone을 떠남으로써 초래될 파국을 감수하면서 국가 채무 구조를 개편하기 위해 국제통화기금(IMF)과 유럽연합 회원국들, 무엇보다도 독일을 포함한 채권국들에 대항하는 전략을 추진했다. 그리스가 막대한 손실을 입지 않으면서 마음대로 사용할 수 있는 무기가 거의 없다는 점을 고려하면 이는 대단히 위험한 방법이었다. 이와 반대로 상대편이 가진 무기는 막강했다. 그리스 경제는 유럽중앙은행(ECB)으로부터 임시로 긴급 자금을 대출받아 겨우 생명을 유지하고 있었다. 바루파키스가 지나치게 상대편을 몰아붙인다면 이들은 그리스 은행의 생명유지장치를 뽑았을 것이다. 재임 내내 그는 아침에 눈을 뜰 때마다 국내 은행들이 파산할까 봐 두려워했다.

바루파키스에게 이런 상황은 쿠데타와 다름없었다. 여기에는 탱크나 군대, 강제적 체포가 포함되지 않는다. 단지 저항할 힘이 없는 민선 정부를 볼모로 잡을 뿐이다. 이런 일이 이미 그리스 주변국에서 일어났었다.

(2013년) 키프로스에 새 민선 정부가 들어섰다. 그다음 날 국제통화기금, 유럽중앙은행, 유럽공동체European Community(EC)까지 세 국제기구가 키프로스 은행들의 문을 닫게 했고, 새로 선출된 대통령에게 구제금융 조건을 제시했다. 민선 정부의 새 대통령은 그런 상황을 믿을

수도 없었고 전혀 준비도 되어 있지 않았지만, 채권단의 제안서에 서명할 수밖에 없었다.[9]

이는 군사력만 동원하지 않았을 뿐이지, 1967년 그리스에서 쿠데타 세력이 자국 왕에게 했던 행동과 다를 바가 없었다. 바루파키스는 그것을 세 기관이 그리스에게 하려는 조처의 "예행연습"이라고 불렀다. 그리고 이를 "키프로스 쿠데타"라고 명명했다.

바루파키스가 실제 총을 든 사람들이 등장하는 쿠데타가 일어날지도 모른다고 생각한 적이 딱 한 번 있었다. 2015년 7월, 유럽 채권단의 추가 긴축정책 제안에 대한 찬반 국민투표에서 반대하는 표가 압도적으로 많았던 그다음 날이자 바루파키스가 공직에서 물러났던 날 밤이었다. 바루파키스는 정부가 국민의 뜻대로 행동하고 채권단에 대항할 준비를 해야 한다고 주장하며 알렉시스 치프라스Alexis Tsipras 총리에 맞섰다. 치프라스 총리는 정부가 국민의 뜻을 따를 수 없다고 대답했다. 그렇게 할 경우 "쿠데타와 같은 사태가 일어날지 모르고 …… 대통령과 정보기관들은 '이미 준비를 마친 상태'"[10]라는 점을 치프라스는 넌지시 말했다. 그러나 바루파키스는 확고부동했다. '그들이 최악의 행동을 하더라도 내버려 두겠다'고 반항적으로 생각했다.

국민투표의 결과를 뒤집는, 일종의 '쿠데타'가 민주주의가 사망했다는 신호보다는 나을 것이었다. 무슨 일이 일어났는지 의심하는 이는 아무도 없을 것이다. 바루파키스가 두려워했던 점은 국민의 뜻이 전복되리라는 사실을 정부가 공개적으로 알리지도 않고 물러서는 것이었다. 심지어 그 후퇴는 민주주의를 지키는 유일한 방법으로 포장될 것이다. 채권단의 요구를 받아들이는 행위는 국민투표 결과(치프라스는 투표 전만 하더라도 바루파키스와 같은 노선을 유지하면서 채권단의 제안에 저항하도록 국민들을 부추겼고 정확히 그 목적을 달성했다. 그러나 결과적으로는 채권단의 요구를 수용함으로써 국민투표로 결정된 내용을 뒤집었다)와 달라 논의의 여지가 있지만, 적어도 민주주의는 살아남아서 미래에 다시 싸울 수 있게 되었다는 것을 의미했다. 그런 일이 실제로 일어났다. 치프라스는 여전히 자리를 지켰고, 그다음 선거에서도 승리했다. 바루파키스는 회고록이나 쓰는 처지가 되었다.

1967년 그리스에서 대령들의 쿠데타가 일어났을 때 바루파키스는 어린아이였다. 그는 그 시절에 대해 철저히 경멸적인 어조로 쓰고 있다. 하지만 쿠데타 세력이 자신들의 존재를 숨기지 않았다는 점 하나는 존경했다. 이들이 정권을 잡은 후 가장 처음 한 행동은 텔레비전 채널을 장악한 것이었다. 바루파키스는 이렇게 회고한다. "최소한 그들은 군대 음악과 함께 …… 그리스 국기가 펄럭이는 화면을 내보내려고 애썼다."[11] 오늘날 그리스 방송국들은 여전히 선전 도구로서 중요한 역할을 하고 있지만, 정작 중요한 것은 화면에 '나오지 않는' 내용이다. 정부와 은행은 나쁜 소식이 확산되지 못하도록 최선을 다한다. 요즘은 인터넷에 수많은 정보가 떠돌고 있으므로 소식은 어떻게든 퍼져나간다. 하지만 새로운 소식이 많아질수록 실제로 무슨 일이 벌어지고 있는지 파악하기란 더욱 어려워진다. 사람들은 듣고 싶은 것만 들으려 하기 때문에 아무도 진실을 알 길이 없다. 1967년에는 그런 일이 불가능했다. 그때는 최악의 소식이라도 듣지 않을 방법이 없었다.

쿠데타를 일으킨 대령들은 무슨 일이 벌어졌는지 모든 사람에게 확실히 알림으로써 쿠데타를 공식화했다. 바루파키스가 옳다면 21세기 쿠데타의 특징은 무엇이 변할지 감추려 한다는 것이다. 진실을 아는 사람은 아무도 없다. 민주주의가 죽은 것이다. 민주주의여, 영원하길.

과거 민주주의는 어떻게 위기를 극복했는가

그리스 민주주의의 역사는 20세기 후반보다 훨씬 이전 시대까지 거슬러 올라간다. 아테네는 민주주의가 탄생한 곳이다. 그와 똑같은 이유로, 아테네는 반민주적 쿠데타가 처음 시작된 곳이기도 하다. 현대의 대의민주주의는 2,000년도 전에 고대 아테네에 존재했던 직접민주주의와는 상당히 다르다. 당시 사회는 노예제에 기반했고 오직 남성들만 정치에 참여할 수 있었으며 서로 얼굴을 맞대고 교류했다. 정치란 힘든 일이었고 평범한 시민들도 기꺼이 싸움에 나서야 했다. 거의 항상 전쟁이 벌어지는 사회에는 이러한 제도가 적합했다. 고대 민주정은 격동적이고 시간 소모적이며 종종 폭력적이었다.

고대 아테네와 현대 아테네는 한 가지 면에서 서로 닮았다. 고대 아테네의 민주주의는 한동안 활동한 후에 나름의 방식으로 굳어졌다. 중년이나 마찬가지였다. 기원전 5세기 말 즈음이 되면 거의 100년 동안 존재했던 고대 아테네의 민주주의는 세력이 약화된다. 아테네는 스파르타와 오랜 전쟁을 치르면서 간신히 버티다가 재정이 바닥난다. 지도층의 무능에 큰 충격을 받은 일반 시민들은 분노하고 겁먹기 시작했다. 이런 상황을 선동가들이 더욱 악화시켰다. 하지만 민주주의는 여전히 가장 괜찮은 제도였다. 당대에 아테네에서 활동한 어느 역사가는 이렇게 말했다.

> "민주주의는 비효율적인 면도 있고 부패하기도 하지만, 시민들은 그 제도의 혜택을 얻기 위해 참아야 한다는 것을 알고 있다. 대중 선동가들은 국정 운영이라는 면에서 영리한 젊은이들보다 훨씬 덜 유능하지만, 민주주의를 강화하고 그 혜택을 증가시키므로 그만큼 더 시민들을 즐겁게 한다. 그러므로 이들은 사라지지 않는다. 실제로 커다란 변화가 필요한 상황에서 사소한 변화들을 기대해 봤자 소용없는 일이다. 모든 사소한 것들은 민주주의의 필요악이고, 그 약점에도 불구하고 민주주의를 바꿀 수 없기 때문에 그것을 받아들여야 한다."[12]

민주주의는 실패에 면역이 생긴 것 같았다. 민주주의에는 파괴의 책임을 물을 만한 나쁜 점이 없었다. 만약 민주주의의 대안이 없다면 그것을 참고 견딜 수밖에 없었다. 겉이 달라져도 실제로 바뀌는 것은 없었기 때문이다.

그런데 갑자기 쿠데타가 일어났다. 시칠리아 원정에서 패배하고 두 해가 지난 기원전 411년 여름, 아테네에서 젊은 귀족 집단이 무력으로 정권을 탈취했다. 새로운 헌법이 제정되었고, 구체제를 옹호하는 저명인사들은 추방되거나 암살당했다. 권력이 '400인회Four Hundred'라 불리는 집단에 집중되었다. 이 집단의 구성원들은 보수를 받지 않았으므로, 거기에 참여하기 위해서는 돈을 받지 않고도 정부 일을 할 수 있을 정도로 충분히 부자여야 했다. 400인회는 자신들이 내린 결정에 대해 군인과 시민 등 5,000명으로 이루어진 더 큰 집단의 비준을 받음으로써 민주주의가 완전히 훼손되지는 않은 것처럼 가장했다. 하지만 이는 말만 앞세운 것이었다. 아무도 거기에 속지 않았다. 민주주의는 과두제로 바뀌었고, 폭력 집단의 후원을 받는 특권 집단이 권력을 잡았다.

400인회를 민주주의로 부르기에는 너무나 부족한 점이 많았지만 거기에 속한 사람들이 서로 분열될 만큼은 민주적이었다. 400인회는 민주주의를 확실히 없애려 하는 보수파와 생명유지장치에 기대서라도 민주주의를 유지하고 싶었던 온건파로 분열되었으므로, 과두 지배 세력들은 불가피하게 갈라졌다. 민주주의를 유지하려던 온건파가 좀 더 우세했으므로 이들은 곧 5,000인회에 실질적인 권력을 되돌려주었다. 쿠데타가 발생한 이듬해에 스파르타와 벌인 해전에서 뜻밖의 승리를 거둔 아테네는 민주주의를 완전히 회복했다. 늘 지나치게 집요한 방식으로 민주주의를 옹호하던 선동가들이 온건파를 간신히 눌렀다. 이들은 과거에 빼앗긴 민주주의에 대한 믿음을 회복하면, 즉 선동 정치를 다시 믿기만 하면 여전히 스파르타를 상대로 최후 승리를 쟁취할 수 있다고 5,000인회를 설득했다.

그리하여 옛 헌법이 부활했지만 다음의 새로운 조항이 추가되었다.

> 나는 아테네에서 민주주의를 파괴하는 사람은 누구든 말이나 행동
> 과 투표로, 그리고 할 수 있다면 내 손으로 직접 그들을 죽일 것이다
> …… 만약 다른 사람이 민주주의를 파괴한 자를 죽인다면, 그는 아테
> 네인의 적을 죽였으므로 신과 악마 앞에서 그를 죄 없는 사람으로 대
> 할 것이다.

사실 선동가들은 사람들을 호도했다. 왜냐하면 민주주의에 대한 믿음
을 회복했음에도 불구하고 아테네는 그로부터 수 년 후에 스파르타와 오
랫동안 치러 온 전쟁에서 패배했기 때문이다. 하지만 아테네의 민주주의
는 그다음 세기에도 살아남았다.

고대 아테네의 민주주의는 견고하고 전쟁으로 단련된 정치제도였다.
이 제도는 나쁜 상황도 충분히 견딜 수 있을 정도로 효과적으로 기능했
다. 따라서 민주주의가 실패할 경우, 그 실패는 분명한 모습을 띠어야 했
다. 기원전 411년에 일어난 쿠데타는 무장 세력이 구체제를 적대적으로
전복한 사건이었다. 그런 면에서 이 사건은 1967년에 발발했던 쿠데타
와 닮았다. 차이가 있다면 고대 아테네의 민주주의는 빠르게 회복할 수
있을 만큼 충분히 강했다는 사실이다. 1년 만에 과두제가 사라졌고, 새로
바뀐 법률은 다른 생각을 품는 사람을 즉결 처분하겠다고 위협했다.

고대 아테네의 민주주의는 중년 사망률이 지금보다 훨씬 높던 시기에

바로 이런 식으로 중년의 위기를 넘길 수 있었다. 스파르타와의 전쟁에서 패배한 결과로 30명의 군부가 권력을 손에 쥐었던 기원전 404년에도 민주주의는 같은 방식으로 다시 회복할 수 있었다. 이 군사정권은 8개월간만 유지되다가 아테네를 장악하기 위한 대격전이 벌어진 후에 다시 민주주의로 돌아갔다. 폭력이 더 큰 폭력에 패한 것이다. 군부 세력은 죽거나 추방당했다. 암묵적으로 기존 체제에 협조했던 사람들은 사면을 받았는데, 이는 역사가 기록된 이래 최초로 '평화와 화해'를 위한 과정이었다. 사면 혜택을 받은 사람 가운데에는 군부 세력을 비난하는 일에 미온적 태도를 보였던 철학자 소크라테스가 있었다. 민주주의를 회복한 아테네는 소크라테스가 여전히 위험한 영향력을 행사한다고 판단하게 되었을 때 그를 죽이기로 결론 내리고, 역사상 가장 악명 높은 여론 조작용 공개 재판을 벌였다. 고대 아테네의 민주주의는 스스로를 보호할 방법을 알고 있었다.

이와 반대로 1967년의 민주주의는 충분히 강력하지 못했기에 순식간에 패배를 허용했다. 20세기 그리스의 민주주의는 모래 위에 세워진 제도였다. 쿠데타 주도 세력은 자신들이 극도로 싫어했던 나약함을 끝장냄으로써 자신의 방식대로 쿠데타를 성공시켰다. 하지만 이는 나약함이 또다른 나약함으로 단순히 자리바꿈한 것에 불과했다. 쿠데타를 주도한 대령들은 거의 7년간 정권을 잡았다. 그들은 서로 분열했고, 1973년의 석유 파동에 무능하게 대처했으며 그리스 청년들, 특히 학생들의 불만족이 커지는 것을 막을 수 없었기에 결국 권력을 잃었다. 1973년 말에 정부가 학생들의 연좌 농성을 저지하기 위해 아테네공과대학Athens Polytechnic에 탱크를 보냈을 때, 이는 강함이 아니라 부적절함의 표시였다. 그 이듬해에는 터키가 키프로스를 장악하게 내버려 둠으로써 키프로스 위기를 처리하는 데 치명적 실수를 범했다. 전면전에 직면하기는 했지만 민주주의는 이내 회복되었다. 오히려 오랜 공백으로 민주주의는 더욱 강해졌다. 사람들은 민주주의의 대안이 더 나쁘다는 사실을 알게 되었다.

현대의 쿠데타는 실체가 없다

오늘날 그리스에는 고대에 있었던 소란스럽고 극적인 사건이나 폭력은 거의 사라졌다. 그리스는 전쟁 중에 있지도 않고, 고대 아테네의 민주주의를 파괴할 뻔했던 전쟁의 패배나 민주주의를 회복하게 해주었던 승리도 거의 없다. 부유한 젊은 층은 국가에 대항하여 무기를 들기보다는 인스타그램으로 시간을 보내거나 다른 나라로 이민을 간다. 심지어 오늘날 그리스가 그토록 비참한 상황에 처해 있음에도 대부분의 사람들은 정치 활동이 아닌 다른 일들을 하고 있다.

현대 그리스에서 민주주의가 붕괴 직전까지 갔던 때는 2011년 말 즈음으로, 당시 정부는 늘어나는 국가 부채를 처리하기 위한 합의안을 도출할 수 없었다. 결국 선거를 치르지 않은 채 루카스 파파데모스Lucas Papademos가 새 총리로 취임했다. 그는 은행가였고, 이전 총리이자 1967년에 쿠데타 세력이 지붕까지 쫓아갔던 남자의 아들인 게오르기오스 A. 파판드레우의 경제 자문이었다. 파파데모스 총리는 경제학자와 다른 전문가들로 내각을 구성해서 유로존 회원국들과 균형을 맞추기 위해 유럽중앙은행의 요구 조건에 따라 경제를 개혁하고자 했다. 기술 관료들이 정부를 이끌었다. 하지만 파파데모스 정부는 난관을 극복하지 못한 채 불과 5개월 동안만 유지되었다.* 여기에 군부가 개입하지는 않았다. 그 대신에 새로운 선거가 치러졌으며 급진좌파연합, 즉 시리자가 정권을 잡았다. 2017년 5월, 파파데모스가 탄 차량에서 우편물 폭탄이 터졌으나 이 암살 시도는 실패로 돌아갔다. 그는 가벼운 상처만 입었다.

오늘날 그리스의 민주주의는 크고 작은 분쟁에 단련된 채로 거의 50년 동안 유지되고 있다. 민주주의는 그리스의 기본 정치 제도이며, 상황이 나빠지더라도 계속 유지될 것이다. 민주주의는 가장 괜찮은 제도다. 선거는 계속 치러지고 여론은 구속받지 않는다. 반대 의견이 허용될 뿐만 아니라 어느 정도는 아주 흔하게 볼 수 있다. 선거로 선출되지 않은 총리가 재임 중이던 2011년부터 2012년까지의 민주주의 공백기는 기원전 5세기 말과 비교하면 대단히 짧은 기간이었다. 하지만 현대 그리스의 민주주의는 고대 민주주의와 전혀 다르다. 실질적으로 누가 권력을 가지는가를 결정하기 위해 공개적으로 경쟁하지 않고, 패배자가 죽거나 추방당하지 않는다. 중요한 정책의 대부분은 비밀리에 이루어진다. 정말

✖ 그리스의 채무가 최고에 달했을 당시 파파데모스 전 총리는 채권국들의 요구에 따라 혹독한 긴축정책을 실시했으나, 그 결과 대량 실업 등의 사회적 문제를 불러일으킴으로써 그리스 국민들로부터 많은 비난을 받았다.

제1장 | 쿠데타의 위험은 현존하는가

로 무슨 일이 벌어지는지 알려면 핵심 참여자들이 각자 회고록을 쓸 때까지 기다려야 한다. 하지만 이들이 진실을 말하고 있는지는 확신할 수 없다. 이들은 공정한 목격자가 아니기 때문이다.

오늘날 그리스에서 독재정권 아래 살고 있다고 생각하는 사람은 거의 없다. 만약 그런 일이 발생했다면 누구나 쉽게 상황을 파악할 수 있었을 것이다. 그러나 지금 그리스의 민주주의가 여전히 제대로 작동하고 있는지는 미지수다. 겉으로는 민주주의처럼 보이지만 어쩌면 기만적인 모습일지도 모른다. 그리스의 현 정부는 채권단의 제안에 따라야 하고, 그리스 경제는 생명 유지 장치로 연명하고 있으며, 국민들은 거기에서 파생되는 결과를 감내해야 한다. 음모론이 횡행하지만 공모자들이 자신들이 하려는 일을 공개적으로 알렸던 1967년이나 기원전 411년과 달리 어떤 음모도 전면에 드러나지 않는다. 은행가나 기술 관료들, 혹은 독일이 쿠데타를 일으키려 한다고 말하기는 쉽지만 이는 어디까지나 은유적 표현이다. 실체가 없다. 1967년의 파판드레우와 달리, 오늘날은 아무도 두려워하지 않는다.

쿠데타의
시대는 끝났다

×

쿠데타는 어떤 방식으로 일어날까? 1968년에 젊은 미국 정치학자 에드워드 루트왁Edward Luttwak은 『쿠데타 실용지침서Coup D'État: A Practical Handbook』라는 소책자를 출간했다. 저자의 표현에 따르면 이 책은 국가를 무력으로 전복하는 방법을 단계별로 설명하는, 일종의 체제 전복을 위한 요리책이다. 그는 쿠데타에 성공하려면 감정에 치우치지 않고 실행해야 한다고 주장한다. 이 책은 "부야베스를 요리할 때처럼, 우선 알맞은 생선이 필요하다"고 쓰고 있는데, 요리를 잘못할 경우에는 "통조림으로 먹을 때"보다 맛이 떨어질지 모를 위험도 경고한다.[13] 루트왁은 음식을 태우지 않기 위해 필요한 규칙 몇 가지를 정하려 했다. 쿠데타 성공 방법을 설명하는 표면적 이유는 이를 막는 방법을 알려 주기 위함이었다. 즉 민주주의자들이 정확한 재료가 무엇인지 알기만 하면 정권이 나쁜 세력의 손에 들어가지 않도록 확실하게 막을 수 있다는 것이다.

루트왁은 쿠데타와 궁정 혁명의 차이를 강조했다. 궁정 혁명은 로마 황제들이 친어머니나 호위대에게 암살되는 것처럼, 소규모 엘리트 집단

내에서 일어나는 사적인 사건이다. 이때는 책임이 없는 통치자가 다른 통치자로 대체되는 일만 일어난다. 이 상황에서 생존 전략은 물러서는 방법뿐이다. 그와 반대로 쿠데타는 '통치'가 국민 모두를 포함해 국가 조직 전체의 통제권을 확보하는 것이라는 개념에 기초한다. 중립적인 공직자들은 등을 돌리거나 시선을 피할 자유가 없다. 그들은 새로운 정권을 위해 일해야 한다. 그런 이유로 쿠데타는 신중하게 계획되고 강압적으로 실행된다. 루트왁의 말에 따르면, "쿠데타는 국가 기구에서 작지만 중요한 영역에 침투해서 현 정부가 남은 사람들을 통제하지 못하도록 한다."[14]

이런 과정은 사람들을 방관자로 만든다. 그들이 할 수 있는 일이라고는 멀리서 지켜보는 것뿐이다. 치밀하게 계획된 쿠데타라면 다수의 국민이 집결해서 대응할 시간을 갖지 못하도록 재빨리 상황을 주도할 것이다. 그러므로 핵심 통신시설을 장악하고 방송을 통해 새로운 체제를 선전하는 일이 매우 중요하다. 또한 대부분의 사람들이 잠든 밤 시간에 일을 벌여야 한다. 즉 쿠데타를 가능한 한 빨리 기정사실화해야 한다. 루트왁은 국민들이 민주주의에 애착이 강하고 그 제도를 지키기 위해 들고 일어나기 쉬운 나라에서는 쿠데타가 성공할 가능성이 적다고 생각했다. 그런 조건을 갖춘 나리에서는 군대 음악을 방송하는 것만으로 충분하지 않다. 나약한 민주주의는 지킬 가치가 별로 없다. 하지만 그런 민주주의라도 대중의 지지를 받는다면 국민이 용납하지 않을 것이기에 강제로 정권을 빼앗기가 어려워진다. 국민들이 쿠데타에 맞서 싸울 것이기 때문이다.

강력한 민주주의 아래서 쿠데타는 발생하지 않는다

루트왁은 서구의 선진 민주주의 사회에서 쿠데타의 시대는 확실히 끝났다고 주장했다. 1961년 프랑스에서 한 차례 시도가 있기는 했다. 당시 알제리에 주둔하고 있던 프랑스 군대가 드골 장군에 불만을 품고 무력으로 국가를 전복하려 한 사건이었다. 이들은 드골 장군이 자신들을 버리고 알제리를 독립시키려 한다고 생각했다. 이들은 4월 21일 밤에 반란을 일으켰는데, 우연히도 6년 후 같은 날에 그리스에서는 군부가 주도한 쿠데타가 성공한다. 하지만 당시 프랑스에서는 그렇지 못했다. 주도 세력은 철저하게 진압되었다.

이들은 왜 실패했을까? 첫째, 알제리는 파리에서 멀리 떨어져 있었으므로, 이들은 핵심 통신시설이나 정부기관을 장악할 수 없었다. 둘째, 드골 장군은 프랑스 국민과 연대해서 무장 세력에 대항하여 국가를 지킬 수 있었다. 알제리 주둔군이 파리로 진격하라는 지시를 받고 파리 외곽 비행장에 낙하산 부대를 착륙시킬 계획을 세우고 있다는 소문은 순식간에 퍼졌다. 드골 장군은 텔레비전 방송에 출현해서 다음과 같은 연설을 했다.

"프랑스 국민의 이름으로, 나는 모든 수단, 반복해서 말하지만, 정말로 모든 방법을 동원해서 이들이 퇴각할 때까지 모든 곳에서 이들을 막으라고 명령한다. 나는 프랑스 국민 모두와 함께 알제리 주둔군이 자신이 받은 명령을 실행하지 못하도록 막겠다."[15]

이 메시지는 라디오 재방송을 통해 알제리에 거주하는 프랑스인들에게도 전해졌다. 훗날 드골은 자신의 회고록에 이렇게 썼다. "모든 사람이 모든 지역에서 내 연설을 들었다. 본국 프랑스에서 내 발표를 보거나 듣지 않은 사람은 아무도 없었다. 알제리에서는 수백만 개의 트랜지스터라디오가 내 연설에 주파수를 맞추었다. 그때부터 반란군의 저항은 소극적으로 바뀌었고, 이는 매시간 더욱 분명해졌다."

드골부터 시작된 프랑스 제5공화국이 대단히 민주적인 정부는 아니었다. 왜냐하면 대통령이 군주에 준하는 권력과 막강한 개인적 권한을 행사했기 때문이다. 드골은 루이14세를 모방해서 "기본적으로 공화국이 곧 나다"라고 말했다. 그렇더라도 이 정부는 충분히 민주적이었다. 왜냐하면 이미 3년 전에 프랑스 국민들이 국민투표를 통해 압도적으로 정부를 지지했고, 드골이 이끄는 정부를 지키려는 의사가 있었기 때문이다. 민주주의가 대중적 정당성을 확보한 곳에서는 민주주의가 공격받을 때 국민들이 한낱 구경꾼에만 머물러 있지 않는다. 그런 이유로 쿠데타는 후진적 민주주의의 증상으로 여겨진다. 쿠데타는 민주주의가 뿌리내릴 시간이 없는 국가에서만 일어난다.

알제리 군사반란이 일어났을 때 드골이 거둔 성공 중 일부는 근본적으로 프랑스적이지 않았고, 현대 민주주의보다는 바나나 공화국(정치·경제적으로 뒤떨어진 중남미의 공화국 – 옮긴이)에서나 일어날 법한 사건처럼 들린다. 드골의 자서전을 집필한 어느 작가에 따르면, 드골은 텔레비전 연설에서 알제리 군사반란을 '쿠데타'가 아닌 "항명 사건

pronunciamiento"이라고 부르면서, 의도적으로 이를 "중남미 국가에서 벌어지는 희극 오페라 수준"으로 격하했다고 한다.[16] 민주주의가 강력할수록 쿠데타가 일어날 가능성은 축소되어, 사건을 우스운 상황처럼 만들기 마련이다.

현대의 쿠데타는 소리 없이 다가온다

쿠데타의 종류에는 국가 전복 행위만 있는 것이 아니다. 루트왁의 책에는 민주주의가 종식되는 다양한 원인이 목록으로 정리되어 있지만, 그는 국가를 무력으로 정복하는 한 가지 경우에만 관심을 두었다. 그렇다면 민주주의를 파괴하는 다른 방법도 있을까? 미국 정치학자 낸시 버메오Nancy Bermeo는 쿠데타를 여섯 가지 종류로 나누고, 국가 전복은 그중 하나라고 설명했다. 나머지 다섯 가지는 다음과 같다.

- 행정부 쿠데타executive coups 란 이미 권력을 가진 사람들이 민주주의를 유예하는 경우다.
- 부정 투표election-day vote fraud 란 특정 결과를 만들어 낼 목적으로 선거 과정을 조작하는 경우다.
- 공약성 쿠데타promissory coups 란 선거를 통해 통치의 정당성을 부여받은 사람들이 민주주의를 장악하는 경우다.
- 행정권 과용executive aggrandisement 이란 이미 권력을 가진 사람들이 한 번에 민주주의를 전복하지 않고 체제를 조금씩 약화시키는 경우다.

- 전략적 선거 조작strategic election manipulation이란 선거 과정을 은밀하게 조작해서 선거가 자유롭고 공정하게 이루어지는 것처럼 보이게 하는 경우다.[17]

이런 식의 쿠데타에서는 군인들이 야밤에 몰래 들이닥쳐서 정권을 탈취할 필요가 없다. 쿠데타는 현 정부 안에서 이루어질 수도 있고, 군사 정변과는 다른 모습으로 포장될 수도 있다. 대개는 그 두 가지가 함께 일어난다.

쿠데타를 어떤 방식으로 분류하든, 모든 쿠데타는 크게 두 가지로 나누어 볼 수 있다. 민주주의가 확실하게 종식되어야만 성공할 수 있는 쿠데타가 있는가 하면, 겉으로는 민주주의가 훼손되지 않은 것처럼 보이는 쿠데타가 있다. 국가를 전복하는 쿠데타는 전자에 해당한다. 하지만 공약성 쿠데타, 행정권 과용, 전략적 선거 조작은 후자다. 이런 쿠데타는 외견상 민주주의 형태를 유지한다. 선거에서의 승리는 이긴 자에게 권위를 부여하므로, 참여자들은 선거를 조작한다. 공약성 쿠데타와 행정권 과용은 민주적 제도들이 그대로 유지되어야 하는데, 사람들이 권력을 지닌 이들의 정당성을 인정하고 있을 때에만 쿠데타가 성공할 수 있기 때문이다. 그러므로 낸시 버메오의 정의에 따르면 일부 쿠데타에서는 민주주의가 적이 되지 않는다. 쿠데타 공모자들은 민주주의의 파괴를 은폐하고, 민주주의를 자신들의 친구로 만든다.

국가 전복을 꾀하는 쿠데타에만 집중하면 쿠데타가 언제 어디에서 일어나는가에 대한 잘못된 생각을 갖게 된다. 버메오는 정치 변화를 꾀하는 방식의 군사 쿠데타와 행정부 쿠데타, 부정 투표가 전 세계에서 계속 줄어들고 있다고 지적한다. 민주주의가 발달할수록 무력이나 노골적인 부정행위로 민주주의를 파괴하기가 더욱 어려워진다는 의미다. 1960년대에 그리스는 민주주의가 너무나 취약해서 위의 세 가지 유형이 모두 나타났다. 1961년 선거는 '폭력과 사기'로 점철되었는데, 당시 많은 사람들이 부정 선거가 치러졌다고 생각했다. 1965년에 일어난 '왕정복고 쿠데타'에서는 민주적 권한을 갖지 못한 왕이 민선 정부를 대체했다. 마지막으로 1967년에는 대령들이 군사 정변을 일으켰다. 그러나 현대 그리스에서는 이와 유사한 사건들이 일어날 가능성이 매우 낮다. 민주주의가 정착한 곳에서는 노골적인 권력 찬탈이 진행되더라도 사람들을 위협해서 복종하게 할 방법이 없다.

하지만 민주주의가 기본적인 정치체제일 때 다른 종류의 쿠데타가 발생할 여지는 커진다. 사람들이 민주주의를 당연하게 여길수록 체제를 전복하지 않고 파괴할 기회는 더욱 많아진다. 특히 행정권 과용(선거를 통해 강력한 권력을 부여받은 사람이 말만 내세우면서 조금씩 민주주의를 갉아먹을 때)은 21세기에 민주주의를 가장 강력하게 위협하는 요소인 것 같다. 이런 현상은 인도, 터키, 필리핀, 에콰도르, 헝가리, 폴란드 등에서 나타나고 있다. 또한 미국에서도 등장할 가능성이 있다. 문제는 그 실체를 확실히 파악하기가 어렵다는 점이다. 국가 전복의 결과는 모 아니면 도지만, 다른 쿠데타의 경우 점진적 과정을 거쳐 상황이 변한다. 그것이 국가 전복 쿠데타와 다른 쿠데타 사이의 가장 큰 차이다. 즉 국가 전복은 몇 시간 내에 성공이냐 실패냐가 결정된다. 그러나 나머지는 그 성공 여부를 아무도 알지 못한 채로 수년 동안 지속된다. 그래서 쿠데타의 한계를 정하기가 훨씬 어렵다. 그뿐만 아니라 쿠데타가 진짜 모습을 드러내기까지 작업은 오랫동안 조금씩 진행될 것이다.

버메오는 점진적으로 진행되는 쿠데타의 경우, 주도적인 세력들이 반대 세력을 어떻게 다룰지 안다는 점이 큰 문제라고 지적한다. "산산조각 나지 않고 조금씩 무너지는" 민주주의는 "행동을 개시하게 하는 실질적 발화 장치가 없다."[18] 즉 위협에 대항하여 사람들이 민주적 방식으로 힘을 결집할 시간이 전혀 없다. 그 대신에 정치적 내분이 일어나 사람들을 갈등하게 하고, 각 주체가 상황을 모두 다르게 인식하게 함으로써 결집하지 못하게 한다. 기존 체제에 반대하는 사람들은 '쿠데타가 필요해!'라고 외치지만, 구체제를 옹호하는 사람들은 이를 지나치게 히스테릭한 반응이라고 평한다. 게다가 민주주의의 마지막 수호자로 자처하는 법조인과 언론인들은 반대편에 의해 민주주의를 악용하는 '특수 이해관계' 집단으로 바뀔 위험성이 높다.

국민투표는 과연 민주적인가

루트왁이 쿠데타를 설명한 내용 중 다음은 여전히 유효하다. 민주주의가 파괴될 때, 전체 구성원은 반드시 구경꾼으로 남는다. 대중이 쿠데타에 반항하여 봉기할 때는 어떤 쿠데타도 성공할 수 없기 때문이다. 이 상황에서 나타날 수 있는 유일한 결과는 쿠데타가 실패하거나 내전이 현실화되는 것이다. 하지만 대중의 입을 틀어막는 방법에는 여러 가지가 있다. 쿠데타는 협박과 강압을 기반으로 하지만, 민주주의가 활성화된 환경에서 본질을 감추고 있는 쿠데타는 대중의 타고난 수동성에 기대를 걸어야 한다. 대부분의 민주 사회에서 사람들은 구경꾼으로 살아간다. 그들은 선거 때 지지를 호소하던 정치인들이 당선된 후에 자기 마음대로 결정을 내리는 것을 지켜만 본다. 만약 이러한 모습이 민주주의의 최종적 형태라면 파괴와 완성의 모습은 서로 놀랄 정도로 유사한 셈이다. 결국 민주주의의 기반을 약화하려는 시도는 몹시 잘 감춰진다.

현대 정치학은 그런 상황을 설명하기 위해 '청중 민주주의', '구경꾼 민주주의', '국민투표식 민주주의'라는 다양한 용어를 만들어 냈다. 그런데 이런 표현들은 좀 약한 것 같다. 그보다는 '좀비 민주주의'라는 표현이 더 적절하다. 이 용어들에 내포된 공통적인 개념은 국민들이 때를 가려 박수나 치는 공연 관람객 정도의 역할만 한다는 것이다. 민주정치는 좀 더 특색 있는 공연자가 대중의 관심을 더 많이 끄는 겉만 번지르르한 쇼가 되어 가고 있다. 많은 민주주의 사회에서 국민투표에 대한 의존도가 높아지는 모습은 바로 이런 경향과 정확히 일치한다. 국민투표는 일견 민주적으로 보이지만 실제로는 별로 그렇지 않다. 무대로 끌려 나온 관객들은 자신들이 만들지도 않은 제안에 단순히 예스나 노를 말한다. 선거가 끝나면 정치인들은 자신들이 말한 내용을 실제로 실행에 옮기지만, 그 모습을 지켜보는 유권자들 중 상당수는 자신들의 역할이 줄어들었다는 사실에 점점 좌절한다. 필요하다면 유권자가 처음 결정한 내용에 동의하는지 여부를 묻기 위해 또 다른 국민투표를 실시할 수도 있을 것이다. 물론 모든 국민투표가 공약성 쿠데타의 증거는 아니다. 하지만 공약성 쿠데타의 한 가지 방식이기는 하다.

특별히 국민투표가 효과적인 제도로 보이는 이유는 투표 방식이 민주적으로 보이기 때문이다. 전체 국민의 생각을 묻는 것보다 더 민주적인 방식이 어디 있겠는가? 직접 질문하면 즉각 답을 얻을 수 있다. 이렇게 얻어지는 답은 종종 더 강력한 민주주의를 요구하는 목소리로 나타난다.

영국의 브렉시트Brexit 국민투표는 직접민주주의가 살아 있음을 보여주는 모범 사례로 선전되었다. 그런 명성을 얻은 요인은 직접민주주의의 매력이 한껏 드러나는 '통제권을 되찾자Take back control'라는 슬로건 덕분이었다. 하지만 브렉시트 투표는 영국 국민이 원하는 것을 제공하는 영국 정부에 더 많은 통제권을 주는 결과를 낳았다. 현재 영국 정부와 의회는 브렉시트 이후에도 각자 권력을 확고하게 유지하기 위해 싸움을 벌이고 있다. 투표 결과 때문에 총리가 사임했다는 점을 고려하면, 브렉시트 투표가 행정부 쿠데타의 성공 사례라고 주장할 사람은 아무도 없다. 이 사건은 더 강력한 민주주의에 대한 대중의 요구가 얼마나 쉽게 역효과를 내는가를 잘 보여 주는 사례다.

현대에 군사 쿠데타가 일어날 가능성

낡은 방식의 국가 전복 쿠데타가 모든 지역에서 완전히 사라진 것은 아니다. 2017년 말, 로버트 무가베Robert Mugabe 짐바브웨 대통령은 속도가 조금 더디기는 했지만 고전적인 방식인 쿠데타로 실각했다. 군복을 입은 장군들이 텔레비전 방송국을 장악하고 '범죄자들'을 처벌하겠다는 계획을 발표했다. 수도 하라레Harare의 거리에는 탱크가 등장했다. 처음 무가베 대통령은 떨리는 목소리로 사임을 거부한다고 발표했는데, 그 옆에서 군인들이 당황한 표정으로 원래 예정된 연설의 원고를 넘겨보고 있었다. 하지만 그로부터 3일 후 결국 무가베 대통령은 자리에서 물러났다.

'아랍의 봄' 이후 이집트에 잠시 찾아온 민주주의는 군부 쿠데타의 모든 특징이 담긴 어떤 사건 하나 때문에 종식되었다. 2013년에 이집트 국방부 장관은 민선 정부를 무너뜨리고, 무함마드 무르시Mohammed Morsi 대통령과 그 측근들을 체포했으며, 헌법을 무력화했다. 그 이듬해에 이집트에서는 새로 대통령 선거가 치러졌다. 쿠데타를 지휘했던 압둘 파타 엘시시Abdul Fatah el-Sisi 장군은 97퍼센트라는 압도적인 득표율로 대통령에 당선되었다.

상황이 아무리 나빠져도 미국이 이집트와 같은 경로를 따를 가능성은 매우 적어 보인다. 이런 상황이 전개되기에 미국은 대단히 부유하고 민주주의 역사가 깊으며, 민주적 제도와 관습이 굳어져 있다. 현대 미국은 짐바브웨는 말할 것도 없고 현대 이집트와도 매우 다른 사회다. 엘시시 이집트 대통령을 포함해서 전 세계의 다양한 독재자strongman들은 트럼프 미국 대통령의 적수가 되지 못한다. 하지만 오늘날 미국은 과거 미국과 상당히 다른 사회다. 과거 미국은 오히려 이집트와 비슷했다.

오늘날 이집트는 비교적 젊은 사회다. 이집트의 중위 연령은 24세 정도고, 이는 1930년의 미국과 거의 비슷하다. 이집트가 부유한 나라는 아니다. 1인당 GDP는 4,000달러 정도로, 이는 1930년 미국의 1인당 GDP와 거의 같다. 현재 이집트의 실업률은 약 15퍼센트로 높은 편인데, 이 역시 1930년의 미국과 비슷하다(물론 미국의 실업률은 대공황 때문에 나중에 그보다 더욱 높아졌다).

　그러나 두 나라 사이에는 커다란 차이가 있다. 1930년대 미국의 여러 정치 제도는 오늘날의 이집트보다 훨씬 민주적이었고, 각종 분쟁에 단련되어 있었다. 군사력은 1930년대에 이렇다 할 군대가 없었던 미국보다 현대 이집트가 훨씬 강력하다. 또한 미국에는 무슬림 형제단(Muslim Brotherhood, 이집트에서 설립된 가장 오래되고 규모가 큰 이슬람 운동 조직 – 옮긴이)과 같은 단체는 없다.

　최근 이집트에서 발생한 쿠데타가 서구 민주주의에 어떤 교훈을 준다고 주장하고 싶다면 그 교훈을 올바르게 적용할 필요가 있다. 1930년대에 미국에서도 쿠데타가 일어날 뻔했다. 기회가 주어졌다면 위험을 기꺼이 감수했을 휴이 롱Huey Long*처럼 독재자로 추정되는 선동가들이 미국에도 있었기 때문이다. 당시 미국의 민주주의는 금방이라도 무너질 위험

✖　미국 민주당 출신 정치인으로 루이지애나주의 주지사를 역임했으며, 1930년대 초중반 미국 상원의원으로 활동했다. 부유세 등을 포함해 부의 재분배를 골자로 하는 급진적인 정책을 내세웠으나 1935년 암살당했다.

에 처해 있었다. 제도적으로는 어려워도 사회적 상황을 보면 충분히 가능했다. 1930년대 미국은 21세기 미국보다 21세기 이집트와 좀 더 비슷했다.

서유럽의 민주주의는 제1, 2차 세계대전 사이에 붕괴했다. 1930년대 말에 비영어권 국가들에서 민주주의가 살아남은 경우는 극히 드물었다. 거의 모든 지역에서 군복을 입은 사람들이 정장을 입은 사람들을 대체했다. 오늘날 사람들이 1930년대로 회귀할 위험성을 언급할 때는 전 세계적으로 민주주의가 도미노처럼 붕괴되었던 사례를 생각하고 있는 것이다. 그러므로 다음과 같은 사실을 명확히 해둘 필요가 있다. 어떤 지역은 1930년대의 상황이 반복될 확률이 훨씬 높다. 그러나 이미 그런 상황을 한 번 경험한 나라에서 쿠데타가 다시 일어날 가능성은 희박하다. 오늘날의 독일은 정치적으로 1933년의 독일*과 공통점이 거의 없다. 프랑스는 50년 전의 프랑스가 아니다. 이탈리아는 당분간 군사 지배에 굴복하지 않을 것이다. 심지어는 그리스조차도 그런 정치체제로부터 벗어난 것처럼 보인다.

민주주의의 완성과 파괴는 구분되지 않는다

민주주의의 미래가 불명확한 국가들은 오늘날의 미국과 이집트 사이

✖ 1933년 3월 치러진 총선에서 아돌프 히틀러가 수상으로 임명되며 의회가 해산되었다. 이 총선의 결과 바이마르 공화국이 무너지고 나치 독일이 등장했다.

에 존재하는 나라들이다. 예를 들어 터키는 오늘날 민주주의가 비교적 깊이 뿌리내린 나라다. 1923년 근대적 공화국이 설립된 이후로 대부분의 기간 동안 민선 정부가 터키를 통치했다. 그러나 간헐적으로 군사 쿠데타가 발생하기도 했다. 1960년, 1971년, 1980년에 쿠데타가 한 번씩 있었다. 세 차례 모두 군부가 민선 정부를 대체했다.

1980년에 일어난 쿠데타는 루트왁이 설명한 고전적 방식을 따랐는데, 장군 여섯 명이 한밤중에 권력을 찬탈하고 수도의 거리마다 탱크를 세웠으며 정부 요직에 있는 사람들을 체포했다. 그러나 당시 주도 세력은 질서가 잡히자마자 민주주의를 회복하겠다고 약속했다는 점에서, 이 사건은 공약성 쿠데타이기도 했다. 전통적으로 터키 군대는 이슬람의 이름으로 세속 헌법을 파괴하려는 자들로부터 정교분리 원칙을 수호한다는 명분을 내세운다. 터키에서 일어났던 모든 쿠데타는 질서가 잡히고 나면 몇 년 후에 시민들에게 권력을 되돌려주었는데, 상황이 여의치 않으면 군부가 다시 개입할 여지는 항상 있었다.

군대가 무력을 사용하지 않고도 총리의 사임을 요구해서 그 목적을 달성했던 1997년을 제외하고, 1980년 이후에는 터키에서 더 이상 군사 쿠데타가 일어나지 않았다. 하지만 최초의 '포스트모던 쿠데타'라는 이름이 붙은 사건이 일어날 징후는 충분했다.

2002년에 에르도안이 이끄는 정의개발당Justice and Development Party(AKP)은 군부가 개입했다는 비난이 일었던 총선에서 결정적 승리를 거두었다. 그로부터 5년 후 에르도안의 친구이자 친이슬람 성향의 인물이 대통령에 당선됨으로써 에르도안은 군부와의 마지막 결전에서 승자가 되었다. 군부는 이슬람주의자가 정권을 장악하지 못하도록 나라를 보호하기 위해 한 번 더 개입하겠노라고 경고했지만, 에르도안은 군부의 위협을 맹비난하면서 국민들로부터 압도적 지지를 이끌어 냈다. 그 이후에 에르도안은 일련의 개혁을 단행하고 자신의 입지를 강화했으며, 더 나아가 엄격하게 정치와 종교를 분리하던 정책을 완화했다. 그는 민주주의의 이름으로 이런 일들을 행했다.

2016년 7월 15일 밤, 터키에 또 한 번 군사 쿠데타가 발생했다. 이스탄불 거리로 탱크가 몰려오고 군인들이 핵심 교통 및 통신시설을 장악했으며 에르도안을 포함해 정부의 핵심 인사들을 체포하려는 움직임이 있었다. 하지만 이번에는 계획이 무산되었다. 에르도안은 드골의 흉내를 내되 소셜 미디어 시대에 걸맞게 그 방법을 최신화하여, 새벽에 온라인을 통해 쿠데타를 맹렬하게 비난하고 터키 정규군을 거리로 보내 쿠데타를 막으라고 명령했다. 그의 명령은 긍정적인 반응을 얻었고 국민들의 엄청난 저항을 받은 쿠데타는 발생한지 열두 시간 만에 실패하고 말았다. 쿠데타가 일어나기 몇 달 전까지만 해도 에르도안의 대중적 인기는 높지 않았지만, 군부 쿠데타가 일어나자 수많은 반대파들이 오히려 그의 편에 섰다.

이 때 얻은 지지를 바탕으로 에르도안은 자신의 권력 기반을 공고히 다졌다. 과거에는 협력자였지만 지금은 숙적이 된 펫훌라흐 귈렌Fethullah

Gulen[*]이 쿠데타 배후로 지목되었고, 귈렌의 지지자들에게는 군대와 교육 시스템의 핵심 부분을 장악해서 국가 전복을 꾀했다는 죄목이 적용되었다. 에르도안은 군부와 대학 내 반대파를 모두 숙청하고 수많은 반대파 정치인과 언론인, 교육자를 가두었다. 2017년에는 대통령의 권한을 크게 강화하는 내용의 헌법 개정안을 국민투표를 통해 가까스로 통과시켰다. 여기에는 포퓰리즘적 개혁인 군사 재판소의 폐지도 포함되어 있었다. 그는 민주주의의 이름으로 이 모든 일들을 단행했다.

현재 터키의 정치 상황을 보면 민주주의가 기본적인 정치체제로 확립된 이후 민주주의와 그 체제를 파괴하는 행위 사이의 경계가 얼마나 희미해지는가를 알 수 있다. 루트왁의 예상대로 대중이 구경꾼으로 남기를 거부하는 곳에서는 군대가 민주주의를 전복하기 어렵기 때문에 터키의 쿠데타는 실패했다. 국민이 체제를 구했다. 하지만 국민이 민주주의를 지킨 대가로 대규모로 행정권이 과용되는 결과를 초래하고 말았다. 에르도안은 일련의 조치를 통해 자신의 권력을 더욱 강화했다. 그러면서 자신의 행위를 장래 발생할지 모를 군부 쿠데타로부터 민주주의를 보호하는 방법으로 꾸몄다.

그와 동시에 에르도안의 행동은 널리 퍼져 있는 음모론의 주제가 되

✖ 터키의 이슬람 사상가이자 평화 운동가 및 교육자로, 이슬람에서는 21세기 사상가 중 가장 영향력이 큰 인물로 꼽힌다. 2003년 에르도안이 처음 터키의 총리로 선출되었을 때는 뜻을 같이 했으나, 에르도안이 2013년 헌법을 개정하며 장기독재의 움직임을 보이자 관계가 틀어졌다.

었는데, 그 음모론은 정치에서 가장 중요하며 근본적인 질문에서 출발한다. 즉 '누가 이익을 얻는가'의 문제다. 여러 관찰자들이 보기에 7월 15일 밤에 일어난 사건들은 너무나 딱딱 들어맞아서 사실이라고 믿기 어려웠다. 일찌감치 추방되어 1999년부터 미국 펜실베이니아주 시골에 살고 있던 이슬람학자 귈렌이 어떻게 그렇게 정교한 쿠데타를 책동할 수 있었을까? 그 사건으로 이득을 본 사람은 에르도안이었다. 이런 논리로 실제로는 에르도안이 쿠데타의 배후 인물임에 틀림없다는 이야기가 자연스럽게 흘러나온다. 실패한 쿠데타는 붕괴한 민주주의를 감추기 위해 꾸민 이야기로 바뀐다.

2016년 7월에 있었던 쿠데타 시도는 민주주의에 대한 두 가지 전혀 다른 위협의 증거가 될 수 있다. 겉보기에 이는 군대가 민주주의를 위협한 사건이다. 말하자면 터키의 민주주의는 아직 너무나 취약해서 무력으로 전복될 수 있다. 하지만 만약 그 쿠데타가 조작된 것이라면 민주주의를 위협하는 주체는 민선 정부다. 즉 현재 터키의 민주주의는 충분히 안전해서 국민이 지지하면 미래 독재자의 모습이 감춰질 수 있다. 둘 중 어떤 견해가 옳은지 양쪽 다 만족시킬 만한 자료(사건, 주장, 증거)는 아무것도 없다.

어쩌면 지금 터키는 군사 쿠데타가 더는 발생하지 않는 사회일지 모른다. 이는 귀류법의 논리처럼, 그 반대 현상을 증명할 수 없기 때문에 본래 명제가 참임을 증명하는 문제가 아니다. 이는 오직 성공한 쿠데타에 의해서만 틀렸음을 밝힐 수 있다. 지금 우리가 사는 세상은 실제 모습을

제1장 | 쿠데타의 위험은 현존하는가

있는 그대로 비추는 거울이 아니다. 군사적 전복이 실패했다고 해서 쿠데타의 위협이 실제로 존재한다고 볼 수는 없다. 이는 어쩌면 민주주의가 외부적인 위협에 처한 것이 아니라, 민주주의 체제의 내부에 진짜 위험이 숨어 있음을 의미할 수도 있다.

이미 벌어진 상황을 이해할 수 있도록 도와주는 요리책이란 없다. 같은 재료와 방법으로 요리해도 완전히 서로 다른 두 가지 음식이 만들어질 때가 있기 때문이다.

미국은 이집트도 아니고 터키도 아니다. 그럼에도 여기에는 대단히 안전한 민주국가들도 새겨들을 만한 교훈이 있다. 한때 민주주의를 위협하던 것들이 민주주의를 보호하는 방어벽이 될 수 있는 반면, 한때 민주주의를 지지하던 것들이 오히려 가장 큰 위협이 될 수도 있다는 점이다. 민주주의를 지탱하던 힘이 종내 민주주의를 무너뜨리는 비책이 될지도 모른다.

행정부가 권력을 장악할 때 무슨 일이 벌어지는가

군대와 시민의 관계를 생각해 보자. 민주주의가 정착된 나라에서는 대개 장군들이 민간인 지도자의 명령에 따라 행동한다. 만약 장군들이 명령에 따르기를 거부하면 이는 쿠데타와 다름없다. 하지만 국민들이 민주적 통치를 기계적으로 받아들이게 해서 중앙으로 권력이 집중되는 현상을 감추려는 나라에서는 오히려 장군들이 지도자의 명령에 따르는 행위가 쿠데타가 될 것이다. 어쩌면 행정부가 군대의 복종을 명령할 수 있는 힘은 민주주의의 사망 시기를 앞당기는 요인 중 하나일지 모른다.

법률학자 브루스 애커먼Bruce Ackerman은 대통령중심제인 미국 정치의 최근 50년 간 특징을 행정부에 의한 권력 장악으로 보았다. 가장 두드러진 현상은 군의 정치개입으로, 행정부를 돕는 군인이 점점 늘어나고 있다. 대통령들은 의회의 거센 저항에 부딪치면 일을 추진하기 위해 군대에 의존한다. 애커먼은 여기에 두 가지 위험이 있다고 생각한다. 하나는 군 수뇌부가 대통령의 명령에 복종함으로써 과격한 대통령의 권력을 더욱 키우게 될 위험이다. 또 다른 위험은 결국 대통령이 행정부에 필수적인 존재가 된 군 사령부의 말에 따라 행동하는 것이다. 후자의 경우 최고 사령관인 대통령은 군사 통치의 허수아비가 된다. 군인이 정치인에게 복종하는 것인가, 아니면 정치인이 군인에게 복종하는 것인가? 그 경계가 불분명해지면 답을 찾기가 어려워진다.

애커먼은 여러 대통령의 사례를 통해 행정부가 권력을 장악하는 과정을 추적한다. 이러한 현상은 파벌정치에 대한 실망감이 커짐과 동시에 대통령이 정기적으로 비상조치를 하는 과정에서 발생한다. 빌 클린턴은 공화당이 지배하는 의회에서 행정부가 주도권을 가지기 위해 대통령의 재량권을 확대하려 했다. 조지 W. 부시는 9.11 이후에 '테러와의 전쟁War on Terror'을 치르기 위해 그렇게 했다. 오바마는 알카에다Al Qaeda와 이슬람 극단주의 무장단체ISIS와 싸우기 위해 그렇게 했다. 애커먼은 대통령들이 가장 쉬운 방법을 택함으로써 미국의 민주정치에서 무법성이 증가한 것을 이 사례들의 특징으로 보고 있다. 이는 쿠데타와는 다르다. 이러한 조치를 취한 대통령 중 어느 누구도 헌법을 파괴하려는 의도는 없었기 때문이다. 하지만 만약 헌법에 대한 애정이 크지 않고 행정부에 저항하는 행위는 곧 민주주의에 대한 배신이라고 생각하는 대통령이 등장하면 무슨 일이 벌어질까? 대통령이 퇴역 장군들로 내각을 구성한다면 어떻게 될까? 트럼프가 대통령이 된다면?

2010년에 출간한 책에서 애커먼은 미래 언젠가 닥칠 위험을 이렇게 추측했다. "우파 대통령은 국가가 수천 만 명의 이민자에게 더 이상 관용을 베풀 수 없으므로, 자신은 '느긋한 속도로' 그들을 구금하고 추방할 수밖에 없다고 주장할 것이다." 또한 그는 "엄청난 음모를 꾀하고 있다면서 은행들을 악마 취급하고 …… 국민의 이름으로 은행들을 즉시 국유화해야 한다고 주장하는 좌파 대통령"의 출현 가능성도 언급했다.[19] 이런 상황이 전개되면 일은 훨씬 복잡해진다. 군대뿐만 아니라 공직자들도 어떤 입장에 서야 할지 결정해야 한다. 고대 로마 시대와 달리, 현대 국가에서는 못 본 척하면서 폭풍이 지나가기만 바랄 수 없다. 지시받은 대로 하거나 하지 않거나 둘 중 하나다. 문제는 강력해진 행정부가 국정을 지배하게 되면 정부의 명령을 거부하는 행위만으로도 민주주의의 적으로 매도될 위험이 있다는 점이다.

하지만 선택의 여지는 있다. 공무원이 사직함으로써 자신에게 내려진 지시의 이행을 회피하는 것이다. 다만 그로 인해 그들의 빈자리가 행정부의 말을 잘 듣는 공무원으로 채워지거나 아예 공석으로 남을 위험이 존재한다. 좀 더 극단적인 방법은 자리를 지키되 복종하지 않는 것이다.

트럼프를 예로 들어 보면, 군의 장군들은 민주주의의 근간을 훼손하지 않고서는 트럼프 대통령에게 핵무기 발사명령 인증코드를 넘겨주지 않을 수 없다. 하지만 그의 발사명령에 따르기를 거부할 수는 있다. 만약 트럼프가 미국은 물론 사실상 전 세계를 위태롭게 할 핵무기를 사용하겠다고 무모한 명령을 내린다면 어떻게 될까? 민주주의의 이름으로 그 명령에 불복할 수 있을까?

미국 현대사에는 적어도 한 차례 선례가 있다. 1974년 여름, 닉슨 대통령이 사임할 무렵 제임스 슐레진저James Schlesinger 국방장관은 대통령의 심리 상태를 몹시 걱정해서(그 즈음 닉슨은 심하게 우울했고, 술을 많이 마셨다) 자신이나 헨리 키신저Henry Kissinger 국무장관의 명령이 있기 전까지는 핵무기 사용과 관련해 대통령의 명령에 따르지 않도록 전군에 지시했다. 또한 그는 대통령직이 평화롭게 승계되지 않을 경우를 대비해서 워싱턴에 군대를 배치할 계획도 세웠다. 이런 행동은 형식적으로는 쿠데타처럼 보이지만 실질적인 쿠데타는 아닌 수상한 영역에서 일어난다. 트럼프가 집권하는 동안 그런 영역은 점점 확대되고 있다.

슐레진저가 했던 일들이 더욱 수상쩍은 이유는 그 결정을 밝힌 사람이 슐레진저 본인밖에 없었으며, 밝힌 시점도 상황이 종료되고 수년이 지나 긴박함이 사라졌을 무렵이기 때문이다. 처음부터 슐레진저가 자신의 결정을 공개했다면 쿠데타를 도모했다는 비난을 피하지 못했을 것이므로, 그는 모든 일을 은밀하게 진행해야 했다.

민주주의를 가장해서 체제를 전복하려 한다면 그 전복 행위를 전복하려는 행위 역시 은밀하게 진행해야 한다. 아무것도 드러내서는 안 된다. 이것이 루트왁이 설명한 쿠데타의 거울 이미지다. 과거에 쿠데타가 성공하려면 모든 사람이 벌어지고 있는 일에 관해 알고 있어야 했지만, 지금은 쿠데타와 그 쿠데타를 막는 행위 모두 가능한 한 적은 수의 사람들만 알아야 한다.

최후의 일격이 없는 쿠데타

음모와 속임수가 횡행하는 암흑세계에 대해서는 정치학보다 정치 소설에서 더 명쾌하게 설명하고 있다. 중요한 것은 '참가자들에게만 알려진 상황이 무엇인가'이며, 이들은 사건이 종료되고 한참 지난 후에야 진실을 밝히거나 계속 침묵을 지킨다. 사건을 묘사하는 가장 쉬운 방법은 참가자들이 무슨 일을 했을지 상상하는 것이다. 이따금 그들의 행동을 지어내야 할 때도 있다.

샘 본Sam Bourne이라는 필명으로 활동하는 《가디언》 기자 조너선 프리드랜드Jonathan Freedland는 2017년에 출간한 소설 『대통령 죽이기To Kill the President』에서 현실에서도 일어날 법한 가상의 상황을 설정한다.[20] 이 책은 완전히 터무니없고 지독할 정도로 흥미진진하다. 소설 속에서 막연히 트럼프를 연상시키는 우파 대통령은 욱해서 북한에 핵공격을 하겠다고 위협한다. 국방장관과 참모총장은 대통령을 살해하는 것 말고는 다른 방법이 없다고 생각하는데, 그 이유는 다른 선택(사임하거나 명령에 거부하거나 대중의 비난을 받는 것)을 해봤자 대통령이 그들에게 화를 낼 핑계를 만들어서 상황만 더욱 악화되기 때문이다. 그러는 동안에 트럼프의 고문인 스티브 배넌을 떠올리게 하는 대통령 수석 전략가는 암살 시도를 눈치채고, 이를 어느 이슬람주의자가 꾸민 음모라고 조작한 뒤 반미 활동을 할 것 같은 사람들을 탄압하는 데 이용한다. 소셜 미디어 시대에 이 모든 일은 사람들의 눈과 귀를 막고 은밀하게 일어난다. 모든 국민이 음모와 쿠데타에 경악하는 동안, 실제 파괴 행위는 소셜 미디어가 닿을 수 없는 곳에서 일어난다. 여기저기에서 음모를 비난하고 있지만, 모두 나무만 보고 숲을 보지 못하기 때문에 진짜 음모가 숨겨진 공간은 점점 확대된다.

이런 일은 그저 우파 대통령이 군림하는 트위터 시대에만 일어나지 않는다. 크리스 멀린Chris Mullin이 1982년에 출간한 『매우 영국적인 쿠데타A Very British Coup』는 1989년이 배경인 소설로, 여기에서 좌파 총리는 금융의 전면적 국유화, 핵무장 해제, 북대서양조약기구(NATO) 탈퇴 등을 공약으로 내걸고 총선에서 승리한다.[21] 그러자 기득권 세력은 대중지에 험한 말들을 퍼뜨리고, 경제를 불안하게 하며, 군대의 불복종을 은밀히 부추겨서 새로 당선된 총리가 공약을 실행하지 못하도록 음모를 꾸민다. 그들의 음모 중 어느 것도 실체가 드러나지 않는다. 왜냐하면 음모를 꾸민 사람들이 거칠고 혼란스러운 민주정치 뒤에 숨어서 자신들의 행동을 조심스럽게 감추고 있기 때문이다. 벌어지고 있는 일을 아는 사람이 없었으므로 그들의 쿠데타는 성공한다. 즉 총리는 건강상의 이유로 사임하고, 비밀기관을 위해 일하는 부총리가 총리를 대신한다. 물론 국민들은 이를 수상하게 여기지만 국민들이란 항상 의심하기 마련이다. 결국에는 민주주의라는 드라마가 아무도 눈치채지 못하도록 의심할 만한 증거를 흡수해 버린다.

오늘날은 우파 대통령이 선거에서 승리했으므로 프리드랜드의 소설이 좀 더 마음에 와닿는다. 멀린은 1980년대에 노동당 하원의원을 지망했던 사람으로, 현재는 영국 노동당 당수인 제러미 코빈Jeremy Corbyn의 젊은 시절 협력자였다. 멀린은 자기 소설의 내용을 나중에 코빈이 시험할 것이라고 상상하지 못했을 것이다. 두 사람 다 수년 동안 영국 좌파의 최고 희망이었던 토니 벤Tony Benn의 제자였다. 벤은 총리가 될 뻔한 적이 한 번도 없었다. 하지만 이 글을 쓰는 지금, 코빈이 총리가 될 가능성은 매우 커졌다. 그와 같은 일이 언젠가는 일어날 것이다. 2016년 미국에서는 버니 샌더스가 대선 후보자가 될 뻔했다. 2017년 프랑스 대선에서는 극좌파 정치인인 장 뤽 멜랑숑Jean-Luc Mélenchon이 결선 투표에 올라갈 뻔했다. 언젠가는 선진 민주주의 국가에서 좌파 대통령이나 총리가 선거에 승리할 것이고, 제도권 정치세력이 최악의 행동을 하도록 자극할 것이다.

그런 일이 일어나면 매우 미국적이거나 프랑스적이거나 영국적인 쿠데타를 보게 될까? 이 질문에 대한 답을 하자면, 무슨 일이 일어나든 정말 어떤 일이 있었는지 합의된 의견은 존재하지 않으리라는 것이다. 2015년에 매우 그리스적인 쿠데타가 일어났던가? (다른 건 몰라도) 일단 쿠데타의 실체가 명확해지면 쿠데타에 관한 소문이 그 명확성을 약화시킨다. 한쪽에서 쿠데타가 일어난다. 다른 쪽에서는 당연히 민주주의가 작동한다. 이는 단순히 좌파와 우파가 대립하는 문제가 아니다. 트럼프는 북대서양조약기구가 미국의 부담을 덜어 주지 않으면 탈퇴하겠다는 공약을 내걸고 대통령이 되었다. 트럼프 행정부를 돕는 군대는 그렇게 하지 않도록 그를 설득했다. 이는 대통령의 뜻이 비선출 권력자들의 방해를 받았으므로 민주주의가 훼손되었다는 의미일까? 아니면 대통령의 의견이 견제를 받아 조율된 것이므로 민주주의가 제대로 작동한다는 표시일까? 이런 질문들에 대해 모든 사람이 만족할 만한 대답은 없을 것이다. 그러는 동안 귀머거리들의 대화는 계속된다.

취약한 민주주의 내부의 제도적 장치들은 정면 공격을 처리할 수 없으므로 쿠데타에 약하다. 강력한 민주주의는 제도적 장치들의 회복력이 뛰어나므로 정면 공격을 비교적 잘 견딘다. 결과적으로 안정된 민주주의는 측면에서 공격을 받는다. 어떤 공격은 쓸데없는 잡담(배신과 실패, 파벌정치의 배경음악인 위기에 관한 끊임없는 이야기)으로 주의를 흩트린다. 어떤 공격은 은밀하게 숨어서 진행되므로 오직 관계자들만 실제 무슨 일이 벌어졌는지 확실히 알 수 있지만, 그들조차도 의견의 일치를 보지 못한다. 이런 현상들은 서로서로 도움을 주고받는다. 민주주의의 종말에 관한 쓸데없는 잡담은 민주주의에 대한 공격이 확대되는 상황을 효과적으로 숨겨 준다. 그 사이에 점점 커진 공격 덕분에 확인되지 않은 실패에 관한 이야기가 양산된다.

실패했을 때 그 사실이 분명하다는 점을 제외하면 모든 면에서 강력한 민주주의가 취약한 민주주의보다 낫다. 실패한 민주주의의 모습은

1967년 그리스에서 찾을 수 있다. 이제는 더 이상 그런 모습을 찾아볼 수 없다. 오늘날은 최후의 일격 없이 쿠데타가 일어난다. 쿠데타가 일어나기 전과 후가 명확하지 않다. 그저 분위기만 수상할 뿐이다.

음모론은 왜
사라지지 않는가

×

쿠데타가 성공하려면 효과적인 음모가 필요하다. 음모는 은밀하고 빈틈없어야 하며, 상대방을 기습할 수 있어야 한다. 공모자들은 쿠데타가 진행되는 동안에만 자신의 패를 보여야 한다. 쿠데타 세력이 소멸하면 관련 음모도 사라진다(민주주의가 정착된 사회에서 쿠데타가 성공할 가능성은 대단히 희박하다). 하지만 쿠데타가 실패하면서 불가피하게 음모론이 증가하기도 하는데, 이 음모론은 절대로 속셈을 드러내지 않는 음모를 떠올리게 한다.

우리가 지금 음모론이라고 부르는 것은 전혀 새로운 것이 아니다. 음모론은 늘 주위에 있었다. 고대 아테네에는 민주주의를 파괴하려는 수상한 모의와 비밀 조직이 만연했다. 비밀 조직이 체제 전복을 꾀한다는 상상은 민주주의에 활력을 불어넣는다. 여기에는 두 가지 이유가 있다. 첫째, 민주주의는 일반인에게 자기 생각을 말할 수 있게 허용하는데, 그들은 자주 누군가에게 속고 있다는 생각을 품는다. 누가 속이는지 분명하지 않다면 이는 틀림없이 속이는 사람들이 의도를 숨기고 있기 때문일 것이다. 둘째, 속이는 사람들은 속임수를 숨기기 위해 정말로 노력한다. 음모론이 사라지지 않는 이유는 그것이 가끔 진짜 음모가 되기 때문이다. 기원전 412년 아테네에는 스파르타를 위해 일하는 과두 세력이 민주주의를 무너뜨리려 한다고 유언비어를 퍼뜨리는 사람들이 있었다. 1년 후에 400인회가 등장함으로써 그들의 이야기는 사실이 되었다.

음모론은 어떻게 작동하는가

현대 민주주의도 다르지 않다. 물론 음모론이라는 용어는 비교적 근래에 생겼지만(1963년 케네디 암살 이후 의혹이 확산되면서 1960년대 이후에야 널리 통용되기 시작했다), 그것이 설명하는 현상은 오래 전부터 존재했다. 19세기와 20세기에 민주정치는 (엘리트 집단이 배후에서 조종하고 있으므로) 지속적으로 완전한 사기라는 의심을 받으며 발전했다. 이런 의심을 부채질한 것은 대의민주주의 체제에서 권한을 부여받은 엘리트 집단이 대부분의 일을 은밀하게 추진한다는 사실이었다. 자기 비밀은 숨기면서 개방성의 가치를 강조하는 정치체제에서는 음모론이 꽃을 피우기 마련이다.

독재체제에서 음모론자는 대개 내부 인물이며, 그들의 눈에는 도처에 그들을 위협하는 음모가 존재한다. 억압 체제에서는 진실을 숨기지 못하므로(속임수와 폭력이 국가 운영 방식이다) 희생자들에게 음모론은 별 가치가 없다. 설령 거짓이라 하더라도 보이는 그대로다. 하지만 민주주의에서는 정부가 약속한 것과 지도층의 인맥 정치 사이에 틈이 있고, 음모론자들은 바로 이를 이용한다.

물론 대의민주주의가 늘 속임수만 쓰는 것은 아니므로, 그 사회에 살고 있는 시민이 전부 음모론자는 아니다. 다양한 제도가 사회 지도층의 영향력을 제한한다. 잘못을 저지른 부유층과 특권층이 늘 빠져나갈 수 있는 것도 아니다. 많은 사람들이 민주주의가 유익하다고 생각하는 이유는 민주주의가 우리 삶의 품격을 높이고 물질적으로 풍요롭게 하기 때문이다. 음모론자는 민주주의가 혜택을 주기는 하나, 자신들은 그 혜택을 받지 못하고 있다고 생각한다. 민주주의에는 항상 승자와 패자가 존재한다. 미국의 두 정치학자, 조 페어런트Joe Parent와 조 우신스키Joe Uscinski의 말로 표현하자면 "음모론은 패자를 위한 것이다."[22]

이는 역사적 자료로 증명된다. 페어런트와 우신스키가 20세기 미국에서 널리 퍼진 정치 음모론을 연구한 내용을 보면, 음모론자들은 권력을 추구하는 경향이 있다.[23] 권력에서 배제됐다고 느끼는 사람은 반민주 세력이 속임수를 썼기 때문이라는 생각을 지지할 확률이 높다. 민주주의가 비밀 조직의 손안에 있다고 믿는 사람의 비율은 비교적 일정하다. 즉 이런 식의 음모론을 믿는 미국인은 늘 전체 인구의 4분의 1에서 3분의 1사이다. 하지만 누가 음모론을 지지하는가는 정권을 잡는 정당에 따라 달라진다.

대통령이 민주당 출신이면 공화당 유권자들은 대통령이 비밀 공산당원 혹은 무슬림이거나 어떤 식으로든 진짜 미국인이 아니므로 미국 정부가 외국 요원들의 통제를 받는다고 생각하는 경향이 있다. 대통령이 공

제1장 | 쿠데타의 위험은 현존하는가

화당 출신이면 민주당 유권자들은 민주주의가 월스트리트에 매수되거나 행정부가 석유산업의 이익을 위해 일한다고 믿기 쉽다. 그래서 부시가 집권했을 때 음모론자는 민주당 유권자였고, 오바마가 대통령이었을 때는 반대로 공화당 유권자가 음모론자였다. 지지하는 정당이 선거에 승리하면 패배했을 때보다 민주주의가 더 합리적인 제도처럼 보인다. 일부 패자는 결과에 승복하지 않는다. 이들은 패배를 민주주의가 조작되었다는 증거로 받아들인다. 선거에 승리하지 않는 한 이들의 마음은 바뀌지 않는다.

가장 집요한 음모론자는 민주주의 사회에서 자신들이 결코 승리할 수 없다고 믿는 사람들이다. 최근 영국 유권자를 대상으로 조사한 결과를 보면 영원히 권리를 박탈당했다고 느끼는 사람들 사이에서 음모론이 널리 퍼지고 있다는 사실을 알 수 있다.[24] 만약 지지하는 정당의 집권 가능성이 아예 없다면(특히 양당제와 소선구제*를 채택하고 있는 나라에서 그렇다), 민주주의가 편향적으로 보인다. 이런 생각은 개인이 지지하는 정당이 없을 때 더욱 심해진다. 누구에게 표를 던지든 선거를 통해 정부는 항상 구성된다는 말은 무정부주의자들이 오랫동안 외치던 구호다. 무정부주의자만 그렇게 생각하는 것은 아니다. 정치적 변화 가능성을 믿지 않는 사람은 투표를 괜한 수고라고 생각하기 쉽다. 투표하지 않는 사람들

✖ 한국에서도 채택하고 있는 방식으로, 하나의 선거구에서 1명의 의원을 선출하는 방법이다. 선거구가 작고 방식이 간편해 선거 비용이 적게 들지만, 사표死票가 많이 발생한다는 단점이 있다.

은 대개 민주주의가 자신들의 견해를 중요하게 여기지 않고 무시한다고 생각한다.

어쩌면 그런 현상은 악순환할 수도 있다. 하지만 거기에는 한계가 있다. 어느 쪽이 승리하든 선거에서의 승리를 개인의 승리로 여기는 유권자의 수가 충분히 많다면 민주주의는 계속 작동할 수 있다. 하지만 계속 패배하는 쪽이 가끔 승리하는 쪽보다 수가 많을 때, 즉 음모론을 소일거리로 삼는 사람이 소수에서 다수가 될 때 위험이 발생한다. 어쩌면 지금이 그런 전환기일지 모른다.

현대에는 승자도 음모론을 믿는다

결과적으로는 21세기가 음모론의 황금시대처럼 보일 수 있다. 요즘은 어디에나 음모론이 있는 것 같다. 그중에는 인터넷 시대에 어떤 별난 아이디어도 현실이 될 수 있다는 생각에서 나온 공상도 있다. 과거라면 영국 왕실 사람들을 인간 모습을 한 도마뱀이라고 생각하는 사람이 같은 의견을 가진 사람을 만날 기회가 거의 없었지만, 오늘날 음모론자들은 클릭 한 번으로 뜻이 맞는 사람을 쉽게 찾을 수 있다. 그런 사람들이 이전보다 눈에 더 잘 띈다고 해서 이전보다 그런 생각을 가진 사람이 많아졌다는 뜻은 아니지만, 결정적인 영향을 미칠 수는 있다. 사용자가 많을수록 가치가 올라간다는 네트워크 효과network effects는 긍정적인 생각뿐만 아니라 부정적인 생각에도 적용된다. 음모론 지지자가 많을수록 그 음모론에 동참하는 가치가 커진다. 사람들은 수가 많으면 안전하다고 생각하는데, 사회적 네트워크가 그런 안전감을 제공한다.

하지만 과거와 달라진 점도 있다. 음모론은 더 이상 패자의 전유물이 아니다. 승자 역시 음모론을 믿는다. 대선을 치르는 동안 트럼프는 오바마에 대한 가장 집요한 음모론 중 하나였던 '오바마가 미국 시민이 아니'라는 설을 받아들였다. 오바마의 출생지를 문제 삼는 운동은 본질적으로 패자의 정치였다. 즉 오바마가 자신을 대변하지 않는다고 생각하는 유권자들은 그가 자신과 다른 이질적인 존재이기 때문이라는 생각에 사로잡혀 있었다. 트럼프는 대선 운동 기간 내내 그 생각에 편승하다가 투표일이 다가오자 아무렇지 않게 그것을 버렸다. 하지만 그 운동이 대변하는 사고방식은 버리지 않았는데, 대선에서 승리한 후에도 마찬가지였다. 대통령이 된 후에도 그는 집무실에 앉아 여전히 음모론을 퍼뜨렸다. 자신에게 패한 상대 후보자가 광범위한 부정선거를 저지르고 표를 훔쳤다고 비난했다. 자신을 비판한 주류 언론사에는 대통령인 자신의 평판을 떨어뜨리기 위해 가짜 뉴스를 고의적으로 생산하고 있다고 매도했다. 전임자에게는 자신의 전화를 도청했다고 항의했다. 이 모든 말을 뒷받침하는 증거는 거의 없거나 전혀 없다. 트럼프는 승자가 되었어도 마치 패자인 것처럼 행동하고 있다. 그가 이런 행동을 하는 이유는 이미 쟁취한 승리를 굳히고 핵심 지지층과의 연대를 견고하게 다지기 위해서였다.

트럼프가 승리한 후 패배한 민주당은 전임 대통령에 대한 음모론을 일축하던 전략에서 새 대통령을 노린 음모론을 퍼뜨리는 것으로 재빨리 방향을 틀었다. 곧 트럼프는 러시아의 꼭두각시라는 비난에 휩싸였다.

트럼프 진영은 그들이 아는 유일한 방법을 사용해서 반격했다. 그들은 민주당에 대한 음모론을 만들어 이렇게 되받아쳤다. '민주당'이 러시아의 지배를 받는 장본인이다. '민주당'이 뉴스를 조작하는 집단이다.

지금 음모론이 어디에나 존재하는 것처럼 보이는 이유는 상대편 사람들의 진실성에 의문을 제기하는 일을 과거처럼 교대로 하지 않기 때문이다. 오늘날 이들은 그런 행동을 동시에 펼친다.

이는 순전히 포퓰리즘이 민주정치를 지배하게 된 시대의 특징이다. 좌파든 우파든, 포퓰리즘에 깔린 기본 생각은 엘리트 집단이 대중에게서 민주주의를 빼앗았다는 것이다. 대중에게 민주주의를 되돌려주려면 엘리트 집단이 은신처에서 쫓겨나야 한다. 민주주의에 대해 입에 발린 소리나 하면서 자신들이 하고 있는 일을 은밀히 감추어 두었던 바로 그곳에서 말이다. 음모론은 포퓰리즘의 논리다. 트럼프의 취임사는 포퓰리즘적 사고를 압축해서 표현했다. 그의 연설문 내용은 전 세계 포퓰리즘 지도자들의 행보와 궤를 같이 한다.

터키에서 에르도안이 자신의 정적에 대해 말할 때 늘 쓰는 표현은 그들이 터키 국민을 상대로 음모를 꾸미고 있다는 것이다. 그가 말하는 그들, 즉 음모자들에는 귈렌 일당은 물론, 유럽연합과 국제통화기금(IMF), 유대인을 의미하는 '금리 로비interest rate lobby' 집단도 포함된다.

폴란드에서 법과정의당the Law and Justice Party(PiS) 정권은 문제가 발생할 때마다 '그 조직'을 반복해서 비난한다. 그들이 비난하는 '그 조직'이란 비선출직 공무원과 외국 공작원들이 침투해있는 기관들로 구성된다. 법

과정의당의 공동 창당인이자 대표인 야로스와프 카친스키[Jaroslaw Kazcynski]는 이렇게 말한다. "이는 폴란드의 이익을 생각하지 않는 내부의 적과 외국인이 매수한 소수의 사람들 대신 민주주의가 중요한 정책을 결정할 수 있는가의 문제다."25

인도의 나렌드라 모디[Narendra Modi] 총리는 외세부터 인도의 '딥스테이트'까지 자신을 몰락시키려는 사람들을 맹비난하기 위해서 트럼프만큼이나 자주 트위터를 이용한다. 그러는 동안 모디의 반대파는 그가 계표를 조작해서 선거에서 승리했다거나 파키스탄의 공작원 혹은 유대인이라는 터무니없는 음모론을 퍼뜨린다. 포퓰리즘은 모든 사람들에게 편집증을 일으킨다.

일단 음모론이 지배적인 철학이 되면 음모론은 그 자체로 더욱 견고해진다. 유권자들은 체제가 조작되었다는 의심을 표현할 때 더 이상 순서를 지켜 가며 교대로 하지 않는다. 승자든 패자든 모든 집단이 민주주의가 자신들을 노린 음모를 숨기고 있다고 생각하게 된다. 이런 악순환에서 벗어나기란 대단히 어렵다. 진짜 음모를 대중에 공개해서 결국 누가 옳았는지 증명할 수도 있다. 하지만 지금까지 보아 왔듯이 이제 쿠데타는 과거의 이야기가 되었다. 어쩌면 다른 방법으로는 음모론이 가짜임을 밝혀서 결국 누가 틀렸는지 증명할 수 있을지도 모른다. 하지만 그런 일은 거의 일어나지 않는다. 터키에서 실패한 쿠데타는 아무것도 해결하지 못했다. 그저 모두가 믿고 싶었던 바를 확인해 주는 데 그쳤다. 터키의 쿠데타는 에르도안이 음모의 희생자이자 주동자라는 점을 증명했을 뿐이다.

2010년에 당시 폴란드 대통령이자 야로스와프 카친스키의 동생인 레흐 카친스키Lech Kazcynski가 러시아 서부 스몰렌스크 부근에서 비행기 사고로 사망했다. 그는 1940년에 스탈린의 명령으로 카틴Katyn숲에서 학살된 폴란드 군인 2만 명의 희생을 기리는 행사에 참석하러 가던 중이었다. 야로스와프와 레흐의 지지자들은 비행기 사고를 '그 조직', 즉 러시아와 유럽연합, 자유주의 정당과 비밀 공산당원, 유대인 등의 탓이라고 돌려 비난했다. 수없이 많은 조사를 했지만 기상 악화와 조종사 실수 외에 다른 추락 원인을 밝혀내지 못했다. 아무것도 달라지지 않았다. 설령 지금 추가 조사를 해서 그 참사에 러시아가 개입한 증거가 발견된다 한들 마찬가지다. 그 사건이 음모라는 데 동의하지 않는 사람들이 보기에 새로운 조사는 정부의 음모 중 하나임을 증명할 뿐이다. 사람들은 점점 믿고 싶은 것만 믿게 될 것이다. 그런 현상이 포퓰리즘 정치에 자양분을 공급한다. 그리고 포퓰리즘이 그런 현상을 부채질한다.

포퓰리즘의 시기에 음모론이 번성하다

현대 정치의 포퓰리즘적 특징과 유사한 사례를 역사에서도 찾을 수 있다. 하지만 제대로 들여다보아야 한다. 이 말은 20세기를 벗어나야 한다는 의미다. 1890년대는 1930년대보다 오늘날과 같은 격동기를 더욱 잘 설명한다. 1930년대는 엄청난 음모의 시대였다. 바이마르 공화국의 극심한 고통으로 시작해서 독소불가침조약Nazi-Soviet pact으로 막을 내린 그 시대는 대단히 의심이 많은 사람들도 만족할 만한 음모가 실제로 존재했다. 하지만 1890년대는 엄청난 음모론의 시대였다.

포퓰리즘 자체는 새로운 것이 아니다. 이는 경제적 어려움과 기술 변화, 불평등의 심화와 전쟁의 부재 등 특정한 조건을 갖춘 민주주의 사회에서 일어난다. 이런 조건을 갖춘 시기는 지금이 처음은 아니다. 민주정치에 대해 대중의 분노가 들끓었던 19세기 말에도 같은 상황이 벌어졌다. 지금과 마찬가지로 그때도 대중의 분노는 정치적으로 대립하던 양쪽 모두에서 음모론이 자랄 수 있는 자양분이 되었다.

근대 미국 역사에서 상당히 드물게도 1890년대는 시중에 떠도는 음모론이 전반적으로 눈에 띄게 증가했던 시기였다. 또 다른 시기로는 냉전이 시작되었던 1940년대 후반부터 1950년대 초반이 있는데, 당시에는 매카시즘McCarthyism*이라는 바이러스가 미국인의 공공 생활에 널리 퍼졌고, 당파적 분열에도 영향을 미친 일종의 편집증을 불러일으켰다. 19세기 후기의 포퓰리즘은 역사학자인 리처드 호프스태터Richard Hofstadter가 '미국 정치의 편집증적 스타일'이라고 불러서 유명해진 연구의 사례를 제공했다.[26] 그 편집증은 오늘날도 여전하다.

그때와 지금은 유사점이 많다. 19세기 후기에 가장 거셌던 대중의

✖ 극단적 반공주의 또는 정적, 체제에 반대하는 이들을 공산주의자로 몰아 처벌하려는 경향을 말한다. 냉전 시대에 미국 상원 의원이었던 조지프 매카시Joseph McCarthy가 정적을 제거하기 위해 공산주의 혐의를 제기한 데서 등장한 용어다.

반발은 경제적 고통이 길어지면서 촉발된 것이었다. 당시 미국에서는 1870년대부터 계속된 장기간의 경기침체로 임금과 물가가 동반 하락했다. 처지가 가장 비참했던 사람들은 농업 노동자들이었는데, 이들은 식탁에 올라오는 음식의 출처가 어디인지 잊어버린 것처럼 구는 도시 거주자들에게 분노를 쏟아 냈다. 도시 엘리트 집단에 대한 대중의 분노는 1893년에 금융 분야를 넘어 경제 전반으로 확산되었던 금융위기로 인해 더욱 거세졌다.

기술혁명 역시 잘 진행되고 있었다. 철도와 증기선, 전신과 전기는 장기적으로 커다란 혜택을 가져다주지만, 단기적으로는 혼란과 미래에 대한 불안을 의미했다. 새로운 직업이 생겨나는 속도만큼 빠르게 낡은 작업 방식이 사라지고 있었다. 당장은 모든 사람에게 혜택이 골고루 돌아가지 않았다. 큰돈을 버는 투자자도 있었지만, 대부분은 소득이 계속 줄어들었다. 선출된 정치인들이 이익집단의 손에 놀아난다고 생각하는 사람들이 많아졌다. 이민자, 특히 유대인에 대한 의심이 널리 퍼졌다.

미국에서는 포퓰리스트가 주류 정당의 대선 후보자로 지명받았다. 윌리엄 제닝스 브라이언William Jennings Bryan은 1896년 대선에서 민주당 후보로 출마했다가 낙선했는데, 그의 선거 운동에는 훗날 백악관에 대한 포퓰리스트 공격의 모든 특징이 담겨 있었다. 그의 스타일은 대단히 활기차고, 방식은 전통적이지 않으며, 소속 정당이 가진 정치적 기득권을 적대시했다. 브라이언은 가능한 한 주류 언론을 피하고, 사실을 신속하고 편리하게 전달하는 대면 접촉과 지역 신문, 자체 제작한 인쇄물에 의

존했다. 그는 평범한 미국인을 함정에 빠뜨린 금융업계의 음모에 경제 전문가들이 일조했다고 비난하면서 이들의 권위를 인정하지 않았다. 또한 미국인의 고통을 외국인(특히 로스차일드처럼 유명한 런던 은행가들)의 탓으로 돌렸다. 만약 브라이언이 실제로 당선되었다면 자신의 공약대로 미국 농부들의 이익을 우선시했을 것이다.

민주주의에 대한 신뢰는 미국에서만 무너진 것이 아니었다. 프랑스의 1890년대도 장대한 음모론의 시대였다. 1894년에 프랑스 장교 하나가 간첩 혐의로 고발당한 드레퓌스 사건Dreyfus Affair[*]은 1890년대 말까지 프랑스 전역에 촉수를 뻗쳤고, 결국 프랑스 사회를 분열시켰다. 드레퓌스를 옹호하거나 비판하는 진영 모두 상대편이 프랑스를 파괴하려는 크고 복잡한 음모를 꾸미고 있으며, 여기에는 유대인과 가톨릭 신자, 독일과 영국 공작원, 공산주의자와 은행가 등이 얽혀 있다고 생각했다. 이런 음모론에 의해 민선 정부가 세워졌다가 무너졌다. 프랑스의 민주주의는 무너질 것 같았다. 내전의 가능성이 높아졌다.

그러나 19세기 후기를 휩쓸던 거대한 포퓰리즘의 물결은 결국 잔잔해졌다. 프랑스와 미국 모두 민주주의가 살아남았다. 미국에서 윌리엄 제

---

[*] 19세기 후반 프랑스에서 발생한 문서 유출 사건으로 인해 프랑스군 소속 유대인 장교였던 알프레드 드레퓌스가 독일 간첩이라는 누명을 쓰고 종신형을 선고받은 사건이다. 당시 유럽은 로마 가톨릭 교회의 영향으로 반유대주의 정서가 만연했고, 프랑스는 보불전쟁에서 독일에 패해 반독일감정이 높아지고 있던 때였다. 이러한 배경으로 인해 그의 무죄 여부를 두고 보수 세력과 진보 세력이 격돌했다.

닝스 브라이언은 세 차례 대선에 출마했으나 목표를 이루지 못했다. 이후 1913년에 민주당 후보로 대통령이 된 사람은 프린스턴대학교 총장을 지낸 유명 정치학자이자 명백하게 전문가 집단을 대표하는 인물인 우드로 윌슨Woodrow Wilson이었다. 프랑스에서는 수년간 논쟁을 불러일으키는 조사와 헛된 기대가 반복되다가 1906년에서야 드레퓌스에게 무죄가 선고되었다. 그때까지도 여전히 음모가 실제로 존재했었는지에 대해서 의견이 분분했다. 하지만 이는 부차적인 문제가 되었다. 최종적으로 합의된 의견은 '이제 그만하자'였다. 프랑스 정치는 앞으로 나아가야 했고, 군대는 제자리로 돌아가야 했다. 쿠데타는 일어나지 않았다.

21세기에도
민주주의가 작동할 것인가

✕

오늘날 민주주의에 대한 대중의 불신을 없애기 위해서 과거에서 얻을 수 있는 교훈이 있을까? 20세기 초, 민주주의는 근본적으로 포퓰리즘의 도전에서 커다란 자극을 받았다. 선출된 정치인들은 대중의 분노에 직면해야 했고, 그 분노를 다시 주류에 흡수시킬 방법을 모색해야 했다. 바야흐로 음모론의 시대가 가고 위대한 개혁의 시대가 왔다.[27]

미국에서는 루스벨트가 반트러스트 개혁에 착수했는데, 이는 연방정부의 권력을 이용해서 석유·철강·금융 분야의 대규모 독점기업을 무너뜨리는 작업이었다. 그는 점진적 개혁만이 대중의 분노 속에서 민주주의를 지킬 수 있는 유일한 방법이라고 생각했다. 프랑스에서는 처음으로 사회주의자들이 정권에 참여해 현대 복지국가가 탄생하는 데 초석을 마련했다. 역시 국민의 위협이 두려웠던 영국에서는 새로운 노동당이 하나의 정치 세력으로 부상했다. 자유당은 자체적으로 정치 개혁 프로그램을 만들었는데, 여기에는 명백하게 상원과 대립할 수밖에 없는 내용이 포함되어 있었다.[*] 민주주의가 뿌리를 내린 곳에서는 포퓰리즘의 위협 덕분에 오히려 민주주의가 더욱 강해졌다.

그러나 그때와 지금은 중요한 차이점이 하나 있다. 20세기 초 민주주의는 젊었다. 뿌리는 내렸지만 거의 성장하지 않은 상태였다. 민주주의를 채택한 곳은 몇몇 국가밖에 없었고, 그마저도 아직 미숙했다. 영국과 프랑스, 미국에서 거의 모든 여성을 포함한 대다수 국민은 투표권이 없었다. 이들 중 어느 나라도 국민에게 기본적인 서비스조차 제공하지 못했다. 사회보험과 의료서비스, 교육 등은 각 지역의 민간 및 자선 단체가 헝겊 조각을 이어 붙이듯 주먹구구식으로 공급하고 있었다. 오늘날의 기준으로 보면 세금은 아주 적었다. 1900년에 전 세계 선진 민주주의 국가의 소득세 최고세율은 10퍼센트에 훨씬 못 미쳤다. 공공부채의 규모 역시 최소한도로 유지되었고, 균형예산[●]이 원칙이었다. 대다수 시민들의 삶에서 정치는 긍정적인 역할을 거의 하지 못했다. 대체로 사람들은 일상과 동떨어진 특별한 일에만 국가 권력을 경험했다.

이런 환경이 신세대 민주정치인들에게 기회를 제공했다. 이들은 끝없

✖ 영국의 자유당은 1906년 377석을 얻으며 17년간 주도적 위치를 점해 왔던 보수당을 누르고 제1정당이 되었다. 당시 자유당은 사회적 평등에 관심을 두고 분배주의 정책을 펼쳤는데, 1908년 제정한 노령연금법안이 대표적이었다. 그러나 이로 인해 급격하게 늘어난 예산안은 상원을 통과하지 못하고 부결되었다.

● 세입과 세출이 균형을 이루어 적자가 없는 예산.

제1장 | 쿠데타의 위험은 현존하는가

는 음모와 거기에 반대하는 음모가 사실인지 아닌지 증명할 수 없었다. 그럴 수 있는 사람은 아무도 없었다. 음모론은 결국 모든 사람이 빠지고 마는 늪과 같았다. 하지만 주류 정치인들은 여전히 민주주의가 진짜라는 것을 증명할 수 있었다. 이들은 아직 손대지 않은 잠재력을 이용할 수 있었다. 이런 방법이 오늘날에도 여전히 가능한지는 분명하지 않다.

20세기 초 민주적 개혁가들은 체제 안에 발전하지 못하고 있는 거대한 영역을 활용할 수 있었다. 선거권과 중앙정부의 권력을 확대하고, 국가에 대한 국민의 신뢰를 높이며, 부채를 늘리고, 세율을 높이며, 정당 시스템을 개선하고, 노동운동을 활성화할 여지가 있었다. 즉 민주주의를 발전시킬 기회가 있었다. 정치란 힘든 것이므로 그중 어느 것도 쉽지는 않았다. 그러려면 미국의 루스벨트와 윌슨 대통령, 영국의 데이비드 로이드조지David Lloyd George✖️총리, 프랑스의 장 조레스Jean Jaurès●와 조르주 클레망소Georges Clemenceau◼️같이 재능과 열정이 충만한 위대한 정치인이

✖️ 영국의 자유당 출신 총리로 사회보장제도의 기반을 마련했다. 제1차 세계대전 중에는 전시 내각을 이끌었으며, 종전 후에는 미국의 윌슨 대통령, 프랑스의 조르주 클레망소 총리와 함께 베르사유 조약을 체결했다.

● 프랑스의 사회주의자이자 언론인으로, 제1차 세계대전의 발발을 막기 위해 다양한 활동을 펼쳤다. 드레퓌스 사건 때는 드레퓌스의 무죄를 주장하다가 의원직을 상실하기도 했다.

◼️ 프랑스의 언론인이자 정치인. 제1차 세계대전 때에는 총리로서 전시 내각을 이끌었다. 전후 베르사유 조약을 체결하기 위해 프랑스의 대표로 참석한 인물이었으며, 드레퓌스 사건 당시에는 조르주 클레망소와 함께 드레퓌스의 무죄를 밝히기 위해 싸웠다.

필요했다. 대중의 분노는 사라지지 않았고, 그중 일부는 30년 후에 민주주의를 파괴할 뻔한 심각한 불신과 해로운 운동으로 변모했다. 이 시기에 포퓰리즘은 사회민주주의와 파시즘으로 변할 가능성이 있었다. 음모론은 잘못 사용되면 끔찍한 복수를 부른다. 하지만 미국과 영국, 심지어 프랑스에서도 그런 일은 일어나지 않았다.

민주주의가 구태에서 벗어나기 위한 투쟁

오늘날 민주주의는 과거처럼 발전시킬 영역이 없다. 민주주의는 더 이상 젊지 않다. 지금은 100년 전처럼 실현되지 않은 거대한 가능성의 시대에 존재했던 흥분이 없다. 선거권을 확대하기 위한 싸움은 거의 성공했다. 정부는 사람들이 기대하는 수준에 맞춰 광범위하게 공공서비스를 제공하고 있다. 공공과 민간의 부채 규모는 커졌다. 세율은 더 높일 수 있지만(지난 100년간 세율은 지속적으로 높아졌다), 국민들이 더 내려고 하지 않을 것이다. 현재 국민들이 정착된 민주주의에 반발하는 지역은 한때 최선을 다해 민주주의를 발전시켰던 나라들이다. 국민들은 미숙해서가 아니라 낡아서 반응이 없는 제도들에 화가 나 있다.

이 때문에 의심의 악순환을 끊기가 훨씬 어렵다. 민주주의가 제 기능을 하지 못한다. 만약 민주주의가 제대로 작동했다면 국민들이 반발하지 않았을 것이다. 하지만 민주주의를 개선하려는 시도는 우리가 한 번도 안 해본 것 대신 우리가 잃었다고 생각하는 것에 초점을 맞춘다. 그래서 정치적 논쟁은 회복과 구제, 복지국가와 헌법, 경제와 안전, 그리고 자유 등에 관한 생각을 중심으로 벌어진다. 각 진영은 빼앗긴 것을 되찾고 싶어 한다. 이것이 음모론자의 사고방식을 형성한다. 잃어버린 것을 상대방의 탓으로 돌리고 싶은 유혹이 생기는 것이다. 저들이 가져갔다! 민주당이 헌법에서 보장하는 자유를 훔쳐 갔다! 공화당이 소수자의 권리를 빼앗았다! 유럽이 영국의 주권을 침해했다! 브렉시트 지지자들이 노동자의 권리를 짓밟았다! 이 모든 비난이 민주주의를 구한다는 말로 포장된다. 새로운 시도는 다 같이 공유하는 민주적 경험이 될 수 있다. 하지만 잃어버린 것을 찾는 행위는 일부에게만 의미가 있다. 그래서 패자는 비난할 대상을 찾게 된다.

물론 여전히 시도할 만한 새로운 영역은 있다. 앞으로 이어지는 장들에서 그것이 어떤 부분이고, 또 어떻게 민주주의가 기능을 향상하게 되는지 분석할 예정이다. 그러나 지금은 민주주의가 견고하게 뿌리내린 곳에서 우리가 민주주의라고 부르는 것이 고갈된 것처럼 보인다. 과연 치료법이 있을까? 미국 민주주의의 역사를 보면 민주주의가 구태에서 벗어나지 못할 때마다 민주적 기본권을 확대하려는 운동이 민주주의에 새로운 생명을 불어넣어 주었다. 이런 일은 노예를 해방한 1860년대와 여성에게 참정권을 주고 노동자보호법을 마련한 20세기 초, 그리고 인권운동을 전개한 1950년대와 60년대에 일어났다.

그 투쟁은 끝나지 않았다. 최근에는 계속 승리했지만, 아직 싸움이 더 남았다. 동성애자의 권리 보호와 동성 결혼의 합법화는 성공 사례에 속한다. 성전환자 인정 문제는 현재 싸움이 진행 중이다. 그런데 불가피하게도, 민주주의가 성숙할수록 민주적 기본권에 관한 큰 싸움이 일어날 공간이 줄어든다. 싸움터는 분열된다. 현재 선거권이 없는 사람은 거의 없기 때문에, 이들의 인권 운동은 다수가 소수의 이익 때문에 무시된다는 주장에 눌릴 수 있다. 오늘날 그런 일이 일어나고 있다. 정체성 정치identity politics[*]가 대중의 실망을 부채질한다. 2016년에 트럼프가 힐러리 클린턴과 월스트리트의 유착 관계를 비난했을 때처럼, 일부 공화당 정치인들은 성전환자의 화장실 문제를 십분 활용했다.[●] '공통의 대의common cause'를 추구하는 시민운동은 과거보다 훨씬 드물어졌다.

과거와 현재의 또 다른 큰 차이점은 폭력이 줄었다는 것이다. 오늘날의 기준으로 보면 20세기 전환기는 대단히 폭력적인 시대였다. 1890년대 미국에서는 사적으로 범죄자에게 벌을 준 사건이 2,000건 이상이었다. 파업을 해산시킬 때 연방 경찰과 주 경찰은 일상적으로 총을 발사했다. 1894년에 연방 경찰이 풀먼 철도회사Pullman Railroad의 파업을 진압하는 과정에서 30명의 노동자가 사망했다. 인종 폭동은 흔했다. 1898년에 백인 우월주의자들이 노스캐롤라이나주 윌밍턴Wilmington에 사는 흑인

✖   전통적인 정당 정치나 보편 정치를 지향하지 않고, 성별·젠더·종교·장애·민족·인종·성적 지향·문화 등을 공유하는 집단이 각자의 이익을 추구하는 정치 운동을 말한다.

●   2016년 공화당 소속의 주지사가 있는 노스캐롤라이나주에서는 성전환을 했더라도 태어날 때의 생물학적 성별에 따라 화장실을 이용하도록 법을 제정했고, 이로 인해 공화당과 민주당의 정치적 대립이 발생했다.

60명을 살해해서 수많은 흑인 시민들을 그 도시에서 내쫓았다. 일종의 인종 청소 행위였다. 또한 테러가 확산되었다. 1896년과 1900년 대선에서 윌리엄 제닝스 브라이언을 누르고 대통령이 되었던 윌리엄 매킨리 William McKinley는 1901년에 무정부주의자에 의해 암살되었다. 이 사건은 대대적인 마녀 사냥을 촉발했다. 마지막 대규모 대중 폭동은 정치적 암살이 반쯤 일상화된 상황에서 일어났다.

현대 정치는 폭력과 한참 거리가 멀다. 간혹 폭력적일 때도 있으나, 이는 오늘날 정보가 공유되고 확산되는 방식의 하나일 뿐이다. 테러 행위 중에서 무엇보다 폭력은 소셜 미디어 시대에 즉시 눈에 띈다. 우리는 벌어지고 있는 일을 실시간으로 볼 수 있다. 다른 사람들에게 발생하는 폭력을 과거보다 더 직접적으로 접한다. 그 결과 오늘날은 폭력에 대한 간접 경험이 널리 공유된다. 하지만 직접 폭력의 희생자가 되는 경우는 이전보다 더욱 드물어졌다. 오늘날 폭력을 직접 경험할 기회는 100년 전보다 줄어들었다. 여전히 특정 미국인, 특히 젊은 아프리카계 미국인 남성은 국가의 위협을 포함해서 폭력의 희생자가 될 가능성이 있다. 하지만 이들의 경험은 오늘날 포퓰리즘을 추동하지 않는다. 트럼프는 취임사에서 다음의 두 가지 사실을 염두에 두고 미국인 '대학살'을 언급했다. 그의 지지자는 대학살을 더 많이 보지만, 그것을 덜 경험한다는 사실 말이다. 이는 편집증을 부채질하는 행위였다. 우리가 간접적으로만 아는 것들은 대개 우리가 가장 두려워하는 것들이다.

전쟁이 민주주의를 만든다

20세기 초와 21세기 초의 공통점은 앞에서 언급했던 포퓰리즘의 부상을 위한 전제 조건 중 하나인 전쟁의 부재다. 포퓰리즘 시대에 정치 폭력은 빈도에 상관없이 국지적이고 단편적이며, 산발적이고 기회주의적이다. 즉 국민 전체가 집단적으로 경험하는 폭력이 아니다. 포퓰리즘은 민주주의가 여전히 진정한 집단적 경험이라는 생각에 반대하기 때문에, 전쟁이 일어나지 않을 때 더욱 증가한다. 포퓰리즘은 국가가 전쟁 중에 있을 때는 일어나기 어렵다. 그때는 현실을 회피하기 어렵다. 좋든 싫든 국민과 엘리트 집단이 서로 협력해야 한다.

어떤 전쟁은 국민의 집단적 경험을 대신하기도 한다. 1890년대 말에 미국은 쿠바와 필리핀을 포함해서 스페인 제국의 몇몇 전초기지에서 스페인과 전쟁을 벌였다. 맹목적 애국주의에 빠진 언론이 국민감정을 자극했다. 이렇게 단합된 마음은 황색 언론이 생산한 가짜 뉴스 때문에 생겨나서 무의미했으므로, 전쟁이 끝날 무렵까지 이어지지 못했다. 20세기 벽두에 영국이 일으킨 보어 전쟁_{Boer War}*은 잠시나마 국민의 집단적 열정을 분출하게 했지만, 전쟁이 끝날 무렵에는 국가가 통합되기보다 오히

✖ 영국이 남아프리카 지역에 세워진 네덜란드계 아프리카인인 보어인들의 국가를 식민화하기 위해 벌인 전쟁이다. 제1차 보어 전쟁에서는 영국이 이들 국가를 인정했지만, 이후 이 지역에서 다이아몬드 광산과 금광이 발견되며 제2차 보어 전쟁이 발발했다. 결국 제2차 보어 전쟁의 결과로 보어인들의 국가였던 트란스발 공화국과 오렌지 자유국은 영국의 식민지가 되었다.

제1장 | 쿠데타의 위험은 현존하는가

려 분열되었다. 2003년 이라크 전쟁 때도 그랬고, 지금 진행 중인 아프가니스탄 전쟁도 마찬가지다. 제국주의자들의 모험은 오랫동안 국민을 하나로 묶어 두지 못한다. 이들은 국민을 속였다는 생각을 부추겨서 음모론이 활개 치게 만든다.

국운이 걸린 전쟁은 다르다. 따지고 보면 1910년대에 민주주의가 포퓰리즘을 길들였던 방식은 두 가지인데, 이 둘은 필요조건이지만 충분조건은 아니다. 하나는 민주적 개혁이고, 다른 하나는 세계대전이다. 이런 점에서 100년 전과 오늘날은 그다지 비슷하지 않다.

1914년 이전에 윌슨과 클레망소, 로이드조지 같은 정치인들이 무엇을 이루어 냈든(그 모든 것이 중요하기는 했지만), 총력전을 치르던 시대에 할 수 있는 것과는 비교할 수 없다. 국민의 전폭적인 지지가 필요한 전쟁을 치를 때는 그 전쟁을 정당화하기 위해 민주주의를 더욱 신뢰해야 했다. 영국과 미국에서는 제1차 세계대전이 끝난 뒤에야 여성이 남성과 동등한 참정권을 획득했다. 제2차 세계대전 후에는 인도를 포함해서 전 세계 신생 민주국가와 프랑스에서 여성들이 참정권을 얻었다. 영국의 현대식 복지국가는 전쟁 경험의 산물이었다. 건강한 국민과 완전 고용은 국가가 노동력을 동원해야 하는 전쟁을 치르는 데 필수적이었다.

미국에서는 대공황이 일어나 국가가 뉴딜New Deal이라는 정치경제적 개혁을 실험하는 계기가 되었다. 하지만 연방 정부가 국민에게 복지서비스를 제공할 기회를 마련하고 그 권한을 강화한 계기는 파시즘과의 전쟁이었다. 여기에는 퇴역군인에게 대학 학자금을 지원하는 '제대군인원호

법GI Bill'을 통해 교육 혜택을 폭넓게 제공하는 제도가 포함되었다. 이와 마찬가지로 제2차 세계대전 이후 유럽에서는 전쟁 피해를 복구하고 절망에 빠진 사람들을 다독이고자 사회민주주의 정책들이 대규모로 시행되었다. 정치학의 오랜 구호 중에 '국가가 전쟁을 만들고, 전쟁이 국가를 만든다'는 말이 있다. 민주주의도 예외가 아니다. 민주주의가 전쟁을 만들고, 전쟁이 민주주의를 만든다. 이 말은 민주주의가 전쟁을 막아 준다는 정치학의 또 다른 구호 때문에 가끔 모호해진다. 그것이 사실이라 하더라도, 주변에는 늘 공격적이고 비민주적인 국가가 있었다.

민주주의 국가와 민주주의가 아닌 국가 사이의 무력 충돌은 현대 정치의 특징 중 하나다. 하지만 선진국이 보유한 파괴력이 대단히 크기 때문에, 21세기에 전면전이 벌어질 가능성은 거의 없다. 전면전은 대참사로 이어질 것이다. 국운을 건 전쟁은 없지만, 우리에게 그 대용품이 있어서 그것이 민주주의에 대한 대중의 의심을 강화한다. 전쟁은 '구경꾼 민주주의'의 한 특징이다. 즉 일종의 쇼다. 또한 음모론이 활동하는 구역이기도 하다.

21세기에는 대부분의 국민이 전쟁의 부담을 직접 지지 않는다. 전투는 한걸음 떨어진 곳에서 드론과 특수부대를 이용하여 벌어지고, 그 비용은 공공 부채와 세금을 통해 간접적으로 충당된다. 아주 가끔 관련 뉴스가 사람들의 주의를 끄는 경우를 제외하고, 전쟁은 집단적 경험이 되지 않는다. 군사적 충돌이 국민을 단결시키지 않는다. 이 문제에 대해서는 국민에게 병역 의무가 있는가에 따라 나라마다 의견이 다르다. 서로

가 서로를 불신한다. 전쟁에 대한 차별적 경험은 민주주의의 단층선 중 하나가 되었다.

나는 민주주의를 회복하기 위해 전면전이 필요하다고 말하는 것이 아니다. 이는 제정신이 아닌 생각이다. 또한 음모론이 생산되기 때문에 평화 시대가 문제라는 이야기도 아니다. 그것은 터무니없는 생각이다. 음모론을 감수하는 삶은 평화를 위해 치러야 할 대가다. 어쨌든 음모론 자체는 실질적인 위협이 아니다. 음모론은 그저 민주주의에 문제가 있음을 보여 줄 뿐이다. 진짜 어려운 점은 폭력이 집단적 경험이 되지 못하는 경우 포퓰리즘의 원인을 어디에서 찾아야 할지 알 수 없다는 것이다.

포퓰리즘을 일으키는 요인으로 앞서 언급했던 요소에는 불평등의 심화가 있다. 이는 현대 민주국가의 고질병이다. 그리고 오늘날에도 중요한 문제다. 현재 서구 민주주의 국가에서 소득과 부의 불평등은 19세기 말, 마지막 위대한 도금시대gilded age[✱] 이후 최고 수준이다. 토마 피케티Thomas Piketty는 자신의 저서 『21세기 자본』(2014)에서 민주주의의 역사와 자본주의의 역사는 궤를 같이해 왔으며, 이 오랜 역사에 걸쳐 불평등이 거침없이 증가했다고 말한다.[28] 이런 추세는 20세기에 바뀌었지만, 그것조차도 전쟁을 집단적으로 경험한 결과였을 뿐이다. 1914년과 1945년

✱ 미국의 남북전쟁 이후 1873년부터 불황이 닥치는 1893년까지 28년간 이어졌던 급속한 경제 성장기를 말한다. 마크 트웨인과 찰스 두들리 워너가 쓴 동명의 소설 『도금 시대, 오늘날 이야기』에서 유래한 용어다.

사이에 일어났던 폭력과 파괴는 끔찍했다. 하지만 이 시기에 불평등이 커지지 않도록 통제하는 조건들이 만들어졌다.

피케티의 주장대로, 제1차 세계대전 전에 일어났던 민주적 개혁이 불평등의 심화를 막아 준 것은 사실이다. 하지만 그 개혁이 어디까지 진행되었을지, 만약 개혁이 완수되기 전에 전쟁이 개입하지 않았더라면 그 실험은 성공했을지 알 길이 없다. 이와 마찬가지로 전쟁이 일어나지 않았다면 과연 뉴딜 정책이 미국의 민주주의를 구해 낼 수 있었을지도 알 수 없는데, 이미 전쟁이 일어난 마당에 그런 질문을 해봤자 아무 소용이 없기 때문이다. 따라서 대규모 폭력이 없을 때 불평등 문제를 어떻게 다루어야 할지에 대한 답을 역사에서는 찾을 수 없다. 민주주의가 단독으로 그 문제를 해결할 수 있다는 증거는 어디에도 없다.

폭력과 불평등 앞에 출구는 있는가

고대사를 연구하는 발터 샤이델Walter Scheidel은 한 걸음 더 나아간다. 2017년에 출간된『불평등의 역사』에서 샤이델은 인류 역사에서 어떤 사회도 대규모 폭력의 개입 없이는 심화되는 불평등을 완화하지 못했다고 주장한다.[29] 그런 폭력이 반드시 전쟁일 필요는 없다. 폭력 혁명, 자연 재해, 전염병의 확산 등으로도 충분하다. 국운이 걸린 전쟁을 치르는 것처럼 사회적 결속을 강화하지 않아도 된다. 폭력을 집단적으로 경험하는 것만으로도 모든 사람이 비교적 공평하게 고생한다는 확신이 널리 퍼질 수 있다. 가난한 사람들처럼 부자도 실제로 재산과 목숨을 잃게 되는 재난이 사회를 좀 더 평등하게 만들 것이다. 하지만 그런 사회는 생지옥이 기도 하다.

민주주의의 미래와 관련해 이러한 역사가 시사하는 바는 무엇일까? 성공한 민주주의는 폭력을 줄이고 재난을 막으며 시민의 평화로운 삶을 보장한다. 그 결과 불평등은 과거에 자기를 통제하던 민주주의의 손에서 벗어났다. 제2차 세계대전 이후 구축된 정치 질서가 1970년대 말에 무너졌을 때, 불평등이 다시 증가하기 시작했다. 그때 이후로 폭력은 지속적으로 줄어들었지만, 불평등은 계속 심화되었다. 이 둘은 함께 움직인다. 두 현상 모두 냉전 시대가 끝난 후에 속도가 빨라졌다. 2008년 금융 위기 이후 불평등에 대하여 대중이 반발할 조건들이 형성되었다. 특히 부자들이 금융위기에 대해 책임지지 않을 것임이 분명해지자, 우리 사회가 얼마나 불평등했었는지 확실히 알 수 있게 되었다. 하지만 이는 불평등 문제를 다루기 위한 조건과는 다른데, 그 이유는 이 문제가 대중의 반발 정도로 끝나지 않기 때문이다. 1914년에 그랬듯이 지금까지 몇 가지 단편적인 개혁이 계속 시도되었다. 오바마 정부는 불평등을 완화하기 위해 몇 가지 대책을 마련했다. 하지만 트럼프가 대통령이 되어 그것을 방해했기에 그 과정이 어디까지 진행되었을지 알 수가 없다.

민주주의에는 폭력을 통해 문제를 해결하지 않고도 폭력의 원인을 억제할 수 있는 시스템이 있다. 그래서 조금 나아지는 것은 가능하다. 하지만 그런 작은 진보가 반발을 야기하기 때문에 늘 상황이 크게 개선되기는 어렵다. 그래서 우리는 옴짝달싹 못하게 된다.

이 폭력과 불평등의 문제는 민주주의와 쿠데타의 확장판이다. 폭력으로 민주주의를 전복하려는 행위는 문제가 되는 상황을 명확하게 하므로 민주주의를 방어할 구실을 만들어 준다. 그런 위협이 예상되지 않을 경우 민주주의는 유지되고, 사람들이 느끼는 실망감은 상호 불신으로 바뀐다. 지금처럼 음모론과 가짜 뉴스가 짠 판에 민주주의가 갇힌 상황이 역사상 처음은 아니다. 하지만 확실한 출구가 없기는 처음이다. 개혁은 가능하지만 충분하지는 않을 것이다. 폭력은 불가능하지만 효과는 있을 것이다. 민주주의는 폭력을 해결하는 데 대단히 효과적이고, 폭력은 과거에 불평등을 해소하기 위한 전제 조건이었다. 앞으로 무슨 일이 벌어질지 모르겠다. 한 가지 가능성은 지금 상황이 그대로 유지되는 것이다. 민주주의가 폭력으로 무너지지는 않는다. 그저 의식하지 못한 채로 불안정하게 표류하다 쇠퇴할 것이다.

여전히 오늘날 전 세계의 많은 민주주의 국가들은 발전하고 성숙할 여지가 있다. 인도의 민주주의는 비교적 젊으므로 수백만 명의 국민들이 그 혜택을 충분히 누릴 수 있도록 하는 개혁의 범위를 상상할 수 있다. 아프리카를 포함한 다른 지역에서 민주주의는 거의 시작도 하지 않았다. 그런 곳에서는 여전히 사용되지 않은 거대한 잠재력을 활용해서 정치 개혁을 이룰 수 있을 것이다. 21세기에는 많은 성공적인 실험을 통해 민주주의가 고질적인 불신과 분열의 문제를 폭력을 동원하지 않고도 해결할 수 있을지도 모른다.

하지만 발전의 대가는 쿠데타와 무력 탈취, 붕괴에 굴복할 위험이다.

민주주의가 실패할 실질적 가능성은 민주주의가 성공하기 위한 전제 조건 중 하나다. 20세기 서구 민주주의가 그러했다. 하지만 오늘날 민주주의가 정착한 많은 나라에서는 더 이상 그렇지 않다. 결과적으로 21세기에 민주주의가 제대로 작동하고 있는가에 대해 합의를 이루지 못해도, 민주주의의 지속가능 여부를 알아보는 실험은 계속 이루어질 것이다. 이런 실험에 확실한 종점은 없다. 그렇다고 영원히 실험할 수도 없다.

　대재앙이 일어나 실험이 종료될 수도 있다. 하지만 이는 실험 자체를 무의미하게 할 것이다. 21세기에 민주주의의 제대로 작동하는지 알아보는 실험을 모두가 만족할 만한 수준으로 하려면, 그 자체가 곧 민주주의가 살아남을 수 없음을 검증하는 실험이 될 것이다. 이 문제를 해결하기 위해 대재앙을 기다린다면 이는 세상의 종말을 바라는 것과 같다. 이것이 다음 장의 주제다.

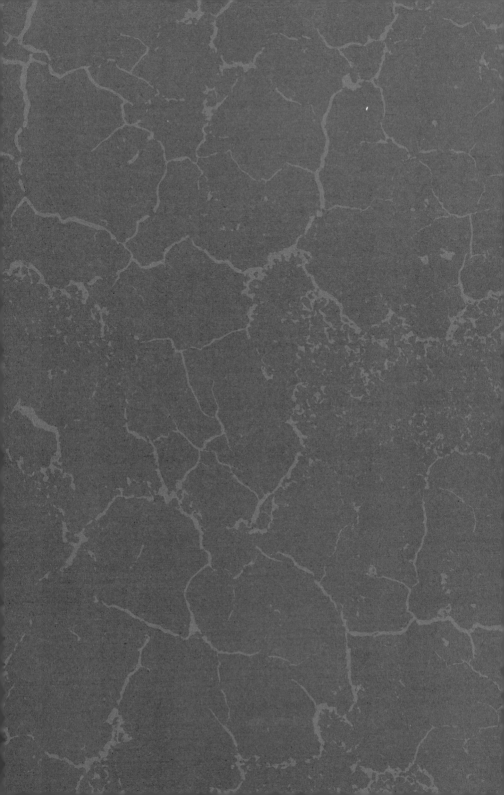

민주주의는
대재앙을 막을 수 있는가

현대 민주주의에 드리운
재앙의 그림자

✕

어디에나 죽음의 그림자가 드리웠다. 농부들은 자기 가족이 걸린 다양한 질병들에 관해 이야기했다. 마을 의사들은 환자에게 발병한 신종 질병 때문에 점점 곤혹스러워했다. 몇몇은 원인 모를 병에 걸려 급사하기도 했는데, 이 중에는 성인은 물론 놀다가 갑자기 발병해서 몇 시간 만에 사망한 아이들도 있었다. 그리고 사방이 쥐죽은 듯 괴괴했다. 이를테면, 새들은 어디로 갔을까?

…… 길가에는 말라 죽은 갈색 초목이 줄지어 있었고, 너무나 조용했으며, 어떤 생물도 살지 않았다. 심지어 개울에도 생명체가 없었다. 물고기가 전부 죽었기에 낚시꾼은 더 이상 그곳을 찾지 않았다. 배수로와 처마 아래와 지붕널 사이에 오돌토돌한 흰색 가루 파편이 보였다. 이 가루는 몇 주 전에 지붕과 잔디밭, 들판과 개울에 눈처럼 떨어졌었다. 이 고통받는 세상에서 생명체를 파괴한 것은 사악한 마술이나 적의 공격이 아니었다. 사람들이 직접 그렇게 했다.[30]

이 글은 1962년 6월,《뉴요커》에 처음 발표된 레이철 카슨Rachel Carson의 〈침묵의 봄〉 도입부다. 카슨은 잇따라 일어난 실제 사건들로 고통을 겪는 가상의 사회를 묘사하고 있다. 글에 나열된 모든 재난은 동시에 한 장소에서 발생하지는 않았지만 어딘가에서는 이미 일어나고 있는 일들이었다. 사회가 서서히 스스로 죽어 간다는 카슨의 묘사는 겉으로 보기에 민주주의의 운명과 거의 관계가 없는 것처럼 보인다. 그녀는 정치가 아닌 환경 재앙을 말하고 있다. 하지만 이는 민주주의가 끝나는 방식이기도 하다. 그녀가 상상한 공동체는 미국, 즉 민주주의 사회에 존재한다. 생명체가 사라지면 민주주의도 끝난다. 그리고 카슨이 말했듯이, 그 재난은 공동체에 벌을 내리려고 외부에서 일으킨 것이 아니었다. "사람들이 직접 그렇게 했다."

제2차 세계대전이 끝나고 수십 년 후《뉴요커》에는 사람들이 상상하는 인류 종말의 모습에 깊이 영향을 미친 글 세 편이 발표되었는데, 〈침묵의 봄〉은 그중 두 번째였다. 첫 번째 글은 1946년 8월에 실린 존 허시John Hersey의 〈히로시마〉다. 이 글은 희생자의 관점에서 핵전쟁의 경험을 서술한다.

언덕에 올라 간 타니모토 씨는 충격적인 장면을 보았다. 으레 보이던 잉어 서식지는 물론 시야가 닿는 지역까지 히로시마 곳곳에서 짙은 독기를 무섭게 내뿜고 있었다. 사방에서 연기 덩어리가 일반 먼지를 밀어 올리기 시작했다. 그는 고요한 하늘에서 어떻게 그렇게 광범위한 피해가 발생할 수 있었는지 궁금했다······ 근처 집들이 불에 타고 있었기에, 구슬만한 커다란 물방울이 떨어지기 시작하자 그는 그것이 불길과 싸우고 있는 소방관의 호스에서 뿜어져 나오는 것이려니 대충 생각했다(사실 그것은 히로시마 하늘로 수마일이나 솟아 오른 먼지와 열, 핵분열의 파편들로 이루어진 기둥이 소용돌이를 일으키며 떨어뜨리는 응축된 물방울이었다).[31]

목격자의 증언을 바탕으로 작성된 이 글은 핵무기가 단순히 적을 위협해서 굴복하게 하는 수단만이 아님을 독자들에게 이해시켰다. 핵무기는 지옥으로 가는 문이었다.

세 번째 글은 1963년 2월 중순부터 수 주 간 4부로 나뉘어《뉴요커》에 연재되었던, 한나 아렌트Hannah Arendt의 〈예루살렘의 아이히만〉이었다.[32] 아렌트는 별갑테 안경을 쓴 소심한 남자가 어떻게 한 민족 전체를 말살할 수 있었는지 독자들에게 설명하려 했다. 그녀 자신도 알고 싶은 내용이었다. 그녀는 그 보고서를 대표하는 용어가 된 '악의 평범성'이라는 표현을 만들어 냈다. 아돌프 아이히만Adolf Eichmann은 특별히 이상하게 생긴 악마가 아니었다. 그저 독립적으로 사고하지 못하고 상상력이 부족한 사람이었다. 그래서 그는 악마처럼 잔인하게 행동할 수 있었다. 아렌트는 우리 내면에 아이히만, 즉 나치와 같은 면이 있다고 암시하지는 않았다. 하지만 우리 사회를 포함해서 모든 사회에 아이히만 같은 사람들이 있다. 평상시에 이들은 상상력이 부족한 사람에게 적합한 평범한 관리직에

종사할 것이다. 이런 사람들이 위험한 이유는 정말로 끔찍한 생각에도 그들 스스로 저항하지 못하기 때문이다. 세상을 파괴하는 자들은 사람들 사이에 섞여 눈에 띄지 않는다. 이들은 이미 우리 주변에 있다.

현대 문명이 직면한 대재앙의 위기

현대 문명은 대량 살상 무기로 스스로 산산조각 나거나 환경에 치명적인 해를 입혀서 멸망할 수 있다. 아니면 얼굴 없는 관료들의 도움으로, 시스템 안에 무심한 행정 조직이 널리 퍼지는 악에 감염될 수도 있다.

이 중 어느 경우도 민주주의가 주범은 아니다. 허시는 미국인들이 히로시마에 핵무기를 투하할 목적으로 루스벨트에게 표를 던진 것은 아니라고 생각했다. 누구도 그런 생각을 하지 않았다. 1945년에 재임 중 사망한 루스벨트를 대신해서 대통령 자리를 물려받은 트루먼은 비밀리에 개발하던 무기를 사용해 보기로 했다. 그는 나중에야 그 사실을 미국 국민에게 알렸다. 허시는 미국 국민이 자신들의 이름으로 무슨 일이 자행되었는지 정확히 파악하기를 바랐다. 문제는 민주 사회가 핵무기라는 대재앙을 받아들일지 말지가 아니었다. 제정신이라면 아무도 핵무기 사용에 찬성하지 않을 것이기 때문이다. 중요한 것은 민주 사회에 아직도 핵무기를 막을 힘이 있는지에 관한 문제다.

카슨은 모든 사람이 환경 파괴를 지지하지는 않았다고 생각했다. 살충제 남용은 투표로 결정할 문제가 아니었다. 사람들은 무의식중에 살충제를 남용했다. 이들은 자기 주변에서 무슨 일이 벌어지고 있는지 전혀 의식하지 못했다. 이와 마찬가지로 아렌트는 홀로코스트가 독일 국민이 적극적으로 선택한 결과라고 주장하지 않았다. 그들은 국민의 마음을 일부러 비틀려고 작정한 독재자가 지배하는 전체주의 사회에 살고 있었다. 하지만 아이히만의 끔찍한 사례는 뒤틀린 마음이 어떻게 현대 관료주의와 자연스럽게 섞이는지 보여 주었다. 그리고 그 관료주의는 민주주의에도 존재한다.

허시와 카슨, 아렌트는 각자 다른 방식으로 대참사를 이용해서 사람들의 의식을 고취했다. 이들은 대단히 끔찍한 사건과 시나리오를 묘사함으로써 독자들이 일어날 수 있는 최악의 사건을 생각해 보도록 만들었다. 세상이 망하기를 진심으로 바라는 사람은 아무도 없다. 문제는 '너무 늦기 전에 우리가 할 일이 무엇인지 알 수 있는가'다. 20세기 중반에는 대참사에 대한 상상이 민주주의에 충격요법이 될 수 있다는 희망이 있었다. 대참사가 일어날지 모른다는 생각이 사람들에게 경각심을 불러일으킨다. 민주주의의 운명은 그 제도가 여전히 유효한지에 달려 있다.

이런 대참사로 인한 민주주의의 실패는 쿠데타와 상당히 다르다. 쿠데타가 발생하면 민주주의에는 재앙이지만 삶은 계속된다. 다시 말해 사회는 살아남는다. 그러나 아이히만이 나치를 도움으로 인해 세상이 입은 피해는 달랐다. 이는 존재론적 재앙이었다. 가치 있는 것을 거의 전부 파괴할 뻔했다. 아렌트가 생각하기에 현대 정치(아이히만과 같은 사람들이 여전히 끔찍한 대리인으로 활동하는 곳)가 제기하는 궁극적 질문은 '이 행성을 인간이 살기에 적합한 장소로 유지하려면' 무엇을 해야 하는가였다.[33] 이 문제는 특정한 정치체제의 생존을 보장하는 차원을 넘어선다. 그것은 인간의 존재 이유를 보호하는 문제다.

이런 식으로 생각하면 균형감을 유지하기가 어렵다. 대참사를 예상하면 민주주의의 운명을 과소평가하기 쉽다. 민주주의는 소모품일지도 모른다. 다른 것들이 소멸하지 않아도 민주주의는 없어질 수 있다. 고대 그리스에서 민주주의는 죽었지만 사회는 살아남았다. 혹은 민주주의를 지키는 대신 세상을 파괴할 수도 있다. 트럼프가 군 수뇌부에게 제기했을지 모를 존재론적 딜레마는 이런 문제다. 미국의 핵무기 사용 원칙에 따르면 최악의 무기를 사용하겠다는 결정을 대통령이 단독으로 할 수 있다. 그가 전 세계를 대재앙으로 몰아넣을 일을 하더라도 아무도 막지 못한다. 미국 대통령이 이런 권한을 갖게 된 것은 핵무기를 보유한 덕분이자, (호전적인 군 지휘부로부터 민주주의를 보호하기 위해) 1946년에 제정한 원자력법Atomic Energy Act이 그 권한을 법률로 보호하기 때문이다. 나라를 보호하기 위해 총사령관에게 나라를 망하게 할 권한을 준 셈이다.

한편 최악의 상황을 상상하는 일이 민주주의와 아무 관계가 없다면, 의식을 고취하기 위한 훈련으로서 별 효과가 없을 것이다. 사람은 자기 일이 중요하다고 꾸준히 믿어야 한다. 그렇지 않으면 무력감을 느끼기 쉽다. 다른 사람에게 겁을 주어 행동을 유도하고 싶은데, 이들이 무서워하지 않고 행동도 하지 않으면 곤란하다. 만약 민주주의가 부차적 기능만 한다면 그 안에 살고 있는 시민들은 틀림없이 방관자처럼 생각할 것이다. 결국 이들은 다시 길을 잃고 말 것이다.

무심한 민주주의가 불러오는 위협들

아렌트는 20세기 민주주의에 무심한 면이 있다고 주장했다. 현대 민주주의는 자체 법규에 따라 기계적으로 움직이는 대규모 행정조직이 구성되면서 확립되었다. 이런 체제에서는 전문 기술이 인간의 가치보다 우선시된다. 고대 민주주의는 달랐다. 그때는 민중이 실질적인 힘을 가졌다. 현대 민주주의는 의미 있는 인간적 요소를 제거하고 자체적으로 인공 생명을 얻었다는 점에서 상당히 위험하다. 중요한 의사결정은 여전히 사람이 하고 있지만, 판단을 내릴 때 창조적으로 통찰하지 않는다. 인간은 기계적으로 일한다. 그렇지 않으면 충동적으로 행동한다. 아이히만 연구를 통해 아렌트가 얻은 교훈은 기계적 행동이 인간의 파괴적인 충동으로 이어진다는 것이다. 사람들은 더 이상 혼자 힘으로 생각하지 않는다.

무심함은 환경 파괴와 핵전쟁, 집단 학살에 대한 망각으로 이어진다. 무심함은 다양한 모습으로 나타난다. 마치 오락 활동처럼 기능해서 우리는 정신없이 즐기는 동안 우리의 미래를 좌우하는 주거지가 파괴되어 가는 현상을 알아채지 못하기도 한다. 혹은 과민반응으로 나타날 수도 있다. 예를 들어 핵 억지력을 보복성 기술 경쟁으로 변질시켜, 자칫 상황이 잘못될 때 무릅써야 할 위험을 보지 못하게 할지도 모른다. 아니면 다들 그렇게 하고 있기 때문에 아무 생각 없이 비참해지는 길을 따라 움직일 수도 있다. 어떤 경우든 미몽에서 깨어나려면 무언가가 필요하다. 민주주의는 미몽에서 깨어나기 위해 필요한 그 무엇일까? 아니면 이미 미몽이 되었을까?

카슨의 일시적 승리

환경이 파괴될 위험은 1962년보다 오늘날이 훨씬 크다. 하지만 이상하게도 위험의 기세는 다소 누그러졌다. 말하자면 죽음의 그림자가 커졌다가 바로 약해졌다.

카슨은 DDT와 같은 살충제 남용의 위험성을 강조했고, 그 이유는 살충제의 혜택보다 위험이 더 크다는 사실을 사람들이 제대로 파악하지 못했기 때문이라고 주장했다. 화학물질 제조업체는 카슨을 생각 없는 진보의 적이라 부르며 조롱했다. 지금은 유전자 조작 농산물을 개발하는 회사로 잘 알려진 몬산토 사Monsanto는 1962년 10월에 〈침묵의 봄〉을 패러디해서 〈황량한 시대The Desolate Year〉라는 제목으로 다음의 글을 발표했다.

그러자 황량한 시대가 조용히 시작되었다. 위험을 알아차린 사람은 많지 않았다. 결국 겨울에 집파리는 거의 한 마리도 보이지 않았다. 여기저기에서 몇 마리 안 되는 벌레들이 무엇을 할 수 있을까? 양질의 삶이 어떻게 살충제처럼 하찮아 보이는 물건에 좌우될 수 있을까? 그런데 벌레는 어디에 있었지?

벌레는 어디에나 있었다. 보이지 않고 들리지 않지만. 믿을 수 없겠지만, 벌레는 전 세계에 있다. 미국 전역의 땅 위와 땅 아래에 있고, 주택과 아파트, 헛간과 닭장, 목재와 토대와 가구에도 있다. 또한 땅과 물 밑에, 크고 작은 나뭇가지와 줄기의 위와 안에, 나무와 동물과 곤충 안에도 있다. 그리고 물론, 사람 몸속에도 벌레는 있다.[34]

벌레가 음식물을 모두 먹어 치우고 땅을 못 쓰게 만들면 연쇄적으로 재앙이 발생한다. 비록 앞의 시나리오가 허구라 하더라도, (살충제가 발명되기 전에는) 그런 일들이 미국 어딘가에서 일어났었다는 사실을 몬산토 사는 지적하고 있었다.

이 논쟁의 승리자는 카슨이었다. 그녀의 주장이 케네디 대통령의 주의를 끌었고, 그는 1963년 대통령과학자문위원회Presidential Science Advisory Committee에 살충제 문제를 안건으로 올렸다. 위원회는 카슨의 경고가 대체로 타당하다고 밝혔다. 살충제는 인간의 건강을 심각하게 위협하고, 장기적으로 환경에 피해를 끼치고 있었다. 정부는 규제를 강화했으며 살충제의 득과 실에 관한 증거를 정기적으로 검토했다. 그로부터 10년 후에 DDT 사용이 금지되었다.

사람들의 의식을 고취하려는 카슨의 시도는 성공했다. 그녀의 저서 『침묵의 봄』의 출판은 환경단체가 출현하는 데 결정적 계기가 되었고, 이 단체들은 지속적으로 정부를 압박해서 더 적극적인 조치를 끌어냈다. 이런 식의 정치적 압력이 성공하려면 정보 공개를 요구할 자유와 결사의 자유가 보장되어야 하고 법치에 대한 신뢰도 필요하다. 이는 대체로 민주주의 사회에서 나타나는 현상이다. 그런 조건이 갖춰졌을 때에야 비로소 오염 유발자들에게 책임을 물을 수 있다.

이후 수 십 년에 걸쳐 정착된 민주주의는 다른 모든 정치체제보다 환경오염 문제를 잘 다루었다. 환경오염은 독재정권에서 더욱 악화되는 경향이 있었다. 공산주의가 지배하던 시기에 대부분의 동유럽 국가에 떠

있던 매캐한 공기가 바로 그 증거였다. 환경문제를 다룰 때 민주주의는 두 가지 면에서 대단히 유리하다. 하나는 압력단체들이 가진 실질적 힘인데, 그 덕분에 불편한 진실이 드러날 수 있다. 다른 하나는 시장경제로, 거기에서는 여러 대안을 시험해 볼 수 있다. 『침묵의 봄』이 출판된 후에도 미국 정부는 살충제를 전면 금지하지는 않았다. 그중 일부만 금지했을 뿐이다. 대부분의 살충제는 더욱 안전해졌고 효과도 더욱 좋아졌다. 1962년의 몬산토 사와 카슨처럼, 개발자와 환경운동가는 서로를 불신하는 경향이 있다. 건강한 민주주의 사회에서 이런 불신은 상대의 행동을 자극하므로 생산적이다.

그와 같은 민주주의의 장점은 오늘날 퇴색하고 있다. 중국의 여러 도시에서 대기오염은 대단히 심각한 문제다. 하지만 민주주의 국가인 인도의 대기오염은 중국보다 심하지는 않더라도 중국만큼 나쁘다. 화석연료를 대량으로 사용해서 산업을 급격하게 발전시키는 방식은 체제와 상관없이 대기에 치명적이다. 한편 미국에서는 주정부가 최선을 다해 방어하고 있지만, 연방정부는 카슨의 유산인 환경보호정책 중 상당수를 철회하고 있다. 인간이 살기에 적합한 장소를 유지하는 문제를 두고 민주주의는 점점 변덕스러운 태도를 보이기 시작했다.

대재앙의
위기가 경시되다

×

카슨이 미국 정부와 일반 대중에게 가까스로 각인시켰던 대참사에 대한 경고들은 과거와 달리 더 이상 반향을 일으키지 않는다. 여기에는 세 가지 이유가 있다. 첫째는 카슨의 노력이 주효했기 때문이다. 즉 초기에 두려움을 일으켰던 문제들이 지속적으로 시정되면서 이제는 상대적으로 덜 무서워졌다. 오늘날 더 큰 위험은 현실에 안주하는 태도다. 한 가지 위협을 물리치고 나면, 우리는 초심을 잊고 다른 새로운 위험들이 과장되었다고 생각하기 쉽다.

두 번째 이유는 환경 규제를 두고 정치권의 의견이 50년 전보다 오늘날 더 심하게 나뉘었기 때문이다. 경제학자인 폴 크루그먼Paul Krugman은 이런 정치적 분열의 원인이 불평등의 심화 때문이라고 주장한다.[35] 일치된 행동으로 환경문제를 해결하려면 공공재의 가치에 대해 어느 정도 합의가 필요하다. 사회가 불평등할수록 비용과 편익이 불평등하게 분배되어 의견을 모으기가 어렵다. 닉슨 대통령 집권 1년 차인 1970년에 '청정대기법Clean Air Act'이 미국 상원에서 73대 0으로 통과되었다. 그러나 현대 정치에서는 모든 이슈, 무엇보다도 환경 이슈에서 만장일치란 거의 생각할 수 없는 일이다.

세 번째는 카슨이 상상했던 최악의 사건이 이제는 다른 종류의 위협으로 대체되었기 때문이다. 오늘날 환경 재난과 관련된 주요 이슈는 바로 기후변화 문제다. 기후변화는 살충제보다 훨씬 위험하다. 하지만 그 위험을 경고하는 방식은 살충제 때와 다르다.

이는 사람들에게 겁을 주어 행동하게 할 작가들이 부족해서가 아니다. 현대 소설에는 카슨의 디스토피아(바싹 말라 버린 땅, 약탈을 일삼는 생존자들, 붕괴한 사회제도, 폭발적으로 증가한 폭력 등이 우리를 기다리고 있다는 생각)가 주는 공포 이상으로 급격하게 더워지는 세상에 대한 전망으로 가득하다. 하지만 이는 우리의 상상 속 미래다. 카슨은 그 당시에 이미 벌어지고 있던 일들을 설명했다. 하지만 기후변화가 가져올 재앙은 많은 사람의 삶 속에서 아직은 속삭임 정도에 불과하다. 미국 남부 해안의 기후변화가 그 시작일지 모른다. 전 세계의 가난한 지역에서도 변화를 느끼고 있는데, 이 지역들이 체감하는 기후변화의 영향은 좀 더 직접적이다. 하지만 모든 지역이 다 그렇게 느끼는 것은 아니다. 위험의 보편성을 제시한 카슨의 방법은 천재적이었다. 그 일은 어디에서나 일어날 수 있다. 그와 반대로, 기후변화는 사람들을 결속하기보다 분열시킨다.

기후변화를 둘러싼 음모론이 등장하다

현대 언론은 카슨을 본떠서 특별히 자원이 부족하고 사람들이 쉽게 피해를 입는 개발도상국가에서 기후변화가 이미 일으킨 피해가 무엇인지를 포착하려고 노력해 왔다. 하지만 부유한 나라의 국민이 보기에 이들 언론의 설명에는 카슨의 경고와 달리 즉시성과 구체성이 부족하며, 참신하지도 않다. 이미 우리는 수많은 재난을 경험해 온 탓에 종말론적 미래에 대한 설명에 비교적 익숙해져 있다. 확실히 사람들은 종말론에 피로감을 느끼고 있다.

그 결과 기후변화에 대한 두려움은 이전 세대가 살충제에 느꼈던 공포와 같은 효과를 내지 못하고 있다. 지구온난화의 위협은 좀 더 흔하고 광범위하며 불확실하다. 여기에는 필수 요소인 자극적인 면이 없다. 기후변화는 의심과 음모를 해소하지 못하고 오히려 이를 강화해 왔다. 오늘날 상당히 복잡한 음모론은 기후변화와 관련된다. 이런 음모론은 종종 짓궂은 장난처럼 묘사된다. 추리 방식은 다음과 같다. 세계 정부를 세우고 싶은 비밀 엘리트 집단은 그 야망을 실현하기 위해 전 세계적으로 집단행동이 필요한 문제를 원한다. 기후변화는 그런 문제에 적합하다. 그러므로 틀림없이 엘리트 집단은 은밀히 문제를 날조해서 과학자들을 매수했을 것이다. 이는 정치에서 가장 중요한 질문인 '누가 이익을 얻는가'에 대한 답이 된다.

이와 같이 기후변화과학의 공신력을 떨어뜨리려는 시도에서 누가 이익을 얻는지 물어 보면, 화석연료 산업이라는 명쾌한 답을 얻을 수 있다. 한쪽에서 음모론이 나오면 거기에 반대하는 다른 음모론이 등장한다. 음모론이 진짜인 경우도 있다. 예컨대 석유회사 엑슨모빌ExxonMobil은 과학적으로 합의된 사실에 의문을 제기하는 연구에 자금을 댔다. 하지만 의심이 의심을 낳은 탓에 환경론자들은 자신들의 활동이 진전을 보이지 못하는 근본 원인을 설명할 때 너무나 자주 음모론에 손을 댄다. 이렇게 무너진 신뢰는 잘못을 수정하는 대신 자체적으로 더욱 발전시켜 나간다. 기후변화를 둘러싸고 누가 누구를 속이고 있는가에 관한 격렬한 논쟁이 민주주의를 망가뜨리고 있다.

이런 논쟁들이 행정권 과용을 부채질하기도 한다. 환경 규제 법안이 의회를 통과할 것 같지 않자, 오바마 대통령은 행정명령을 사용했다(오바마 대통령이 하지 못한 일을 닉슨 대통령은 손쉽게 할 수 있었다는 사실은 많은 생각이 들게 한다). 이런 식으로 행정명령에 의존해서 문제를 정치적으로 해결할 경우 두 가지 커다란 문제가 발생한다. 첫째, 행정부가 한 일은 다른 행정부가 뒤집을 수 있다. 트럼프 대통령은 자체 행정명령을 발동해서 전임자의 행정명령을 폐지할 수 있었으므로, 오바마의 유산 중 기후변화에 관한 정책은 흔히 오바마케어로 불리는 건강보험개혁법보다 훨씬 되돌리기 쉽다는 점이 증명되었다. 둘째, 당파적인 입법부를 피하려는 시도는 오히려 당파심을 더욱 악화시킨다. 아무도 협상하려고 노력하지 않으면 지연 전략으로 손해 볼 사람도 없다. 문제를 회피하는 과정에서 늘 민주주의가 훼손된다.

이제는 이전처럼 의식 고취의 필요성을 주장하기가 어려워졌다. 기후변화의 위험을 모르는 사람이 없기 때문이다. 사람들은 수십 년간 그 이야기를 지겹도록 들어 왔다. 카슨은 환경 피해를 오랫동안 무시했을 때 일어날 위험을 세상 사람들에게 알리려 했다. 그때만 해도 이러한 환경 피해는 많은 사람들이 인지하지 못했던 사실이었다. 하지만 우리는 이미 자신이 하고 있는 일을 알고 있다. 다만 알고 싶어 하지 않는 사람이 많을 뿐이다.

오히려 환경보호를 반대하는 쪽에서 의식을 고취하고 있다. 기후변화 논쟁에서 가장 열정적인 사람들은 기후변화의 위험성을 진보주의자의 음모라고 여기는 거부론자들이다. 민주주의 사회에는 기후변화의 진실을 열광적으로 공격하는 사람들이 상당히 많다. 이는 대단히 비생산적이다. 아렌트도 암시했듯이, 현대 정치는 광적인 상태와 혼수상태를 동시에 경험할 수 있다. 기후변화 논쟁에서 민주주의는 점점 치유책이 아니라 주문呪文과 비슷해진다. 트럼프가 백악관에 입성해서 파리기후변화협약에서 미국을 탈퇴시키고 싶다고 공공연하게 밝히자(탈퇴할 경우 미국은 유일한 불참국이 된다) 거부론자들에 대항하던 일부 정치 세력은 운동의 방향을 바꾸었다. 하지만 이것이 불신의 기운을 걷어 내지는 못했다.

재난 소설의 내용이 혹시라도 현실이 될 경우, 사람들은 민주정치가 거기에서 벗어나게 해주리라 기대한다. 이는 민주주의가 가진 장점 중 하나다. 즉 혼돈과 폭력이 발생하면 민주주의는 최선을 다한다. 1960년대에는 거의 모든 것을 파괴할 뻔한 세계 전쟁의 상흔이 여전히 남아 있었으므로, 선진 민주주의 국가에서 환경문제를 다루기가 좀 더 쉬웠다. 그러나 강을 오염시키고 새를 죽였던 그때와 달리 오늘날은 우리가 저지른 행동의 결과가 너무 늦게 확인된다. 마침내 우리가 그 재앙을 피할 방법을 알고 싶어졌을 때, 그 답은 처음부터 계속 알고 있었던 사실임이 드러날 것이다. 그러나 그때가 되면 그 지식은 거의 도움이 되지 않는다.

핵전쟁의 위협은 과거의 일인가

핵으로 인한 지구 종말의 공포는 어떨까? 이와 관련해서 현재 우리 상황은 어떠한가? 허시의 책 『히로시마』는 어린 학생들에게 널리 읽힌다. 대도시에서 핵무기가 터지는 현장을 묘사한 부분은 (그로부터 며칠 후 나가사키에서 일어난 폭발을 제외하고) 사건이 반복된 적이 없으므로 한 번도 보완되지 않았다. 이 끔찍한 이야기는 비교할 대상이 없기에 카슨의 글과 달리 구식이라는 느낌도 들지 않는다. 거의 본능적으로 직접적이라는 인상을 준다. 하지만 이는 또한 다른 의미에서 거리감을 준다. 70년이 넘도록 전 세계는 핵전쟁이 실제로 인간의 삶에 미칠 영향을 생각하지 않을 수 없었다. 그러는 동안 무기는 더욱 강력해지고 널리 보급되어, 결국 핵 충돌의 위험은 크게 증가했다. 하지만 행동을 자극하는 두려움의 힘은 상당히 약해졌다. 핵전쟁은 여전히 두렵지만 어디까지나 이론상으로만 존재한다. 현대에 핵의 위험성은 전문 지식을 가진 엘리트 집단의 경고를 통해 전달될 뿐 현실에 근거하지 않는다.

냉전 시대에는 전면적 핵전쟁의 위협이 대중의 저항을 광범위하게 일으킬 정도로 현실적인 문제였다. 반핵 운동은 규모와 범위 면에서 환경 운동과 비슷하다. 영국의 핵무장반대운동Campaign for Nuclear Disarmament(CND)은 한창 때 200만 명이 넘는 회원을 거느렸는데, 이 정도면 유럽에서 가장 규모가 큰 시민단체라 할 수 있다. 강대국들 사이에 핵 긴장이 서서히 증가할 무렵 대중 참여도 함께 증가했다. 쿠바 미사일 위기가 고조되던 1960년대 초와 레이건 정부가 군비 경쟁을 하던 1980년대 초가 바로 그런 경우였다. 그 이후로는 대규모 대중 참여가 사라졌다.

오늘날 핵무장반대운동에는 고작 수천 명의 회원만 남아 있을 뿐이며, 활동도 거의 하지 않은 채 형태만 유지하고 있다. 아이러니하게도 이 단체에 헌신적인 제러미 코빈이 2015년에 노동당 대표로 선출되었고, 장차 영국 총리가 될지도 모른다. 코빈은 여전히 핵무장반대 운동을 벌이지만, 그의 지지자 중 냉전의 기억이 거의 없는 젊은 세대로부터 공감을 얻지는 못했다. 그는 어쩔 수 없이 2017년 총선에서 핵무기인 트라이던트Trident를 유지하겠다는 선언을 해야 했다. 노동당의 정책 우선순위에서 핵무기 철폐는 수업료 폐지에 크게 밀렸다. 나중에 코빈이 트라이던트 유지와 관련해서 당의 공식 입장을 바꿀지도 모르지만, 그럴 경우 이는 여론의 압박이 아닌 자신의 이념적 유산을 따르는 행동일 것이다. 핵무장 반대는 이미 대의명분을 잃었다.

오히려 핵무장 찬반 여부는 비선출직 정계 실세들로 구성된 엘리트 집단을 중심으로 논의되면서 이제는 국제사회가 나서서 해결해야 할 문제로 바뀌었다. 아이러니한 사실은 코빈이 핵무기 유지를 강요당하는 반면, 키신저는 그것을 제거하고 싶어 한다는 점이다. 최근 몇 년간 핵무장을 강력하게 반대한 사람들은《타임》에서 '핵종말의 네 기사the four horsemen of the nuclear apocalypse'라고 칭한 집단으로, 그 구성원은 전 미국 정

제2장 | 민주주의는 대재앙을 막을 수 있는가

책 책임자였던 키신저, 조지 슐츠George Shultz, 윌리엄 페리William Perry, 샘 넌Sam Nunn이다.[36] 키신저와 슐츠는 국무장관을, 페리는 국방장관을 역임 했고, 넌은 유일하게 상원의원을 지냈다. 과거에 이들은 핵무기가 평화 를 보장한다는 냉전 전략을 옹호했던 사람들이다. 냉전이 끝나자 이들은 핵무기가 전 세계의 안전을 심대하게 위협한다고 생각하게 되었고, 이를 철폐하기를 바랐다. 그들의 주장에는 설득력이 있다. 하지만 그들의 주 장이 나오게 된 배경을 살피면 그다지 민주적이라고 볼 수는 없다. 핵무 장 반대는 그 문제를 해결해야 할 사람들에게 또 다른 문제로 바뀌었다.

냉전이 최고조에 달했을 때 핵무기는 정치적 편집증을 유발했다. 1964년에 상영된 스탠리 큐브릭Stanley Kubrick의 걸작 〈닥터 스트레인지러 브〉는 미국 정치권의 편집증을 멋지게 표현해 냈다.✱ 영화는 음모론이 판 치는 세상을 풍자했고, 한편으로 그 음모론을 부채질하기도 했다. 은밀 할 수밖에 없는 핵보유국의 존재는 터무니없는 음모론이 퍼지기에 적합 했다. 상호확증파괴전략Mutually Assured Destruction(MAD)●이 사용될 가능성이 있는 혼란스러운 세계에서는 어떤 미친 행위도 믿지 않을 수 없었다. 오

✱ 스탠리 큐브릭 감독의 코미디 영화. 냉전시대 미국과 소련의 대립을 블랙코미디로 풀어냈다. 망 상에 사로잡힌 미국 장군이 핵 폭격기를 출격시키고, 이 명령이 도중에 철회되었음에도 각종 기 계 결함과 우연이 겹쳐 결국은 핵이 투하되고 전 세계가 멸망한다는 내용을 담고 있다.

● 대립하는 양 진영이 모두 핵을 갖추고 있다고 가정할 때, 어느 한 쪽이 핵무기로 공격을 가할 경우 반대 진영도 핵무기를 이용해 상대편을 타격할 수 있다는 보복 전략. 상대편의 핵을 이용한 선제 공격을 막기 위한 전략으로, 냉전 시대에 미국과 소련 간 핵전쟁 억제에 중요한 역할을 했다.

늘날은 어디에나 음모론이 있지만, 핵무기와 관련된 것은 별로 없다. 편집증은 충분히 능력을 발휘하고 다른 문제로 옮겨 갔다. 한때 미국 민주주의의 사악한 지하 세계를 상징하던 키신저는 이제 국제무대에서 한물간 사람이 되었다. 나중에 키신저가 막후에서 트럼프를 자문해 왔다는 사실이 알려지자 사람들은 놀라지 않았다. 오히려 안도했다. 상황은 그렇게 바뀌었다.

핵 위협과 기후변화의 위협은 서로 반대다. 둘 다 불확실한 면 때문에 정치적 명분은 약해졌다. 기후변화의 불확실성은 미래와 연관되어 있다. 재난이 발생한다는 암시를 받았더라도, 언제 무슨 일이 벌어질지 알지 못하므로 어디에 초점을 맞추고 정치 행동을 벌여야 할지 알기가 대단히 어렵다.

반면 핵 위협의 불확실성은 과거와 연관되어 있다. 우리가 핵무기를 지닌 채 어떻게 지금까지 살아남을 수 있었는지는 미스터리다. 정치적 수완 덕분이었을까? 아니면 운이었을까? 냉전 시대에는 일촉즉발의 상황이 많았지만, 당시 평범한 사람들은 그 위기를 거의 인지하지 못했다. 비행기가 폭발할 뻔했고, 군사 명령이 왜곡되기도 했으며, 지휘관들이 술에 취하기도 했다. 지금까지 우리가 보내 온 평화의 역사란 그저 몇 가지 끔찍한 사건이나 계획으로 언제든지 사라져 버릴 수 있는 무의미한 사건일까? 다음에 인간이 핵무기를 사용하면 모든 것이 변할 것이다. 그러나 그런 일이 일어날 때까지(혹은 핵무기가 폐기될 때까지) 실제로 변하는 것은 없다. 그리고 불확실한 상태가 계속된다.

아이러니하게도 핵무기가 사용될 가능성은 30년 전보다 지금이 훨씬 높다. 오늘날은 더 이상 상호확증파괴전략이 지배하지 않는다. 하지만 모든 것을 파괴하지 않아도 핵전쟁은 일어날 수 있다. 테러 집단이 조악한 핵무기를 손에 넣을지 모르는데, 이들을 향해서는 핵무기 사용을 금지하는 법이 아무 의미가 없을 것이다. 이와 마찬가지로, 현재 미국 군대가 보유한 대단히 정교한 핵무기는 명령자로 하여금 핵전쟁을 재래식 전투의 연장으로 보게 하고 정확한 전술을 세울 수 있으며 방사성 낙진도 막을 수 있다고 생각하도록 유도할지 모른다. 하지만 그 결과는 여전히 알 수 없다. 핵무기 사용을 금지하는 데에는 다 이유가 있다.

기후변화는 점진적 현상이므로 우리가 상상하는 미래를 정치적으로 통제하기가 어렵다. 환경파괴로 인한 종말은 언제나 서서히 다가오는 재앙이다. 우리는 그 현상을 마치 소문처럼 접한다. 핵으로 인한 재앙은 모 아니면 도인 현상이므로 통제가 어렵다. 모든 것을 완전히 무의미하게 만들어 버리겠다고 위협하지 않고는 실현할 수 있는 것이 아무것도 없다. 핵 재앙은 너무나 엄청난 일이라서 완전히 이해하기란 어렵다. 그러므로 우리는 기도나 하면서 행운을 바랄 뿐이다.

전체주의가 민주주의를 전복할 위험성

마지막으로 악은 어떨까? 우리는 아직도 악을 두려워하는가? 트럼프가 대통령으로 선출되자 사람들은 나치가 등장했을 때처럼 걱정했다. 예시를 살펴보기 위해 1930년대로 돌아가 보자. 2017년에 역사학자 티머시 스나이더Timothy Snyder는 『폭정: 20세기의 스무 가지 교훈』이라는 제목의 책을 출간해, 최악의 사건이 반복되지 않는다는 가정이 잘못되었다고 경고했다. 독일의 바이마르 공화국이 남긴 교훈은 민주주의가 스스로를 구하지 못한다는 점이다.✱ 따지고 보면 민주주의는 그 체제가 갖춰야 할 기본 조건 때문에 적의 공격에 속수무책일 수밖에 없다. 그래서 민주주의를 구하려면 적극적인 시민들이 필요하다.

스나이더는 자신의 주장을 입증하기 위해 아렌트를 끌어들인다. 그는 음모론이 좀먹은 세상을 "진실은 숨겨져 있으며 암울한 음모론이 모든 것을 설명한다고 생각하게 만드는 공간"이라고 경고한 아렌트의 말을 인용한다. 이는 전체주의의 시작을 나타내며, 스나이더의 말처럼 "탈진실post-truth●은 파시즘의 전조다." 스나이더는 단순히 흘러가는 대로 사는 것(생각 없이 순응하는 것)의 위험성을 강조한다. "일부는 사형 선고를 받아 죽었다. 하지만 죽은 사람들 중 다수는 단지 나서기를 두려워했다. 순응을 강요하는 힘이 주변에서 작용하고 있었다. 하지만 순응주의자들이 없었다면, 그렇게 끔찍한 잔혹 행위들은 일어나지 않았을 것이다."[37]

홀로코스트의 어두운 그림자를 언급하면 문제의 심각성을 알릴 수는 있지만, 동시에 거짓으로 소란을 피울 위험도 높아진다. 음모론을 전체

✱ 바이마르 공화국은 국민의 기본권을 상세히 규정한 근대 최초의 민주적 헌법으로 유명하지만, 1933년 총선거를 통해 나치당이 독일의 제1정당으로 집권하면서 몰락했다.

● 객관적 사실이나 진실보다 감정적 호소가 대중에게 더 큰 영향을 미치는 현상.

주의의 전조로 부르면 21세기 음모론자들 다수가 스스로를 전체주의에 대항하는 최후의 선봉자로 생각하고 있다는 사실을 간과하게 된다. 스나이더가 제시한 저항 수칙 중 하나는 "조사하라. 스스로 상황을 파악하라"다. 이는 많은 트럼프 지지자들이 스스로 하고 있다고 믿는 행동과 정확히 같다. 이들은 순응주의자가 아니다. 혼자 힘으로 생각하는 사람들이다. 만약 스나이더가 (온라인에 떠도는 가짜 뉴스를 구독하고 있다는 이유로) 트럼프 지지자들을 잘 속는 바보라고 주장한다면, 이들은 오히려 스나이더가 순응주의자라고 맞대응할 것이다. 그들의 관점에서 스나이더는 터무니없게도 트럼프가 히틀러와 다름없다고 주장하는 진보주의자의 고정관념을 유포하는 사람이다.

이런 논쟁은 진짜 공포가 마침내 모습을 드러냈을 때도 해결되지 못할 것이다. 21세기에도 미국과 같은 민주주의는 그 생명을 계속 연장할 수 있다. 위기는 오지 않을 것이다. 만약 트럼프가 히틀러처럼 변하지 않는다면(그리고 그도 그럴 생각이 없다), 모든 사람은 자신이 옳았다고 주장할 수 있다.

포퓰리즘 시대를 걱정하는 일부 민주주의자들은 악의 평범성을 이야기하지만, 다른 사람들은 평범함이라는 악을 비난하느라 바쁘다. 포퓰리스트들이 보기에, 생각 없는 관료들은 스스로 악에 저항할 힘이 없다는 대단히 끔찍한 생각에 빠질 위험이 없다. 그 대신에 생각 없는 관료주의 '자체가' 정말로 끔찍한 생각이며, 그런 관료주의에 저항하는 것이 올바른 민주적 대응이다. 포퓰리즘 정치에서는 포퓰리스트와 반포퓰리스트

모두 자신들이 민주주의를 구하기 위해 선한 싸움을 벌이고 있다고 믿는다. 오늘날 대립하는 두 주체는 민주주의자와 음모론자가 아니다. 음모론과 민주주의의 탈을 쓴 음모론이 대결한다. 한 번 더 말하지만 이는 1930년대의 반복이 아니다. 해결 기미가 보이지 않던 1890년대와 더 가깝다.

히틀러라는 유령을 떠올리면 민주주의의 두 가지 종말 방식을 하나로 결합할 수 있다. 나치의 부상은 바이마르 공화국이라는 민주정치체제를 무너뜨리고 독재정권이 등장했다는 점에서 민주주의가 사망한 사건이었다. 하지만 독일 사회는 살아남았다. 나치즘은 모든 것이 허물어지는 나락을 들여다보게 해주었다. 나치즘이 스탈린주의와 결합했을 때 최악의 결과가 발생했다. 스나이더가 자신의 책, 『피의 땅Bloodlands』에서 참혹하게 묘사한 중부 유럽과 동유럽의 '피의 땅'에서는 실제로 인간의 생명이 아무 의미가 없었다.[38]

20세기 중반 민주주의 정치체제의 붕괴는 문명이 사라질 가능성을 미리 보여 준 것이었다. 하지만 21세기에 상황은 바뀌었다. 오늘날 민주주의를 무너뜨릴 수 있는 것은 거의 없으므로, 정치체제로서 민주주의는 살아남을 것이다. 어쩌면 문명의 종말이 먼저 올지도 모르겠다. 순응하는 자와 그렇지 않은 자 모두 상대의 노력을 신랄하게 비판하면서도 민주주의를 유지하기 위해 최선을 다한다. 그러는 동안 대참사의 위협은 계속해서 우리 주변을 맴돈다.

민주주의는
실존적 위험을 제어할 수 없다

×

세상의 종말을 건설적으로 생각할 방법이 있을까? 우리는 '최후의 심판일' 시나리오(이는 대단히 무책임한 것이지만)를 무시할 수 없다. 하지만 일어날지 어떨지 모를 최악의 사태를 걱정하느라 시간을 허비한다면 중요한 다른 일들에 충분한 시간을 쏟지 못할 것이다. 건강염려증 환자처럼 죽음에 사로잡히는 것이다. 결과적으로 인생관이 심각하게 왜곡되고 말 것이다.

문제는 전 세계적 재앙이 부분적으로 발생하는 재난보다 그저 약간 더 해로운 정도가 아니라는 점이다. 전 세계적 재앙은 완전히 다르다. 종말이 오면 모든 것이 끝장난다. 철학자 데릭 파핏Derek Parfit은 그 문제를 이렇게 정리했다. 다음의 세 가지 시나리오를 상상해 보자.

1. 모든 사람이 죽는다.
2. 전체 인구의 99퍼센트가 죽는다.
3. 아무도 죽지 않는다.[39]

첫 번째 시나리오는 두 번째보다 훨씬 나쁘고, 두 번째는 세 번째보다 비교적 나쁘다. 단순히 인류의 근본적 가치를 보호하는 문제라면, 사망률이 0퍼센트에서 99퍼센트로 증가하는 것이 99퍼센트에서 100퍼센트가 되는 것만큼 최악은 아니다. 이 말은 무정하게 들릴 뿐만 아니라, 사람은 누구나 가치 있는 존재라는 생각에도 맞지 않는다. 두 번째 시나리오에서는 거의 모두가 죽는다. 하지만 첫 번째 시나리오의 다른 점은 모든 사람이 죽으면 회복할 가능성이 아예 사라지고 가치를 판단할 사람이 남지 않는다는 것이다. 그러니까 모든 것이 사라진다.

이 문제에 대한 답으로 '사전예방 원칙'이라는 것이 있다. 이는 지금 당장 평가하기는 어렵지만 장기적으로 대참사가 발생할 가능성이 있다면 특별히 그에 대비하는 노력을 기울여야 한다는 원칙이다. 사전예방 원칙은 종종 환경 위기에 적용된다. 예를 들어 억제하지 못한 기후변화의 영향이 얼마나 파괴적일지 우리는 지금 당장 알 수 없다. 사람들이 두려워했던 정도와 비교해서 크게 나쁘지 않을 수도 있고, 인간이 문명 생활을 지속하는 데 실질적인 위협이 될 수도 있다. 후자의 가능성이 조금이라도 있다면(그리고 특히 실제 어떤 일이 벌어질지 전혀 알 수 없다면) 사전에 비상한 주의를 기울일 만하다. 닥칠 위험을 확실히 알기 어렵다는 사실은 확신할 때까지 행동을 늦추기보다 지금 당장 행동해야 하는 이유가 된다. 우리가 한 행동이 헛된 노력에 불과하더라도 그 비용은 감당할 만하다. 하지만 행동하지 않고 최악의 결과가 발생했다면, 그 비용은 감당하기 어려운 수준이 될 것이다. 이를 '파스칼의 내기Pascal's wager'라 부르는데, 영원히 저주 받을 일은 운에 맡기면 안 된다는 뜻이다.

대재앙의 가능성이 실존적 위험을 상상케 하다

사전예방 원칙을 비판하는 사람들은 많다. 이들은 그 원칙 때문에 다른 위험들을 폄하하게 되어 결국 우리의 판단이 왜곡된다고 지적한다. 즉 이례적인 위험이 발생하면 이례적이지 않은 위험들은 상대적으로 진지하게 다루어지기 어렵다는 것이다. 게다가 이때도 비용이 발생한다. 예를 들어 기후변화 예방책은 그 자체로 상당한 위험을 초래한다. 왜냐하면 그 예방책이 개발도상국의 성장을 억제해서 사람들의 생명을 빼앗거나(경제성장은 의료체계를 개선할 수 있는 토대가 된다), 사회 불안과 정치 분쟁을 일으킬 수 있기 때문이다. 그럼에도 이러한 부작용들은 생존을 가능하게 하는 결과물이다. 그렇지 않았다면 인류는 지금까지 살아남지 못했을 것이다. 하지만 과연 최악의 기후변화 시나리오에서는 아무도 생존하지 못할까? 어떤 재난이든 생존자가 있다면 그 재난이 다른 위험과 비교할 수 없는 대재앙이라고 말할 이유가 없다. 재난은 우리 사회의 모든 것을 앗아갈 경우에만 특별대우를 받을 자격이 있다.

이 마지막 특징을 포착하기 위해 다른 용어가 고안되었다. '실존적 위험existential risk'이란 되돌릴 수 없는 사건을 가리킨다. 실존 점수를 기록하는 표에서는 인간이 전부 사망한다고 해도 최악의 재난으로 치지 않는다. 인간은 더 나쁜 일도 할 수 있다. 지구를 파괴하고, 지구에 사는 모든 생물을 멸할 수 있다. 더 나아가 일부 교만한 사람들이 시도하는 물리학 실험이 크게 잘못되면 우주 전체가 파괴될 수도 있다. 그렇게 되면 인간 뿐만 아니라 아직 알려지지 않은 모든 생물까지도 대가를 치르게 될 것이다. 이는 정말이지 믿기 어려운 생각이다. 하지만 과학자들이 물리법칙을 만지작거려서 우주를 작은 공처럼 만들 가능성이 아주 조금이라도 존재한다면, 실존적 위험 이론에서는 그런 일이 생기지 않도록 조심해야 한다고 말한다.

우주의 종말과 비교하면 민주주의의 종말은 하찮은 걱정거리처럼 보인다. 민주주의자는 민주주의란 잿더미 속에서도 최선을 다해 지켜야 하는 것이라고 믿는다. 민주주의는 인생을 살 만하게 해준다. 하지만 이는 민주주의가 우리를 보호해 준다는 생각과는 다르다. 실존적 위험은 궁극적으로 민주주의를 소모품으로 만든다. 무슨 일이든 해야 한다. 만약 그 일이 의식을 고취하기 위한 훈련이라면 그 대상은 과학자, 정책결정자, 철학자들이다. 다음에 일어날 일을 누가 결정하는가는 별로 중요하지 않다. 무슨 결정을 하는가가 중요하다. 다음이라는 것은 있을 수도 있고 없을 수도 있다.

최악의 재앙은 어떤 모습으로 찾아올까

21세기 최악의 재앙은 20세기에 예상했던 종말의 모습을 일부 담겠지만, 그것을 뛰어넘을 것이다. 핵 때문에 대참사가 일어날 가능성은 여전히 높다. 세계 곳곳에 있는 수천 개의 핵무기 중 단 몇 개만이라도 한꺼번에 폭발한다면 아무것도 살아남지 못할 것이다. 기후변화는 '대참사

제2장 ㅣ 민주주의는 대재앙을 막을 수 있는가

수준'의 지구온난화 혹은 지구냉각화의 형태로 나타난다. 탈주온실효과(runaway effects, 대규모 열기가 대기 중에 갇히는 현상 - 옮긴이)와 되먹임고리feedback loops 때문에 지구가 어쩌면 불길에 휩싸이거나 얼음으로 덮일 수 있다는 것이다. 생명공학은 새로운 종류의 실존적 위험인데, 특히 생명공학이 생물학 무기를 이용한 테러 행위로 변질될 때 그렇다. 하지만 오늘날 가장 심각한 두려움은 신기술에 대한 통제 불능과 관련된다. 이것이 최신 버전의 종말이다. 머지않아 인간은 통제할 수 없는 기계들이 초래하는 위험에 처할지도 모르겠다.

아마도 이런 기계들은 크기가 아주 작을 것이다. 나노기술에 대한 오랜 두려움은 지구의 종말을 초래할지 모를, 작지만 자기 복제가 가능한 로봇을 개발하는 일과 관계가 있다. 또는 기계들이 식별할 수 있을 정도로 인간과 비슷해지지만, 중요한 무언가는 빠져 있을 수 있다. 기계의 학습 능력이 급격하게 발달하면서 우리를 인간답게 만들어주는 요소는 결여한 채 인간의 지능만 모방한 기계들이 등장했다. 임무를 부여받은 기계는 그 일을 실행하는 과정에서 다른 모든 것을 파괴할지도 모른다. 기계에게 클립을 최대한 많이 생산하라고 명령했더니 세상이 클립 천지가 되는 것과 같다. 물론 우리는 기계의 스위치를 끌 수 있다. 하지만 끄는 스위치가 없다면 어떻게 될까? 기계가 스스로 끄는 스위치를 통제한다면? 우리가 스위치를 끄지 못하게 하려면 우리를 제어해야 한다는 사실을 기계가 깨닫는다면?

살인 로봇이 출현하는 마당에 누가 어디에 투표했는지를 다투는 일은 일종의 사치처럼 보인다. 실존적 위험을 논하는 고상한 분위기에서 정치는 거의 언급되지 않는다. 추정컨대, 그 대신에 함부로 건드릴 수 없는 '꺼짐 스위치'를 만드는 등의 기술적 해결책에 논의가 집중될 것이다. 그 결과 모든 인류의 존재와 연관되는 중요한 선택들이 기계의 작동 원리를 이해하고 있는 소수의 결정으로 축소된다. 그래서 이들은 옳은 일을 해야 한다. 기계를 만들 수 있는 사람만이 기계를 멈출 수 있다. 나머지 사람들은 구경꾼에 불과하다.

실존적 위험이 민주주의를 지치게 한다는 생각이 아주 새로운 것은 아니다. 어떤 정치사상가들은 원자 폭탄을 만들면 민주주의도 끝장난다고 생각한다. 유권자는 변덕이 심하고, 무기는 너무나 끔찍하다. 그 둘을 멀리 떨어뜨려 놓으려면 항상 특별 대책이 필요하다. 이런 이유로 히로시마에서 분출된 파괴력과 민주주의는 공존할 수 없다. 하버드대학교 교수이자 사회이론가인 일레인 스캐리Elaine Scarry는 최근작 『핵무기 군주제 Thermonuclear monarchy: Choosing between Democracy and Doom』에서 우리가 과거에 한 선택의 본질에 대해 다음과 같이 설명한다. "핵무기는 정부를 무력화하고, 민주주의에서 의미가 있던 모든 것을 헛되게 만든다. 우리는 핵무기를 철폐하거나 의회와 시민을 제거하는 것 중에서 선택할 수 있었다. 우리는 의회와 시민을 제거해 버렸다."[40]

스캐리는 핵을 폐기해서 민주주의를 되찾기를 바라고 있다. 하지만 그런 일은 일어나지 않을 것이다. 여기에는 두 가지 이유가 있다. 첫째, 만약 핵무기가 민주주의를 무너뜨렸다면 이제 더 이상 민주주의는 핵무기를 제거할 수 있는 힘이 없다. 핵무기를 제거하려면 그 무기를 보유한 국가가 직접 폐기해야 한다. 사람들은 자신의 운명이 달린 문제에서 그저 구경꾼이다. 둘째, 핵무기가 사라지더라도 민주주의를 방해할 수 있는 다른 실존적 위험이 대단히 많다. 인간이 주거지를 망가뜨릴 수 있는 능력이 커지면서 핵전쟁은 그런 파괴력을 상징하던 특수 지위를 잃었다. 인간이 핵무기를 사용하는 문제에서 신뢰받을 수 없다면, 인공지능이나 생명공학, 강입자충돌기(Large Hadron Collider, 유럽입자물리학연구에서 만든 입자 가속 및 충돌기 – 옮긴이)도 마찬가지다. 핵무기가 실존적 위험의 시대를 열었지만, 이제 핵무기만으로는 그 시대를 설명할 수 없다. 소원을 들어주는 요정 하나 정도는 다시 병에 집어넣을 수 있을지 모른다. 그러나 전부 되돌리지는 못할 것이다.

민주주의는 실존적 위험을 제어할 수 없다. 그래서 그런 위험을 겪지 않기만 바랄 뿐이다. 실존적 위험을 관리하는 산업 진영에서는 민주주의를 그리 대단한 쓸모는 없는, 역사적 가치만 남은 귀한 물건을 다루듯 한다. 민주주의를 무시하고 싶은 사람은 아무도 없다. 민주주의가 사라지는 것은 루브르 박물관이 연기 속으로 사라지는 모습을 상상하는 것만큼 끔찍한 일일 것이다. 그러므로 민주주의도 실존적 여정에 참여해야 한다.

옥스퍼드대학교 인류미래연구소Future of Humanity Institute 소속 철학자인 닉 보스트롬Nick Bostrom은 21세기에 과학기술이 생명을 위협하게 되면 보통의 위기관리 방법으로는 효과가 없다고 주장한다. 그는 특히 인간이 통제할 수 없는 '슈퍼' 인공지능 기계의 영향력을 걱정한다. 또한 핵전쟁과 환경파괴도 두려워한다. 보스트롬은 민주주의의 가치를 아는 사람이다. 그는 민주주의를 우선순위를 두고 관리해야 하는 많은 것들 중 하나로 보지 않는다. 민주주의가 확대되면 전쟁보다 평화 가능성을 높여서 인류를 보호할 수 있다. 하지만 민주주의에 시간을 뺏기면 좀 더 현실적인 문제를 제때 처리하지 못할 위험에 빠진다. 보스트롬은 이렇게 쓰고 있다. "한정된 자원을 가지고 현명하게 우선순위를 매기는 것이 중요하다. 지금 실존적 위험을 관리하는 연구에 수백만 달러를 투자하면 엄청난 차이를 만들어 낼 수 있다. 하지만 그만큼의 돈을 오로지 세계 평화를 촉진하기 위해서만 사용하면 밑 빠진 독에 물 붓기나 다름없을 것이다."[41]

이와 동시에 보스트롬은 민주주의가 구조 행위를 방해할 수 있다고 걱정한다. 민주 사회에서는 아직 일어나지 않았고 어쩌면 앞으로도 일어나지 않을 사건에 집중하도록 사람들을 설득하기가 어렵다. 유권자들은 자신이 잘 아는 일을 먼저 생각하기 마련이다. 어쩌면 인류의 생존 가능성은 임박한 위험에 대비해서 급하게 세운 예방조치에 좌우될지 모른다. 보스트롬은 이렇게 썼다. "민주 사회에서는 위험이 뚜렷해지기 전에 단호하게 행동하기가 어려울 것이다. 하지만 위험이 나타나기를 기다리는 행동은 우리가 선택할 수 있는 부분이 아닌데, 그 행위가 종말을 의미하기 때문이다."[42]

보스트롬은 첨단 산업에 열광하는 흔치 않은 사람이다. 2016년에《뉴요커》는 그를 선견지명이 있는 사람으로 소개했는데, 그렇다고 그가 늘 다가올 일을 알아챘다는 의미는 아니다. 과학기술의 발전 속도를 고려할 때 이십 년 후에 삶이 어떻게 바뀔지 상상하기란 대단히 어렵다. 그러나 보스트롬은 우리에게 지금부터 백년 후에 인류의 삶이 어떻게 될지 생각할 의무가 있다고 여긴다. 또한 그는 죽음도 피하고 싶어 한다. 그의 친구의 말처럼, "기본적으로 과학에 대한 (보스트롬의) 관심은 영원히 살고 싶은 당연한 소망이 증폭된 결과였다."[43]

《뉴요커》에 실린 보스트롬 관련 기사의 제목은 〈지구 최후의 날을 상상하다The Doomsday Invention〉로, 이 글은 20세기 중반 종말에 대한 의식을 고취하기 위해 잡지들이 펼치던 운동을 연상시킨다. 하지만 기사의 어조는 과거와 완전히 달라졌다. 글쓴이는 보스트롬을 유쾌하고 아이러니한 사람으로 소개하고 있고, "자신의 업적이 다른 모든 것의 도덕적 가치를 떨어뜨린다고 믿는" 사람의 지적 야망에 놀라되 호들갑 떨지 않는다. 명백하게 터무니없는 시나리오에 당황하지 않고 기꺼이 개입하는 보스트롬의 행동에는 기이한 구석이 있다. 보스트롬 지지자들은 인공지능이 대재앙을 가져올 것이라는 그의 경고를 카슨의 『침묵의 봄』과 비교했다. 하지만 이는 보스트롬의 이해할 수 없는 행동을 충분히 설명하지 못한다. 보스트롬은 그런 차원을 훨씬 넘어선다. 〈지구 최후의 날을 상상하다〉에는 정치적 논의가 전혀 없다.

유권자들은 실존적 위험에 관심이 없다

이제 핵무기 이야기로 돌아가자. 여기에는 여전히 수수께끼가 있다. 만약 실존적 위험이 민주주의의 종말을 의미한다면, 히로시마 이후에 무슨 일이 벌어졌는가?

40년 간 냉전이 지속되는 동안 전 세계가 날마다 파괴 위협을 받았지만 민주주의는 발전했다. 이 시기는 민주주의가 크게 발전한 위대한 시대였다. 민주주의가 널리 보급되었고 안정되었으며 번영했다. 그 시대는 자유민주주의가 경쟁에서 승리함으로써 역사가 종언을 맞이했다는 후쿠야마의 주장에서 정점을 찍었다. 비록 지금은 누구도 후쿠야마의 주장을 믿지 않지만, 핵보유국이 늘어나는 시기가 현대 민주주의의 전성기였음은 분명하다. 만약 핵무기가 민주주의에 치명적이라면, 어떻게 민주주의가 이토록 발전할 수 있었을까?

그 질문에 대한 답 중 하나는 소망적 사고wishful thinking로 설명된다. 냉전 시대에 꽃을 피운 민주주의는 실존적 선택의 문제에서는 제대로 작동하지 않았다. 민주주의는 복지와 일자리, 교육과 같은 삶의 기본적인 문제를 다룰 때에만 발전한다. 핵은 세상의 종말이라는 무게를 견딤으로써 민주주의가 숨을 쉴 공간을 만들어 주었다. 하지만 핵 위협과 민주주의가 완전히 분리되지는 않았다. 민주주의 사회에서 핵폭탄은 내내 논쟁거리였다. 1960년대 초와 1980년대 초에 활발했던 반핵 운동은 근심하는 수많은 시민들의 힘을 보여 주었다. 핵군축은 이따금 선거 이슈가 되었는데, 공산주의의 위협도 마찬가지였다. 유권자들은 위험의 존재를 모르지 않았다.

민주주의는 실존적 위험이 삶에서 가장 기본적인 먹고사는 문제의 수준으로 떨어졌기 때문에 발전할 수 있었다. 실제 선거 이슈는 세상의 종

제2장 | 민주주의는 대재앙을 막을 수 있는가

말이 아니었다. 지금도 아니다. 선거에서는 중요도와 상관없이 사람들을 대신해서 정책을 결정하는 정치인들을 유권자가 어떻게 생각하는가가 주요 관건이다. 대의민주주의의 기본 질문은 언제나 다음과 같다. 우리를 대신해서 의사결정하는 '이 사람들'을 우리는 어떻게 생각하는가? 현안이 무엇인가는 별로 중요하지 않다. 그것은 핵으로 인한 종말일 수도 있고, 물가일 수도 있다.

『침묵의 봄』이 출판되고 『예루살렘의 아이히만』은 아직 나오기 전인 1962년 10월에 세계는 핵 재앙에 근접해 있었다. 쿠바 미사일 위기가 고조되던 13일 동안 핵을 보유한 두 강대국은 상상도 하지 못했던 일을 할 것처럼 보였다. 러시아와 미국의 함대가 충돌할 것이 확실시되면서 위기가 정점으로 치달았을 때 인류의 운명은 대단히 불확실했다. 다행히 두 지도자의 노련함과 행운이 더해져, 케네디 대통령과 흐루쇼프Nikita Khrushchyov 서기장은 벼랑 끝에서 한발 물러서는 길을 찾았다. 그로부터 열흘 후, 미국 유권자들은 중간선거에서 이 극적인 행운을 평가할 기회를 얻었다. 이들은 대통령에게 어떻게 보상했을까? 놀랍게도 케네디가 속한 민주당은 상·하원에서 모두 의석을 잃었다. 이 선거에서 유권자가 신경 쓴 이슈는 곡물 가격이었다.

사람들은 실망을 주는 정치인이 생기면 쉽게 다룰 수 있는 연장을 사용한다. 녹색정치와 마찬가지로 반핵정치도 정치인들에게 유권자를 무시하지 말라고 경고하는 도구가 될 수 있다. 그러나 이는 민주주의가 실존적 위협을 억제할 수 있다는 뜻이 아니다. 그저 실존적 위협이 가끔은 정치인들을 혼내 줄 방법으로 유용하다는 의미다. 오늘날 정치권 곳곳에서 기후변화 문제를 진지하게 다루고 있는 상황에서, 그것을 거부하는 행위는 자신의 생각이 어떤지를 충분히 알릴 수 있는 방법이다. 민주주의 사회에서 한쪽만 지구의 운명을 걱정한다고 가정하는 것은 늘 하는 실수다. 보통은 양쪽 모두 지구의 운명을 걱정하거나, 둘 다 신경 쓰지 않는다. 양쪽 모두 걱정하는 이유는 세상의 종말을 바라는 사람이 아무도 없기 때문이다. 그리고 모두가 신경 쓰지 않는 이유는 그들이 민주주의 사회에 살기 때문이다. 즉 사람들이 정말로 관심을 갖는 것은 자기들에게 할 일을 말해 주는 사람이다.

민주주의와 실존적 위험이 공존하다

전문가들은 다른 사람으로부터 지시를 받는 일을 좋아하지 않는다. 냉전 시대에 민주정치가 핵전략에 비합리적으로 영향을 줄 위험이 인지되자, 실존적 의사결정이 필요한 별도 영역을 개척하려는 시도가 있었다. 경제학의 한 분야인 '합리적선택이론rational choice theory'이 핵 억제력 논의에 사용되었다. 합리적선택이론의 목표는 항상 최적의 전략을 추구하는 것이다. 핵전쟁과 같이 치명적인 사안은 변덕스러운 인간의 정치적 판단으로부터 영향을 받아서는 안 된다. 그러기 위한 최상의 방법은 핵 문제를 정해진 규칙이 있는 일종의 게임으로 다루는 것이다. 이는 영화 〈닥터 스트레인지러브〉의 풍자 방식이기도 하다. 즉 핵전쟁 게임 설명서에서 지시한 대로 세상을 구하기 위해 몇 번이고 다시 세상을 파괴할 준비를 해야 한다. 한마디로 '미친 짓'이다. 하지만 그 전략은 나름대로 일리가 있다.

게임이론과 민주주의는 완전히 분리되지 않는다. 둘은 서로 닮아 간다. 그 원인 중 하나는 민주주의가 특정 게임에서 유용하다는 사실이 증명되었기 때문이다. 핵 문제를 설명하는 방식 중 하나가 치킨게임이다. 이 게임에서 최상의 전략은 무모하게 행동해서 상대방이 먼저 눈을 감게하는 것이다. 예를 들어 마주 보는 두 대의 자동차가 서로를 향해 달릴 때 먼저 방향을 트는 쪽은 상대가 충돌을 피하지 않을 정도로 제정신이 아니라고 생각하는 운전자일 것이다. 만약 미국 대통령이 변덕스러운 민주 시민의 반대 때문에 마음대로 핵정책을 전문가들에게 맡길 수 없다면 이는 전략적으로 유리할 수 있다. 러시아를 한 번 더 생각하게 하기 때문이다. 게임이론의 관점에서 보면 민주적 의사결정은 종종 바보 같다. 하지만 유익한 어리석음이 될 수 있다.

이와 동시에 게임이론가들은 나름대로 정치적 야망이 있었다. 핵전쟁으로 기술 전문가가 능력을 발휘할 공간이 만들어졌는데, 왜 고작 거기에서 멈추겠는가? 민주주의가 어리석다면 다른 정치적 영역에 더욱 엄격한 규칙을 확실하게 부과하면 된다. 복지제도와 교육제도, 민주적 과정 자체 등 이런 분야에는 냉정하고 이성적이며 분석적인 사고가 주입될 기회가 무르익었다. 모든 사람이 자신의 이익을 극대화하려는 합리적 행위자라면 살면서 민주주의 때문에 혼란스러워할 가능성이 줄어든다.

결국 핵보유국이 이미 전쟁의 발판을 마련했다는 생각이 확산되기 시작했다. 1970년대 후반 민주주의는 경제의 올바른 작동방식을 모형으로 만든 게임이론의 영향을 받게 되었다. 정치계의 무질서는 완전 경쟁과 효율적 시장이라는 명쾌한 이론들로 대체되었다. 민주주의에서 혼란을 제거하면 완전 경쟁과 효율적 시장이 무척 효과적이라는 사실이 증명되었다. 두 이론의 지위는 역사가 끝났을 뿐만 아니라 거품이 생성됐다가 갑자기 붕괴되는 현상도 과거의 일이라는 믿음이 널리 확산되었던 시기에 높아졌다. 사람들은 실제 세상의 모습을 설명하는 모형보다 규범적으로 세상이 움직여야 하는 방식을 설명하는 모형을 더 좋아했다. 결국 역사가 모형을 따라갔다. 2008년에 금융위기가 일어났고, 뒤이어 민주주의에 다시 대혼란이 찾아왔다. 민주주의의 복수는 오늘날도 여전히 진행 중이다.

교착상태에 빠진 핵 문제가 먹고사는 정치 문제로 바뀔 수 있다는 점이 민주주의의 문제라면, 게임이론의 문제는 그 반대다. 게임이론은 개인이 선택할 문제를 실존 모형으로 만들 수 있는 대상처럼 다룬다. 즉 나는 이기고 너는 지며 맥락은 아무 상관이 없다는 식이다. 이런 방식은 터무니없지만 명쾌하다. 하지만 민주주의는 그렇지 않다. 민주주의에 당위성을 강조해도 민주주의는 거기에 굴복하지 않는다. 그래봤자 불확실성만 키울 뿐이다.

냉전 이후에 얻은 교훈은 민주주의와 실존적 위험이 공존할 수 있지만, 서로를 이해시키지는 못한다는 점이다. 인류 종말은 민주주의가 대처하기에 너무나 큰 문제지만, 그렇다고 민주주의가 제거될 정도는 아니다. 안타깝게도 민주주의는 참아 주기 어려운 상대와 연대한 채로 지속한다.

지금은 '닥터 스트레인지러브'가 살던 세상이 아니다. 내 친구들은 실존적 위험을 걱정하며 산다. 항생제로 제거되지 않는 슈퍼 박테리아와 인공지능 로봇이 출현하고, 지구가 파괴되고 있는 시대에 사는 연구자들은 태도가 부드럽고 호의적이다. 그들은 민주주의에 대해서 불평하지 않고, 필요할 때는 민주주의의 미덕에 찬사를 보낼 것이다. 하지만 정치에는 별 관심이 없다. 이들에게 정치란 인류가 다른 곳을 찾아 나설지 말지와 같은 21세기의 가장 중요한 문제를 회피하고 있는 오락처럼 보인다.

이렇게 선한 사람들이 밤잠을 이루지 못하는 이유는 인간이 통제하지 못하는 인공지능 기계에 대한 악몽 때문이다. 그 악몽은 악의 평범성의 최종판이다. 배려심이 없는 로봇은 자기 일을 방해하는 것은 무엇이든지 철저히 파괴할 것이다. 하지만 이런 사태는 아렌트가 말한 악의 평범성과는 다르다. 로봇에는 정치적 입장이 없다. 이런 기계들을 각성시켜 최면 상태에서 벗어나게 할 방법이 없다. 이들은 그저 기계일 뿐이다. 이는 기술적 문제지, 정치적 문제가 아니다. 우리는 꺼짐 스위치를 찾아야 한다.

정치가 세상을 구하는 일에 간섭하지 못하게 하고 싶은 마음은 고상한 충동이다. 하지만 이는 실수다. 민주주의는 손질이 잘 된 정원 한 구석에 가둘 수 없다. 민주주의는 살아남게 되면 반드시 울타리 밖으로 흘러나올 것이다. 민주주의는 얌전히 갇혀 있지 않는다. 민주주의는 사람들이 그 체제를 당연한 것으로 느끼게하며, 선한 전문가들이 자기 대신 중요한 결정을 하는 것을 싫어한다. 이런 사람들에게 책임을 맡겨도 될까?
조만간 우리는 각종 불만에 시달릴 것이다.

　20세기는 여러 최악의 사건들 덕분에 민주주의가 최선을 다할 수 있었다. 전쟁과 금융위기 같은 재난 덕분에 사람들은 다가오는 위험을 의식할 수 있었다. 하지만 실존적 위험이 다른 위험들을 가리기 시작하자 민주주의는 약해졌다. 실존적 위험은 민주주의의 가장 나쁜 면을 드러낸다. 국민의 힘과 전문기술은 완전히 해체되지는 않아도 서로 분리될 수 있다. 둘 중 어느 것도 상대가 협력하게 하려는 희망을 포기하지 않는다. 둘은 살짝 서먹한 상태로 불안하게 관계를 유지하며 공존한다. 이런 관계는 최악의 상황이 일어나지 않는 한 계속 유지되는 냉랭한 결혼생활과 같다.

상호연결된 세계는
취약하다

×

21세기에 정치적 상상력을 사로잡는 공포가 하나 더 있다. 바로 상호연결성에 대한 두려움이다. 우리는 세상의 모든 것이 서로 연결되어 있어서 붕괴에 취약하다고 걱정한다. 하나가 무너지면 나머지도 전부 무너질 수 있기 때문이다. 전 세계의 금융·에너지·통신·의료·교통 시스템은 통제와 이해가 불가능한 방식으로 서로 연결되어 있다. 이렇게 복잡한 구조는 오류가 발생하면 대응할 시간을 벌기도 전에 시스템을 통해 확산되기 때문에 취약하다. 항공 여행이 대중화된 덕분에 전염병이 몇 시간 만에 전 세계로 퍼질 수 있다. 국제 금융 시스템의 한 부분이 붕괴하면 세계 곳곳에서 연쇄 반응을 일으킬 수 있다. 또한 전력 공급이 중단되면 모든 것이 서서히 멈추게 된다.

네트워크 구축이 두려운 이유는 네트워크가 아무런 경고도 하지 않고 붕괴될 수 있다는 생각 때문이다. 여기에 인간의 의도는 필요하지 않다. 네트워크는 그냥 멈춘다. 통제할 방법(꺼짐 스위치)이 전혀 없으므로 네트워크의 모든 부분이 약점이 될 수 있다. 네트워크의 강점이 곧 약점이다. 즉 앞으로 일어날 일을 책임질 사람이나 사물이 전혀 없다.

이런 두려움은 현대 소설에서 생생하게 표현된다. 2006년에 출간된 코맥 매카시Cormac McCarthy의 『로드』는 구체적으로 명시하지 않은 어떤 사건으로 발생한 대재앙을 다룬다. 이 사건은 멀리 지평선 너머 어딘가에서 일어난다. 우리가 아는 사실이라고는 "한 줄기 빛과 뒤이은 타악기의 낮은 소리"가 있었다는 것뿐이다.[44] 우리는 그것만 알면 된다. 어떤 사건이 일어나고 있고, 그 영향을 받지 않은 것이 없다. 무엇이든 그 어떤 사건이 될 수 있다. 데이비드 미첼David Mitchell이 2014년에 출간한 『본 클락The Bone Clocks』에서는 기후변화 때문에 비행기들이 추락한다. 통신망이 망가져서 사람들은 서로 연락이 끊긴다. 상황이 그렇게 된 과정과 원인은 알 수 없다. 그러나 그것은 중요하지 않다. 우리는 무엇이 어떤 일을 벌일지 파악하지 못한 상태에서 문명이 붕괴되기도 한다는 사실을 안다. 우리는 통제할 수 없는 힘들에 취약하다. 모든 것은 시스템, 그리드grid[✱], 네트워크, 웹, 기계 등에 의존한다. 이것들은 계속 움직여야 한다. 하지만 언젠가는 작동을 멈춘다.[45]

21세기식 디스토피아

상호연결성에 대한 두려움은 오랫동안 우리 주위를 맴돌았다. E.M.

[✱] 여러 컴퓨터를 네트워크로 연결해 일종의 커다란 자료 공유실로 이용하는, P2P와 흡사한 컴퓨팅 방식을 말한다. 분산 컴퓨팅, 네트워크 컴퓨팅이라고도 한다.

포스터Forster가 100여 년 전에 쓴 단편『기계가 멈춰 서다The Machine Stops』에는 그가 생각한 21세기식 디스토피아가 등장한다.[46] 포스터는 네트워크로 연결된 미래 세계에서 사람들이 외롭고 무미건조하게 사는 모습을 묘사하고 있는데, 그 세상은 모든 사람이 의존하던 기계가 작동을 멈출 때 끝이 난다. 사람들은 인스턴트 메시지로만 서로 의사소통할 수 있다. 이들은 자신들의 환상 말고는 공유하는 것이 거의 없다. 사람들은 버튼을 누를 때 즐거워진다. 이들은 그 무엇도 직접 체험하지 않는다. 이들의 삶을 지배하던 '기계'의 멈춤은 죽음이자 해방이다.

포스터는 인간이 서로 내밀히 연결될 것이 아니라 "그냥 관련을 맺는" 정도의 관계가 되어야 한다고 생각했다. 모든 것이 상호연결되면 개인의 관점을 잃게 되는 끔찍한 위험이 발생한다. 무의미한 것이 없고 중요한 것도 없기 때문에 정말로 중요한 것을 정할 방법이 없다. 그런 방식에서 벗어날 길은 오로지 시스템의 붕괴뿐이다. 우리는 상호연결된 사물들이 간섭하는 세상을 피할 수 없으므로 그 사물들에 휘둘리기 마련이다. 거기에서 벗어나려면 그 사슬을 끊어야 한다. 그러면 모든 것이 무너져 내린다.

오늘날 이런 악몽에는 정보망만 해당되지 않는다. 생태계, 복잡한 에너지 공급망, 생각보다 빨리 움직이며 복잡하게 뒤얽힌 금융시장, 항상 최대 인원에 가깝게 사람들을 실어 나르는 교통 체계 등 우리는 다양한 분야에서 서로 긴밀히 연결되어 있다. 우리는 한 번의 작은 실수가 전체 시스템을 멈추게 할 수 있음을 안다. 다들 그런 경험을 해봤기 때문이다.

공항에서 발이 묶인 채 기다려야 했고, 환자를 수용할 공간이 없는 병원에 우두커니 앉아 있었으며, 고장 난 컴퓨터의 까만 화면을 물끄러미 응시하기도 했다. 갑자기 모든 것이 한꺼번에 멈추면 우리는 그 정체나 폐쇄의 의미를 알지 못한다. 하지만 추측은 할 수 있다.

이런 무서운 이야기에는 정치가 낄 공간이 거의 없다. 복잡한 세상에서 느끼는 무력함이 우리에게 두려움을 불러일으킨다. 그래서 오늘날 디스토피아를 믿는 수많은 사람들은 인간이 어떻게 여기서 와서 저기로 가는지에 관심이 없다. 그런 일은 그냥 일어날 뿐이다. 민주주의를 살아 있게 하는 기본 질문들(우리는 무엇을 하고 싶은가? 누가 그 일을 해주면 좋겠는가? 다음에는 어느 쪽으로 가고 싶은가?)은 기계가 멈출 날을 기다리는 사람들에게 아무 의미가 없다.

사람이 통제력을 상실해서 어떤 외부의 힘에 의해 휘둘릴 때, 그를 두고 일종의 혼수상태에 빠졌다고 묘사한다. 기계적이고 과잉 연결된 사람은 상상력이 부족하다. 그런 상태는 진정제처럼 작용하기도 한다. 이런 사람은 대단히 바쁘게 일하지만, 사실 자신이 무엇을 하고 있는지 알지 못한다. 그냥 시늉만 할 뿐이다.

부주의함과 조심성이 공존하는 현대 민주주의

인류가 몽유병 환자처럼 재난 속으로 들어가고 있는 것 같다는 생각은 역사학자들이 20세기에 벌어진 여러 가공할 사건을 통해 얻어낸 교훈이다. 크리스토퍼 클라크Christopher Clark가 2013년에 발표한『몽유병자

들: 1914년 유럽은 어떻게 전쟁으로 향했나』는 제1차 세계대전이라는 현대사에서 갑작스럽게 일어난 대재난을 정확하게 기술한다.[47] 아무도 그 전쟁을 일으키려는 의도가 없었다. 그리고 누구도 그것을 멈출 방법을 알지 못했다. 어떤 일도 예정되어 있지 않았다. 몇 가지 특정한 상황으로 빚어진 우발적 선택들은 시간이 지나고 나서야 실체가 드러날 치명적 실수로 사람들을 이끌었다. 당시 정치인들은 최면 상태에 빠져 있지도 않았으며, 그저 시스템이 요구하는 대로 행동했을 뿐이다. 그들은 도무지 자제할 수 없고 에너지와 생명으로 가득하지만, 큰 그림은 볼 수 없는 잠의 세계로 의도적으로 빠져들었다. 자기 운명을 통제하지 못하는 무능력에 눈을 감은 채 도박꾼들처럼 재난 속으로 걸어 들어갔다.

현대 정치에는 이런 무서운 이야기가 반복되고 있다. 이러한 사건이 드리우는 그림자는 피할 수 없다. 만약 미국과 북한이 전쟁으로 치닫게 된다면, 아마도 그 이유는 지도자들이 그로 인해 닥칠 위험을 충분히 깨닫지 못했기 때문일 것이다. 사후에야 드러나는 치명적 실수가 저질러질 가능성은 늘 주변에 있다.

하지만 상호연결성에 대한 두려움이 반대 효과를 일으킬 수도 있다. 오늘날 되돌릴 수 없는 실수를 하지 않으려 항상 눈을 부릅뜨고 경계하는 정치인들이 많다. 이들은 오히려 다가올 위험에 지나치게 집중한다. 기계가 원활하게 작동하지 못하는 것이 최악의 위험임을 잘 아는 이들은 한발 한발 조심스럽게 내딛으며 가능한 한 신중하게 행동한다. 이들은 몽유병자가 아니라 줄타기 곡예사에 가깝다.

단순히 잠에 빠진 것뿐이라면 거기에서 벗어날 방법은 명확하다. 사람들은 몽유병자를 깨우지 말라고 하겠지만 그 조언은 재난 쪽으로 발을 헛디디고 있는 사람에게는 적용되지 않는다. 당연히 그때는 이들을 깨워야 한다. 놀란 몽유병자가 일으킬지도 모를 위험은 그들이 주변을 인지하지 못해서 일어날 위험과 비교하면 아무것도 아니다. 몽유병자에게는 불쾌한 충격이 필요할지 모른다. 하지만 줄을 타고 있는 사람에게는 그런 충격요법이 전혀 바람직하지 않다. 이들에게 필요한 것은 침착함이다. 갑자기 움직이거나 발을 잘못 디디면 안 된다. 줄타기 곡예사는 한 번에 한 걸음만 내딛어야 한다.

몽유병과 줄타기 곡예 모두 현대 민주주의의 특징이다. 그런 이유로 오늘날 정치는 부주의함과 조심성이라는 두 가지 상반된 모습을 보인다.

2008년 금융시장이 붕괴하기 전에 선출된 정치인들과 중앙은행장들은 운전대 앞에서 잠을 자고 있었던 것 같다. 아무도 큰 그림을 생각하지 않았기 때문에 시스템 안에 위험이 차곡차곡 쌓였다. 너무 많은 지도자들이 미래를 생각하지 않는 몽롱한 도박꾼들처럼 행동했다. 지금은 그렇지 않다. 금융시장이 붕괴한 이후에는 시스템을 운영해야 하는 사람들이 줄타기 곡예사에 가까워졌다. 이들이 추진하고 있는 양적완화 정책과 저금리 정책은 대단히 위험하다. 왜냐하면 그 정책의 장기적 결과를 아무도 모르기 때문이다. 역사적 선례도 없다. 하지만 정치인과 은행가 모두 그 위험을 모르지 않는다. 이들은 그 정책들이 대단히 위험하다는 사실을 안다. 그래서 걸음을 잘못 내디딜까 봐 대단히 예민하다. 이들은 아래를 보지 않고 정면을 응시한 채 신중하게 발을 내딛는다.

　바로 이런 상황에서 생기는 갈등 때문에 바루파키스가 그리스의 위기를 타개하고자 모색했던 해법은 실패했다. 그는 어렴풋이 보이는 위협을 유럽 전체가 알아차리기를 바랐다. 하지만 그가 마주한 세력(유럽연합, 유럽중앙은행, 독일 정부)은 운전대 앞에서 잠을 자고 있지 않았다. 이미 이들은 완전히 깨어 있었고, 바루파키스의 소란스러운 정치가 그들이 지키려 하는 균형 잡힌 시스템을 위협한다고 보았다.

　결론적으로 양쪽 모두 싸우는 상대방이 정신 나간 사람처럼 행동한다고 보았던 것이다. 바루파키스가 보기에 채권단은 다음 모퉁이에서 기다리고 있는 재앙을 보지 못하는 몽유병자였다. 채권단이 생각하기에 바루파키스는 진짜 위험이 무엇인지 알아채지 못하는 도박꾼이었다. 이런 것이 바로 정치이므로, 양자는 우발적 상황에 내몰려 그것을 통제하려고 애썼다. 그들 모두에게 진짜 음모란 없었다. 하지만 혼수상태에 빠진 듯 보이는 정치인들은 음모론을 부채질한다. 이들은 잠을 자고 있지만, 어떤 의도를 가지고 움직인다. 배후 조종자가 있음에 틀림없다.

　이것이 청중 민주주의의 폐해다. 관객은 지나치거나 부족하게 행동하고 싶은 모순된 충동과 싸워야 한다. 정치인들이 자는 것처럼 보인다면 그들에게 야유를 퍼붓고 무슨 일이 벌어지는지 보고 싶은 유혹이 생긴다. 하지만 정치인들이 깨어는 있지만 두려워서 아래를 내려다보지 못하는 상황이라면 청중들의 시끄러운 야유는 효과적이지 못할 것이다. 줄을 타는 곡예사는 구경꾼의 소리에 따라 행동하지 않는다. 오히려 그들은 그런 소음을 무시하도록 훈련받는다. 이들은 관중들이 안달할 때 더 깊이 최면에 빠진다. 이들은 앞으로 나갈지 아니면 뒤로 물러설지 몰라 긴장해서 얼어붙을지도 모른다. 그럼 무슨 일이 벌어지겠는가? 관중들은 더 크게 소리칠 것이다. 아니면 객석을 나갈지도 모르겠다.

줄타기는 창조적인 행동일 수 있다. 2008년에 나온 다큐멘터리 영화 〈맨 온 와이어〉는 1974년 늦여름에 세계무역센터 쌍둥이 빌딩 사이에서 아슬아슬한 줄타기를 한 필리페 페팃Philippe Petit의 이야기를 재구성했다. 페팃은 자신의 무모한 장난에 '쿠데타'라는 이름을 붙였다. 그는 이 일을 은밀하게 계획했고, 몇몇 조력자들의 도움으로 필요한 장비를 급히 조달받아서 한밤중에 빌딩 안으로 잠입했다. 페팃은 지상 400미터가 넘는 빌딩 사이를 여덟 번이나 왔다 갔다 했다. 깜짝 놀란 사람들이 빌딩 아래에 모여 들었는데, 훗날 페팃은 사람들이 웅성거리고 환호하는 소리가 들렸다고 말했다. 지금 그 영화를 보면 페팃의 행동에는 잊을 수 없는 무언가를 느낄 수 있다. 그 영화의 배경이 된 쌍둥이 빌딩이 이제는 더 이상 존재하지 않으므로 가슴이 아프기도 하다. 하지만 그 무언가는 페팃의 행동에 깃든 자연스러움에서 유래하기도 한다. 그의 쿠데타는 조심스럽지도 않고 부주의하지도 않았다. 그 행위는 그저 진실한 자기표현이었다.

현대 민주주의는 상실감에 사로잡혀 있다. 그 상실의 일부는 진정한 자기표현 능력이다. 우리는 줄타기를 하지 않는다. 그런 줄타기는 떨어지지 않으려는 간절한 바람을 지닌 공무원들이 우리를 위해 대신한다. 관중의 소음이 공연의 필수 요소는 아니다. 오히려 자세를 세워 앞으로 나아가려고 하는 상황에서 만나는 또 다른 위험 요소다. 장난삼아 반대편에 갔다가 되돌아오는 사람은 아무도 없다. 공연의 목적은 그저 공중에 있고 싶어서다.

민주정치에는 여전히 무모한 면이 있다. 판을 바꾸겠다고 약속한 정치인들을 뽑는 이유는 그런 쇼가 우리에게 별 의미가 없기 때문이다. 선거는 무미건조하고 인위적인 공연으로 변질되었다. 트럼프 대통령은 기쁨을 주는 줄타기 곡예사가 아니다. 그는 남들이 떨어져도 별 신경을 쓰지 않는 몽유병자이고 도박꾼이다. 그를 줄 위에 두고 싶다고 생각하는 이들은 다음의 둘 중 하나를 믿는 것이다. 사회에 안전망이 있다고 생각하거나 혹은 전체 공연이 사기라고 생각하거나.

그와 동시에 우리는 디스토피아를 마음껏 즐긴다. 디스토피아에 대한 상상 역시 진정 효과가 있다. 『로드』는 깊은 감동을 준다. 무명의 아버지와 아들이 황폐한 사회에서 극히 적은 생존가능성을 위해 투쟁하는 이야기는 생명의 연약함, 인간의 정신력, 여전히 우리를 기다리는 공포 등을 보여 준다. 많은 사람들이 이 책을 읽고 자극을 받아 행동에 나섰다고 말했다. 부모들은 밤에 자고 있는 아이들을 깨워 사랑한다고 말했다. 그러고 나서 이들은 숙면을 취할 수 있었다. 최악을 상상하면 이상하게 안도하게 된다. 하지만 거기에 정치적 힘은 없다. 『로드』는 사람들에게 정치적 행동을 하도록 자극하지 않는다. 그 소설은 몽유병자와 줄타기 곡예사가 있는 사회에 위안을 주는 한 편의 우화다.

기술의 발전이 더 나은 정치를 불러오는가

기계화되어 가는
민주주의

×

앨 고어가 인터넷을 발명했다고 주장하면[*] 사람들이 비웃는다. 당연하다. 인터넷 발명자는 앨 고어가 아니기 때문이다. 그 사람은 바로 마하트마 간디Mahatma Gandhi다.

앞서 한 번 언급했던 포스터의 단편 『기계가 멈춰서다』는 1909년 11월 《옥스퍼드 케임브리지 리뷰Oxford and Cambridge Review》에 처음 실렸다. 남아프리카에서 변호사이자 인권운동가로 활동하던 젊은 간디는 11월에 런던에서 배를 타고 집으로 오던 중에 그 소설을 읽게 된다(배 안 도서관에 그 잡지가 있었을 것이고, 분명히 간디를 포함해서 배에 탄 모든 사람이 시간을 때워야 했을 것이다). 확실히 그는 포스터의 소설에 영향을 받았다. 간디는 여행하는 내내 인도가 영국으로부터 독립해야한다고 주장하는

---

[*] 앨 고어는 1999년 3월, 2000년 대선을 앞두고 승리 가능성을 묻는 CNN과의 인터뷰에서 "인터넷을 발명하는 데 앞장서서 일했다"라고 말했는데, 이러한 발언이 다양한 방면에서 인용되면서 '앨 고어가 인터넷을 발명했다고 말했다'는 식으로 와전되어 조롱의 대상이 되었다.

성명서인 『힌두 스와라지Hind Swaraj』를 썼다. 네트워크로 연결된 미래에 대한 포스터의 섬뜩한 전망은 서구 문명이 지향하는 방향과 인도가 거기에서 벗어나야 하는 이유에 관한 간디의 사상 형성에 도움을 주었다.

『힌두 스와라지』에서 간디는 아마존, 우버, 헬로프레시HelloFresh*가 등장하는 시대를 묘한 어조로 예언한다. 포스터에게 영감을 얻은 간디는 기술 발전으로 도래할 세상에 대해 이렇게 한탄한다.

> 인간은 자신의 손과 발을 사용할 필요가 없어진다.
> 버튼 하나만 누르면 옷이 자기 옆에 준비될 것이다. 다른 버튼을 누르면 신문이 마련될 것이다. 세 번째 버튼을 누르면 자동차가 대기할 것이다. 접시에 예쁘게 담긴 다양한 음식도 준비될 것이다. 그 모든 일은 기계가 하게 될 것이다.[47]

간디는 이런 인공적인 즐거움과 안락에 사람들이 점점 의존하는 모습을 문명이 실패했다는 표시로 여겼다. 하지만 그는 『힌두 스와라지』에서 "이는 문명의 최고 단계로 간주된다"고 썼다.

간디는 당시의 잘못된 현실을 주로 현대 대의민주주의의 탓으로 돌린다. 정치인들이 대신 의사결정하는 정치체제는 인공적인 삶에서 우리를

---

* 독일 베를린을 기반으로 한 식재료 배달 서비스.

구해내지 못할 것이다. 어떻게 구할 수 있겠는가? 대의민주주의는 철저하게 인위적이었으며, 결국 기계의 노예로 전락했다. 대의민주주의는 정당, 관료주의, 돈이라는 기계로 작동되었다. 우리는 자신의 정치적 운명을 수동적으로 소비했다. 우리는 버튼을 누르면 정부가 응답하기를 기대한다. 실망했다고 해도 놀랍지 않다. 우리가 이러한 체제에서 얻은 것이라곤 값싼 약속과 노골적인 거짓말이기 때문이다.

간디의 이상은 사람들이 기계의 영향을 전혀 받지 않고 상호작용하던 고대의 직접민주주의에 가깝게 되돌아가는 것이었다. 그는 농촌 공동체와 인도의 전통 가치인 '자치(스와라지)'를 통해 민주주의의 체계를 세우면 독립한 인도에서 고대의 정치체제를 회복할 수 있다고 생각했다. 인도는 1947년에 독립을 쟁취했지만 간디가 생각한 민주주의는 확립되지 못했다. 오늘날 국부로서 존경받는 간디의 위상은 여전하지만 인도의 민주주의도 다른 나라들과 마찬가지로 인위적이다. 여전히 정당, 관료주의, 돈이라는 기계가 민주주의를 통제한다. 100년 전 간디가 전망한, 버튼을 누르는 사람들이 지배하는 사회는 사람들이 구제되기를 바랐던 바로 그 자리에서 생겨나고 있다. 기계가 승리했다.

기계가 인간을 대신해 사고하다

간디가 선호한 정치 활동은 21세기 사람들에게는 지나치게 부담스럽다. 그는 현대 의학, 법률가, 운송 기계, 인위적 통신 등에 의존하는 관계를 끊고 싶어 했다. 그는 직접 걸어서 갈 수 있을 거리만큼만 여행하고,

육성이 전달되는 거리만큼만 통신해야 한다고 생각했다. 우리는 그렇게 살 수 없다. 하지만 본능적으로 우리는 간디가 예측한 미래 정치의 모습이 맞았음을 잘 안다. 현대 민주주의는 지나치게 기계적이고 인공적이며, 자신이 규제하려고 하는 복잡한 시스템을 대신할 다른 대안을 제공하지 못한다. 현대 민주주의는 그 시스템을 그대로 따르면서 스스로 점점 복잡하고 인공적인 존재가 되어 간다.

기계가 멈출 때 일어날 일에 대한 두려움에는 늘 대응물이 있다. 간디가 그것을 명쾌하게 설명한다. 기계가 멈추지 않으면 무슨 일이 벌어질까? 그럼 우리는 결국 어떻게 될까? 간디는 디지털 기술이 지배하는 미래가 출현한다는 기발한 예언을 했다. 이런 점에서 여전히 간디는 다른 과학기술자보다 낫다.

역사학자 데이비드 에저턴David Edgerton이 2006년에 출간한 저서『낡고 오래된 것들의 세계사』에서 "낡고 오래된 것들이 준 충격the shock of the old" 이라고 부른 것에는 다른 기술들과 마찬가지로 디지털 기술도 포함된다. 그러니까 변화란 생각만큼 빠르게 일어나지는 않는다.[49] 변화는 익숙한 사물들이 여전히 많은 환경에서 시작된다. 자율주행차 시대가 곧 도래하리라고 예측하지만, 현재 세상에는 과거 어느 때보다 더 많은 자전거가 있다. 우리는 기술 발전의 급격함이 우리 눈에 분명히 드러나리라고 과장하는 경향이 있다. 그런 변화를 통해 이익을 챙길 수 있는 사람들은 특히 더 그렇다. 그들은 지금 당장 변화가 일어나기를 바란다.

오래 전에 약속된 기계 시대는 아직은 조금 멀게 느껴진다. 인공지능을 연구하는 과학자들은 20년쯤 후에 진정한 인공지능 기계가 현실에 등장하리라 예상한다. 이들은 적어도 지난 50년간 그렇게 말해 왔다. 어쨌든, 그들의 말을 믿는다고 가정할 때 인공지능 시대가 오려면 아직 20년이나 남았다. 하지만 민주주의가 언젠가 끝나는 것처럼, 결국은 인공지능 시대도 올 것이고 어쩌면 갑자기 시작될지도 모르겠다. 하지만 아직은 아니다. 우리는 빠른 속도로 전진하고 있지만, 가장 무서워하는 미래에는 아직 그렇게 가까워지지 않았다. 오늘날 컴퓨터는 20년 전이라면 상상할 수 없었던 일들을 해내고 있으며, 이는 인간의 능력을 훨씬 뛰어넘는 것이다. 하지만 컴퓨터는 인간처럼 생각할 수 없다.

절대 오지 않을 인공지능 혁명을 기다리는 것은 거대한 회피 행위일지 모른다. 우리가 인공지능 기계의 출현을 걱정하는 동안, 인공지능을 갖추지 않은 기계들은 이미 많은 일을 하고 있다. 컴퓨터는 아마 스스로 생각하는 법을 배우지 못할 것이다. 하지만 우리는 컴퓨터가 우리를 대신해서 생각하게 하는 방법을 알고 있다. 컴퓨터는 전통적으로 인간의 지능이 미치는 범위 안의 일을 수행할 만큼 영리하지 않아도 된다. 우리가 할 일을 컴퓨터에게 지시해서 하게 하면 그뿐이다.

생각은 못하지만 일을 효율적으로 잘하는 기계들은 이미 현대 민주주의에서 많은 역할을 하고 있다. 선거 운동을 할 때 정당들은 대량의 자동화된 데이터베이스에 의존한다. 정부는 의료서비스와 같은 공공서비스를 관리하고 제공하기 위해 빅데이터 시스템을 점점 더 많이 이용한다. 이런 기계는 인간을 정복하려고 하지 않는다. 기계는 스스로 일을 도모하지 않고, 자유의지도 없다. 기계는 인간의 하인이며 노예다. 우리 인간이 그 기계를 사용하는 것이다. 하지만 정치저술가들이 2,000년 이상 경고해 왔던 것처럼, 노예제도는 노예 소유주에게도 해롭다. 욕구를 쉽게 채움으로써 노예 소유주 스스로 제도의 노예가 된다. 결국 천박한 변덕에 휘둘리기 십상이다.

지능이 없는 기계가 위험한 이유는 기계의 성능과 유용성이 커질수록 생각할 줄 아는 인간들이 그 기계에 지나치게 의존하기 때문이다. 오늘날 컴퓨터는 기계학습(machine learning, 컴퓨터가 스스로 데이터를 이용해 학습한 내용을 기반으로 방대한 데이터를 분석해 미래를 예측하는 기술 – 옮긴이)을 통해 게임의 규칙을 익히면서 인간은 모을 수 없는 방대한 양의 데이터를 수집해서 통찰력을 얻는다. 그렇다고 기계가 지적 통찰력을 가진다는 의미는 아니다. 기계는 깊이 있는, 미묘하고 감정적인 공감 능력이 없기 때문이다. 하지만 기계학습은 자율주행차가 인간이 운전하는 자동차보다 더 안전하고 확실하게 운전할 수 있게 한다. 내가 찾으려는 것을 구글이 나보다 먼저 파악해서 알려 주는 것도 기계학습 덕분이다. 기계는 자기가 하는 일이 무엇인지 알지 못해도 우리보다 더 효과적으로 우리가 만든 세상을 항해할 수 있다.

이런 암울한 미래는 어렵지 않게 상상할 수 있다. 지능은 없지만 강하고 정교하며 편리한 기계를 활용할 줄 알면, 몸까지는 아니더라도 마음이 점점 나태해진다. 자동차가 대신 운전하고, 핏비트(Fitbit, 칼로리 소모량, 이동거리 등을 측정하는 착용식 건강관리 기기 – 옮긴이)가 우리를 감시하며, 정치로봇polibot이 우리를 대신해 의사결정한다. 데이터를 고속을 처리할 수 있는 기계에게 어려운 결정을 대신 하도록 권한을 주면 어떻게 될까? 어쩌면 인간은 편하게 살고 싶어서 의도적으로 그렇게 하려 들지도 모르겠다. 또는 의식하지 못하는 사이에 그렇게 될지도 모른다. 기계 의존도가 점점 커져서 제때 멈추지 못하기 때문이다. 멈춤 신호를 알아보지 못해서가 아니다. 우리가 무의미한 전자메일을 주고받느라 시간을 허비하는 이유는 컴퓨터의 지시 때문이 아니라 단순히 기계들의 주문을 깰 수가 없기 때문이다. 이해하기 쉽고 즉석에서 사용가능한 기술이 개발되면 그 순간 우리는 자유로워진다. 그러면 우리는 거기에 중독된다. 비용이 들지 않는 편리함은 그 자체로 골칫거리다.

왜 민주주의에 기계를 이용해서는 안 되는가

정치판에서도 기계에 의존하다 보면 우리 스스로 부당하게 착취당할 여지가 생긴다. 살인 로봇이 우리를 노예로 만든다는 이야기가 아니다. 자기 입맛에 맞게 기계를 사용할 줄 아는 무자비한 인간이 그렇게 한다. 기술에 의존하는 세상에서는 그 기술에 대해 정통한 정치꾼이 곧 왕이다. 이는 오늘날 서구 민주주의를 괴롭히는 무서운 이야기인데, 이 문제는 뒤에서 다시 이야기하겠다. 기술이 부당하게 이용되는 확실한 증거로, 개인의 편견을 조장하고자 특정 성향의 유권자를 겨냥해서 기계가 메시지를 보내고 가짜 뉴스를 만들어 내는 행위가 있다. 컴퓨터가 인간의 반응을 유도해 내는 능력이 오용되면 민주주의가 종말을 맞이할 수도 있다.

하지만 이런 시나리오가 전부 암울한 것은 아니며, 이번 장에서도 일어날 수 있는 최악의 경우만 다루지는 않는다. 어쨌든 기계는 그저 기계일 뿐이다. 그릇된 목적으로 기계를 이용하는 나쁜 사람들도 있지만, 대부분의 사람들은 그렇지 않다. 대다수 현대인들이 간디처럼 금욕적이고 훌륭한 삶을 살지는 못한다고 해서 실패할 것이라는 의미는 아니다. 기술은 우리가 세상에서 더 나은 경험을 하도록 돕는다. 편리함과 안락함을 경멸할 수는 없다. 하지만 그러한 요소가 민주주의로 하여금 효율적으로 기능하게 하지는 않는다.

힘은 강력하지만 스스로 생각하지 못하는 기계는 주인인 인간으로부터 고통을 받지 않으므로 사실상 인간의 노예가 아니다. 인간은 다른 사람을 사물처럼 이용하면 타락하지만 기계 이용은 그렇지 않다. 기계는 그저 사물에 불과하다. 그러므로 우리는 이 기계들을 마음대로 쓸 수 있다.

그럼 왜 민주주의를 개선하기 위해 기계를 사용하면 안 되는 걸까? 만약 오늘날 정치 제도가 까다로워 보이는 문제들을 효과적으로 해결할 방법을 찾기 위해 분투하고 있다면 기계학습은 저주라기보다 도움처럼 보인다. 기계는 증거에 감정을 개입하여 집중을 흐트러트리는 일이 없으므로 우리에게 꼭 필요한 것일지도 모른다. 민주주의는 너무나 쉽게 산만해진다. 사람들은 들리는 이야기가 어떠하든, 상황이 이렇게 혹은 저렇게 전개되어야 한다고 '생각'한다. 기계는 그렇지 않다. 기계는 증거가 안내하는 대로 따른다.

신기술의 문제 해결 능력은 이미 다양한 직업에서 서비스의 질을 높였다. 어떤 컴퓨터는 의사보다 병을 더 잘 진단할 수 있는데, 기계가 방대한 양의 관련 정보를 수집할 수 있기 때문이다. 하지만 그렇다고 해서 의사의 일자리가 없어지지는 않는다. 오히려 기계 덕분에 더 유능한 의사가 될지도 모른다. 기계는 기술적인 문제를 풀고, 의사는 그 해법을 환자가 이해할 수 있도록 쉽게 풀어서 공감하는 태도로 직접 설명하는 식이다. 컴퓨터에게 공감 능력이 생기기까지는 오랜 시간이 걸릴 것이다(물론 일부 인공지능 전문가들은 약 20년 후면 가능하다고 말한다). 정치도 마찬가지다. 기계가 문제를 해결하고 정치인은 우리에게 그 해법의 의미를 이해시킨다. 그러면 민주주의는 더 나아질 것이다.

하지만 그렇게 되려면 몇 가지가 선행되어야 한다. 정치는 이런 기계들과 현재 그 기계를 관리하는 사람들을 통제할 수단을 되찾아야 한다. 그렇게 하지 않으면 문제 해결에 도움을 얻으려고 기계를 사용하는 대신 우리 스스로 기계가 해결할 수 있는 문제를 제한할 위험이 있다. 기술은 혼자 힘으로 인류의 미래를 정하지 못한다. 하지만 우리가 그렇게 하도록 내버려 두면, 기계는 그렇게 할 것이다.

기계와 어떻게
공존할 것인가

×

유토피아가 좋은 꿈인 것처럼 디스토피아는 나쁜 꿈일 뿐이지 실제로 존재하는 것은 아니다. 그러나 강력한 힘을 갖추고도 생각하지 못하는 기계들이 있는 세상은 더 이상 공상이 아니다. 우리는 이미 그런 세상에 살고 있다. 오랫동안 그랬다. 이것이 현대 세계다. 이런 기계들과 함께 어떻게 살 것인가라는 질문은 항상 현대 정치의 핵심이었다.

서구 민주주의를 정치기계가 지배하는 세상으로 생각했던 사람은 간디뿐이 아니다. 그와 동시대를 살았던 위대한 독일 사회학자 막스 베버 Max Weber 역시 같은 생각을 했다. 차이가 있다면 막스는 그런 세상에서 우리가 할 수 있는 것이 거의 없다는 사실을 알았다는 점이다. 그는 현대 민주주의가 철저하게 기계적일 수밖에 없다는 점을 인정했다. 정당은 선거 승리와 권력 유지라는 단조로운 일상을 견디기 위해 영혼 없이 조직되는 '기계'이며, 관료제는 '쇠우리iron cage'였다. 간디와 달리, 베버는 이런 거대하고 영혼 없는 조직 없이는 사회가 제대로 기능할 수 없다고 생각했다. 이러한 사상이 민주정치로부터 개인을 소외시켰다. 우리에게 발언권을 주었던 정치는 우리를 기계의 톱니바퀴로 만들었다. 베버의 관점에서는 그것이 바로 현대의 모습이었다.

막스와 간디보다 백년 먼저 글을 썼던 철학자이자 민주 개혁가였던 제러미 벤담Jeremy Bentham은 비평가들로부터 "계산기"라는 조롱을 받았다. 그의 이론은 정치를 그저 인간의 행복을 계산하는 공식을 찾는 과정으로 축소한 것처럼 보였기 때문이다. 하지만 그는 무정한 사람이 아니었다. 벤담은 어떤 도구를 써야 하는지 찾으려 했으며, 당대 정치를 간절하게 개선하고 싶어 했다. 그러니까 정치가 덜 잔인하고 덜 독선적이며 인간의 다양성을 존중하기를 바랐다. 이는 정치의 민주화를 의미했다. 하지만 정치에서 편견을 없애려면 정치 자체를 좀 더 체계화해야 한다는 의미이기도 했다. 정치를 인간적으로 만들려면 먼저 정치에서 인간적인 요소를 제거해야 한다는 점을 벤담은 인정했다.

자동 기계 리바이어던의 등장

좀 더 과거로 거슬러 올라가면 현대 정치의 모습은 확실히 로봇 같다. 17세기 중반의 다음과 같은 예에서 그 유래를 찾을 수 있다. 토머스 홉스Thomas Hobbes가 쓴 『리바이어던』(1651)에서 국가는 인위적인 작동원리에 따라 움직이는 '자동 기계'로 묘사된다.[50] 이런 로봇과 같은 국가는 혼자 힘으로 생각하지 못한다. 국가는 그 구성 요소인 인간이 심어 주는 생각을 제외하고는 아무 생각도 하지 않는다. 하지만 이런 구조가 바람직하다면, 현대 국가는 인간에게서 지독한 불신을 키우는 능력을 박탈하여 합리적인 결과물을 끌어낼 수도 있을 것이다. 홉스의 로봇은 두려움을 준다. 그래서 그것을 받아들이기 전에 사람들은 한 번 더 생각한다. 하지만 한편으로 그 로봇은 안도감을 주기도 한다. 현대 사회는 이미 온갖 기계로 가득하다. 이는 인간이 제 이익을 위해 사용하려고 만든 것들이다.

홉스는 국가가 통제하려고 했던 것의 모습대로 국가를 만들어야 한다는 점을 이해했다. 국가는 인간을 통제하지 못하면 무용지물이므로 인간처럼 보여야 했다. 하지만 동시에 기계, 즉 인간의 얼굴을 한 로봇도 되어야 했다. 인간을 본능에서 구해 내려면 그런 로봇이 필요했다. 제멋대로 행동하게 내버려 두면 인간은 모든 정치 공동체를 산산조각 낼 것이다. 홉스가 고대 세계에서 얻은 교훈은, 정치가 인간의 상호작용을 조정하지 못하면 세상은 대단히 무질서해진다는 것이었다. 고대 국가는 결국 전부 분열되었다. 순수하게 인간적인 것들은 오래 살아남지 못했다. 하지만 기계와 같은 현대 국가는 그렇게 할 수 있다.

그러나 국가를 거대한 자동 기계로 바꾸는 데에는 커다란 두 가지 위험이 따른다. 첫째는 그 자동 기계가 그렇게 강력하지 않을 것이라는 점이다. 좀 더 무자비하고 효율적이며 더 로봇과 비슷한(함축적으로 표현하면, 덜 인간적인) 인공물들이 더 강하다는 사실이 증명될 것이다. 두 번째 위험은 국가가 원래 규제하려고 했던 사물들과 지나치게 비슷해질 것이라는 점이었다. 기계들의 세상에서 국가는 그 기계들을 닮아갈 것이며, 철저하게 인공적이 될 수도 있다. 현대 사회의 특징은 기계가 인간을 닮을 때가 아니라 인간이 기계처럼 되어갈 때 벌어질 일을 두려워한다는 것이다.

홉스가 가장 무서워한 기계는 기업이었다. 기업과 함께 사는 것에 익숙한 우리로서는 기업들이 얼마나 이상하고 기계 같은지 알아채지 못한다. 홉스가 보기에 기업은 또 다른 종류의 로봇이었다. 기업은 우리의 편의를 위해 존재하지만 자신만의 삶도 살 수 있다. 기업은 인간의 명령에 따르도록 인공적인 생명을 부여받았으므로, 부자연스럽기는 해도 결국은 인간의 집합인 셈이다. 위험한 점은 인간이 결국 기업의 명령에 따르게 된다는 것이다.

인공지능이 지배하는 미래 세계를 상상할 때 우리의 마음을 졸이게 하는 요소 중 상당수는 우리가 수백 년 동안 기업에 대해 품어 왔던 걱정거리와 일치한다. 기업은 인간이 만든 괴물이다. 기업에는 영혼이 없으므로 양심도 없다. 기업은 사람보다 오래 살 수 있다. 일부 기업은 거의 영원히 산다. 로봇처럼 기업도 인간의 파괴 행위에 영향을 받지 않는다. 20세기 전반부에 독일 사회는 거의 몰락할 뻔했다. 당시 인간이 파괴한 규모는 어마어마했다. 하지만 일부 독일 기업은 언제 그랬냐는 듯이 모든 것을 회복했다. 알리안츠, 다임러, 도이체방크, 지멘스 등 19세기에 설립된 독일 대기업 중 일부는 오늘날에도 여전히 대기업의 자리에 있다. 그런 기업들은 인간의 광기로부터 전혀 영향을 받지 않는 것 같다.

그럼에도 불구하고 기업이 필수적 존재는 아니다. 영원히 유지되는 기업도 있지만 대부분은 수명이 짧다. 인간은 기업을 세웠다가 눈 깜짝할 사이에 없애기도 한다. 기업은 영혼이나 감정이 없으므로, 사람들이 갑자기 자신의 존재를 없애도 전혀 신경 쓰지 않는다. 어떤 기업은 껍데기만 있는 경우도 있다. 사람들이 무심코 기업을 키우기도 하고, 기업이 스스로 성장하기도 한다. 기업은 자기가 하는 일을 평범한 사람들이 이해하지 못하도록 하기 위해서 추가로 기업들을 만들어 낸다(즉 껍데기 안에 껍데기를 만든다). 로봇이 출현하는 미래에 대한 끔찍한 시나리오 중 하나는 로봇이 자기복제를 할 수 있을 때 벌어지는 일들이다. 이미 우리는 그런 미래가 어떤 모습일지 조금은 안다. 그 모습은 기업이 지배하는 미래와 같다.

기업을 통제하는 유일한 방법

홉스는 기업을 통제하는 유일한 방법이 인공적인 국가에 권한을 주는 것이라고 생각했다. 그가 옳았다. 18세기 전에는 국가와 기업이 영토와 영향력을 빼앗으려 서로 경쟁했다. 그런데 그 싸움에서 국가가 이기리라는 보장이 없었다. 동인도회사는 세계 여러 지역에서 국가를 앞섰다. 이 회사는 전쟁을 치르고 세금도 거두었다. 이런 활동들에 힘입어 동인도회사는 대단히 강력하고 부유해졌다. 하지만 현대 국가의 권력과 권위가 커지고, 특히 지난 200년에 걸쳐 민주주의가 발달하자 동인도회사는 스스로를 보호해야 했다. 결국 1858년에 동인도회사는 영국 정부에 의해 국유화되었다. 20세기 초에 루스벨트는 미국 거대 기업들의 독점권을 무너뜨리는 개혁을 단행했는데, 이는 민주국가가 자신감을 새로 얻었다는 증거였다. 하지만 그 일을 한 사람은 사실 루스벨트가 아니었다. 미국의 거대한 정치 기계가 루스벨트라는 인간의 얼굴을 사용했다. 그러니까 리바이어던이 움직인 것이다.

현대 민주주의가 기계화를 피할 수 없다는 베버의 생각은 옳았다. 그런 점에서 간디는 유토피아를 추구했다. 하지만 민주적 기계는 인위적인 현대 사회를 인간화하는 데 도움을 줄 수 있다. 이는 오랫동안 민주주의가 약속한 것이기도 하다. 그리고 지금까지 그 약속은 대체로 지켜지고 있다.

21세기 민주주의에 대한 흔한 불평 중 하나는 기업을 통제하지 못한다는 것이다. 대기업은 부와 영향력을 축적한다. 불평등을 조장하며 세금을 내지 않고 지구를 훼손한다. 기업에 대한 이런 식의 불만은 일상적인 일이다. 금융 및 석유회사는 이전부터 그런 비난을 들어 왔다. 하지만 현재 금융 및 석유회사는 더 이상 세계에서 가장 강력한 기업이 아니다. 그 자리는 이제 페이스북, 구글, 아마존, 애플 등 거대 기술 기업에게 넘어갔다. 이들 기업은 젊고 신선하다. 그들은 자신이 하는 일이 훌륭하다고 생각한다. 그래서 미움을 받는 데 익숙하지 않다. 국가는 이런 괴물을 어떻게 다루어야 하는지 알지 못한다.

하지만 이들은 그저 기업일 뿐이다. 미국의 민주주의가 20세기 초에 스탠더드오일Standard Oil과 같은 거대 기업을 제압할 힘이 있었다면, 오늘날 구글과 페이스북에게도 똑같이 할 수 있지 않을까? 페이스북의 CEO인 마크 저커버그는 상상도 못할 만큼 부자다. 하지만 어떤 기준에서 보면 미국의 석유 사업가였던 존 록펠러John D. Rockefeller는 역대 최고의 부자였다. 그러나 록펠러의 재산은 그가 소유한 스탠더드오일이 연방최고재판소로부터 반트러스트법 위반으로 해산명령을 받고 해체되는 위기에서 구하지 못했다. 모든 기업에는 꺼짐 스위치가 있다. 국가는 그 스위치가 어디 있는지 알고 있다. 아니, 적어도 과거에는 그랬다.

하지만 부유하든 강력하든 어떤 기업도 국가의 지원 없이는 존재할 수 없다. 기업은 법률에 따라 설립되고, 국가가 그들을 관리하기 위해 부과하는 각종 법규의 규제를 받으며 운영된다. 법규가 복잡하면 부담이 늘어나므로, 기업들은 사업에 가장 잘 맞는 관할지를 찾는 데 능숙하다. 경쟁하는 국가들(과 유럽연합 같은 비정부기구들)이 각각 만든 규칙들은 서로 상충하는 경우가 있어서 기업을 규제하고 통제하는 일을 더욱 어렵게 한다. 하지만 불가능하지는 않다. 여기에는 정치적 의지가 필요하다. 현대 국가라는 복잡한 기계는 정치적 의지를 무색하게 할 때가 종종 있다. 그래서 정작 우리가 필요로 할 때 기계 속에서 정치적 의지를 찾기가 어려워 보인다. 그럼에도 정치적 의지는 국가라는 기계 속 어딘가에 있다.

과거 민주주의는 기업과 싸우기 위해 정치적 의지를 찾아냈다. 민주주의가 다시 그렇게 할 수 있을까? 아마도 가능할 것 같다. 하지만 그런 역사적 사례가 디지털 시대에는 거짓 위안일지도 모른다. 오늘날 거대 기업들은 자신들의 힘에 익숙한 정치 문화 속에 존재한다. 그런 문화는 2010년 거대 기업들에게도 개인과 마찬가지로 언론의 자유권을 허용한 미연방 대법원의 판결로 강화되었다. 이 판결의 현실적 의미는 기업들이 정치적 영향력을 살 수 있는 권리를 사실상 제한받지 않는다는 것이다. 우리가 만들어 낸 창조물에게 이기고 싶다면, 우선 우리가 그들에게 이길 수 있는 수단을 팔아넘기지는 않았는지 먼저 확인해야 한다.

구글과 페이스북은 스탠더드오일과 많이 다르다. 두 기업의 영향력이 훨씬 크다. 이들은 한 가지만 독점하지 않는다. 한 번에 여러 산업을 독점한다. 이들은 우리가 일상생활에서 의존하게 된 것들, 즉 소통에 필요한 플랫폼과 상품들을 생산한다. 이와 동시에 이들은 우리가 보고 듣는 것의 내용을 정함으로써 우리가 서로 소통하는 데에도 영향을 미친다. 저커버그는 기업가이면서 미디어 거물이다. 록펠러와 윌리엄 허스트William Hearst*를 합친 셈이다. 시민 케인•과 같은 저커버그는 디지털 인쇄기만 가진 것이 아니다. 그는 디지털 유정油井도 가지고 있다.

이런 권력이 계속 유지된다는 보장은 없다. 기업은 흥하기도 하고 망하기도 한다. 하지만 현재 저커버그의 힘은 정말로 어마어마해 보인다. 《이코노미스트》는 페이스북처럼 막강한 기업의 권력을 제대로 표현해 낼 표지 그림을 고민하면서 시대를 한참 거슬러 올라갔다. 《이코노미스

✖ 미국의 언론 및 출판사 사주로 자수성가한 조지 허스트의 아들로, 미국 17개 도시의 일간지를 매수하거나 창간하고 INS 통신사와 출판사, 방송국 등을 손아래 둠으로써 거대한 언론 제국을 만들어 낸 신문경영자.

● 1941년 미국에서 개봉한 흑백 영화. 윌리엄 허스트를 포함한 당대의 여러 유명인을 모델로 한 주인공 찰스 케인을 내세워, 막대한 부를 소유했던 언론인 찰스가 어떻게 부를 축적했으며, 생의 마지막에 이르러 어떻게 실패했는지를 보여 주는 영화.

제3장 | 기술의 발전이 더 나은 정치를 불러오는가

트》는 엄지손가락을 올리거나 내려서 다른 사람들의 운명을 결정했던 로마 황제처럼 저커버그를 묘사했다. 저커버그는 겉보기에 신과 같은 힘을 가진 이집트의 파라오와 비교되기도 했다. 그 모든 것이 정말 사실이라면 우리가 걱정할 일은 없다. 고대 통치자들이 신에게서 받았던 권위는 결국 환상으로 드러났기 때문이다. 파라오는 현대 국가라는 효율적인 기계의 상대가 되지 못한다. 신과 같은 황제는, 그가 21세기를 사는 황제라 하더라도 약점이 있다. 진짜 위험은 페이스북이 리바이어던을 모방할 수 있을 때 닥친다.

두 리바이어던의 충돌

홉스가 묘사한 국가의 모습으로 다시 돌아가 보자. 그 모습을 요즘에 맞게 적당히 바꾸면 페이스북을 볼 수 있다. 홉스는 한 손에는 칼을 들고 다른 한 손에는 홀을 든 채 하늘에 태양처럼 떠오르는 거대한 인간의 모습으로 리바이어던을 묘사했다. 이 거대한 인간의 머리에 저커버그의 얼굴을 넣어 보자. 그가 황제는 아니다. 그는 기업이라는 거대한 기계의 우두머리이고, 그 기계는 개인이라는 수많은 부품들로 이루어져 있다. 사람들은 페이스북에 권력을 제공하지만 그 권력을 조금도 나눠 갖지 못한다. 그들이 대가로 받는 것은 자기 일을 할 자유다. 이는 홉스의 국가가 했던 약속이기도 하다. 홉스는 시민들에게 그들이 창조한 괴물을 통제할 권한을 주지 않았다. 그 대신 시민들은 자신을 지켜 줄 인공물에 생명을 준 대가로 자기 자신의 삶을 통제할 권리를 받았다. 즉 정치적 통제력을 개인의 자유와 맞바꾸었다.

그러나 시간이 갈수록 그 거래가 만족스럽지 못하다는 사실이 드러났다. 대부분의 사람들이 더 강한 통제력을 원했다. 그들은 민주주의를 희망했다. 자신들을 지배하는 권력자를 통제할 수 있는 능력, 혹은 적어도 기회가 주어졌을 때 자신들이 더 선호하는 통치자로 바꿀 수 있는 힘을 원했다. 현대 국가는 더 많은 시민들을 의사결정과정에 참여시키도록 발전했는데, 이는 국가가 그들을 단순히 포용하는 것과는 다르다. 그와 같은 일이 페이스북에서도 일어날지 모른다. 시간이 지날수록 페이스북은 민주화될 것이다. 민주국가에서처럼, 페이스북 사용자들이 페이스북과 관련된 의사결정과정에 참여할 권리를 갖게 될 것이다. 리바이어던은 길들여질 수 있다는 사실을 우리는 역사를 통해 배웠다.

하지만 역사가 한 가지 교훈만 주지는 않는다. 홉스의 리바이어던에서 현대 민주주의로 발전하기까지 거의 300년이 걸렸다. 페이스북과 같은 기업에게 300년이라는 세월은 영원에 가깝다. 30년도 너무 길다. 페이스북이 조만간 길들여진다면 그 주체는 기업을 기들이기 위한 목적으로 발명된 기계, 즉 국가 권력이 하게 될 것이다. 이는 단순히 사람들과 페이스북이 대립하는 상황이 아니다. 두 리바이어던이 대립하는 상황이다.

그럼 이 싸움에서 어떤 거인이 승리할까? 이는 공평한 경쟁이 아니다. 홉스의 리바이어던은 칼을 쥐고 있지만, 페이스북은 그렇지 않다. 페이스북은 폭력을 행사하거나 위협을 가해서 순종을 강요할 수 없다. 저커버그의 창조물이 손에 든 것은 스마트폰이다. 그의 힘은 강제성이 아닌

연결성이다. 그리고 습관, 설득, 오락 등을 통해 우리를 지배해야 한다. 현대 시민들은 국가를 떠날 수 없는데, 이는 출구가 없는 홉스식 거래의 특징이다. 하지만 소비자는 언제든지 페이스북을 떠날 수 있다. 페이스북의 힘은 그런 선택을 점점 무의미하게 만드는 능력에 달려 있다. 저커버그는 사람들에게 갈 곳이 없다고 느끼게 해야 한다.

저커버그가 가진 거대한 영향력의 기초가 되는 네트워크의 힘은 사람들의 참여를 유도함으로써 작용한다. 페이스북은 기존 사용자가 많기 때문에 새로운 사용자도 계속 모집할 수 있다. 참여의 가치는 새로운 사람이 가입할 때마다 올라간다. 페이스북이 사람들의 관계 속으로 파고들수록, 기존의 인간관계를 유지하고 싶은 사람들이 더 많이 페이스북을 이용한다. 이는 폭력의 힘이 아니다. 그냥 숫자의 힘이다. 사람들의 마음을 끄는 새로운 네트워크가 등장하면 페이스북이 (인스타그램, 왓츠앱 등에게 했던 것처럼) 그것을 인수한다. 규모가 커질수록 그 막대한 구매력이 새로운 회사의 진입장벽을 높이므로 페이스북은 더 많은 것을 얻는다.

그러므로 페이스북은 갖고 있지 않은 칼의 자리를 다른 것으로 채운다. 홉스의 리바이어던에 대한 묘사에는 저 멀리 떠오르는 거인만 있는 것이 아니다. 그 앞에는 거인이 군림하고 있는 마을도 있다. 이제 그것은 사람들이 사는 지역이 되기 시작했다.

국가와 페이스북의 대립이 거인들끼리의 단순한 싸움이라면 승리자는 국가가 될 것이다. 국가에는 군대와 경찰, 사법체계만 있는 것이 아니다. 국가는 '화폐 통제권'이라는, 또 다른 거대한 무기도 꺼내 쓸 수 있다.

홉스가 보기에 화폐로 삼을 물건을 지정할 권한은 국가가 가진 중요한 권력 중 하나였다. 그것을 포기하면 정치적 통제력을 내던지는 셈이다. 이는 지금도 그러하다. 국가는 기꺼이 중앙은행에 화폐 통제권을 맡길 것이다. 외부의 간섭으로부터 안전하게 화폐의 가치를 유지하기 위해서 말이다. 국가는 기업에게 그 권한을 넘겨주지 않는다.

구글과 페이스북은 자체 화폐가 생길 때까지 계속 미국 연방준비제도 이사회US Federal Reserve의 눈치를 봐야 한다. 두 기업은 국가에게서 가치를 저장할 수단을 제공받아야 한다. 그렇지 않으면 그들 기업의 가치는 불확실해진다. 그런 이유로 기술 전문가들에게 비트코인과 같은 디지털 화폐는 매력적이다. 디지털 화폐가 국가 의존도를 낮출 수 있기 때문이다. 언젠가는 구글과 페이스북이 자체 화폐를 가지거나 적어도 가치 저장·계산 단위·교환 수단의 기능을 할 수 있는 유사 화폐를 갖게 될 것이다. 이는 자체 군대를 두는 것보다 훨씬 더 현실적인 전망이다. 하지만 아마 그렇게 되기까지 최소 20년은 걸릴 것이다.

과거에 국가가 기업을 압도할 수 있었던 이유는 무력과 화폐를 장악한 덕분이다. 하지만 네트워크와 네트워크가 대립하는 새로운 싸움에서 거대 기술 기업들에게는 다른 이점이 있다. 페이스북의 회원은 거의 20억 명으로, 과거 어떤 나라나 제국의 인구도 그보다 많지 않았다. 페이스북은 어떤 국가도 할 수 없었던 방식으로 사람들의 생활에 침투할 수 있다. 이들에게 자기 경험을 공유할 공간을 제공함으로써 사람들의 생활 방식에 영향을 줄 수 있다. 국가는 필요시 강제력을 동원할 수 있도록 규칙을 만들어서 그렇게 한다. 소셜 네트워크는 사람들이 보고 듣는 것에 영향을 미침으로써 같은 작용을 한다.

미국 정부가 정말로 페이스북을 망하게 하고 싶고 그렇게 할 정치적 의지도 있다면 얼마든지 그렇게 할 수 있다. 미국 정부에게는 그럴 힘이 있다. 페이스북은 그저 기업에 불과하며, 기업에는 꺼짐 스위치가 있다. 하지만 페이스북은 거대한 소셜 네트워크이기도 하다. 기계의 전원은 끌 수 있지만, 사람들이 사는 장소의 전원을 뽑을 수는 없는 법이다.

소셜 네트워크가 민주주의를 강화하는가

낡고 오래된 것들이 준 충격은 정치에도 적용된다. 새로운 형태의 기업들이 세상을 변화시켜 왔음에도 불구하고, 인간의 행동은 익숙한 양식을 유지한다. 트럼프는 대통령에 당선되고 나서 실리콘밸리를 지배하는 기업들의 대표를 트럼프 타워로 불렀다. 그들 중 대부분은 요청받은 대로 모습을 드러냈다. 저커버그는 참석할 수 없었지만, 페이스북의 최고 운영 책임자인 셰릴 샌드버그Sheryl Sandberg가 그곳에 갔다. 구글, 애플, 아마존 회장들도 참석했다. 몇몇 기업은 의도적으로 배제되었다. 대표적으로 트위터 최고경영자인 잭 도시Jack Dorsey는 초대받지 못했다. 트럼프는 트위터를 자신의 대변자로 이용할지언정, 사람에게는 신세지려 하지 않는다.

트럼프는 전통적 위계질서를 확립하려 했다. 실리콘밸리의 기업들은 미국 정가가 꿈도 못 꿀 권력과 영향력을 가진 것처럼 보이지만, 어느 기업 총수도 대통령에게 이래라저래라 하지는 못한다. 트럼프를 가운데 두고 한 테이블에 둘러앉은 기업인들은 대통령의 이야기를 들어야 했다. 서열은 분명했다.

모임 후, 거대 기술 기업의 총수들은 해산했다. 그날 모임은 별 의미가 없었다. 트럼프가 대통령직을 수행하는 모습과 비슷하게, 모임도 그냥 과시용이었다. 그의 의도는 이미 증명되었다. 트럼프가 불러서, 기업 총수들이 참석했다. 하지만 그의 주장은 대체로 공허했다.

트럼프는 계층적으로 사고한다. 그는 사람들이 자기 이야기를 듣기를 바란다. 그러한 행위는 정치의 일부분에 불과하므로, 트럼프는 1차원적인 정치인이라는 인상을 준다. 여러 사람이 함께 일을 해나가려면 수평적 관계가 수직적 관계를 대체해야 한다. 트럼프의 업무 수행이 제대로 이루어지지 않는 가장 큰 이유는 수직적 관계가 바뀌지 않았기 때문이다.

크게 성공한 민주적 정치인들은 그 일을 훨씬 잘한다. 즉 사람들을 끌어당긴다. 그러면 네트워크가 위계질서를 대신한다. 리바이어던은 마음대로 쓸 수 있는 무시무시한 무기가 있다. 하지만 민주국가의 참된 힘은 상의하달식 권위와 폭넓은 포용성을 적절히 결합한 데서 나온다. 사람들이 정부가 자신들을 대신하여 칼을 사용할 권리가 있다고 믿을 때에만 칼이 효과가 있다.

현대 국가와 마찬가지로 페이스북에도 위계질서와 네트워크가 있다. 어쩌면 페이스북은 다른 민주국가들보다 훨씬 더 계층적이다. 왜냐하면 저커버그와 그의 측근들이 대단히 높은 수준으로 사적 통제력을 행사하기 때문이다. 이런 모습은 현대 국가보다 중세 법정에 더 가깝다. 권력이 위에서 나온다. 그와 동시에 페이스북의 네트워크는 어떤 국가에서보다 훨씬 광범위하고 포용적이다. 페이스북의 회원 수가 다른 어떤 민주국가의 국민보다 많다. 사람들은 정치 조직보다는 페이스북과 함께, 그리고 페이스북을 통해서 더 많이 일한다. 국가는 서비스를 제공한다. 페이스북은 삶을 스스로 관리하도록 돕는다. 국가는 우리가 안전하다고 느끼게 한다. 페이스북은 우리가 사랑받고 있다고 느끼게 한다.

페이스북이 가진 커다란 정치적 약점은 자체 위계질서와 네트워크가 서로 원활하게 연결되지 못한다는 점이다. 상의하달식 조직 구조와 대규모로 분산된 소셜 네트워크의 범위가 제대로 조화를 이루지 못한다. 저커버그는 왕이다. 그를 따르는 사람들은 하인이나 다름없다. 그는 전체 기업을 하나로 묶기 위해 '공동체'의 언어를 사용해서 이야기하고 싶어 한다. 그는 2017년 2월에 발표한 인생 목표 선언문에서 "오늘날 더 나은 미래를 만들기 위해서는 도시나 국가뿐만 아니라 전 지구 공동체를 하나로 합치는 인류애가 필요합니다."라고 말했다.[51] 그의 말은 21세기 기업가처럼 들리지만 교황의 말처럼 들리기도 해서, 자기 생각을 사람들에게 굳이 해명할 필요가 없다는 듯이 느껴진다.

저커버그가 미국 대통령에게 이래라저래라 말할 수 있을까? 그렇지 않다. 20억 명의 페이스북 사용자가 2억 명의 미국 유권자를 투표에서 이길 수 있을까? 역시 그렇지 않다. 그러면 페이스북이 미국의 민주주의가 작동하는 방식을 훼손할 수 있을까? 그렇다. 하지만 공격은 직접적으로 날아들지 않고, 한 걸음 떨어져서 이루어진다. 칼은 여전히 스마트폰을 이긴다. 그러므로 페이스북은 목숨을 건 전투에서 리바이어던을 무너뜨리지 못할 것이다. 하지만 현대 민주주의를 유지시키는 힘을 약화시킬 수는 있다. 페이스북이 자체 위계질서와 네트워크를 결합하지는 못해도, 민주국가의 위계질서와 네트워크는 갈라놓을 수 있다.

네트워크 기술이
순수 민주주의를 실현시키다

✕

데이브 에거스Dave Eggers가 2013년에 출간한 소설『더 서클The Circle』은 가까운 미래 시대에 활동하는 거대 기술 기업의 이야기를 다룬다.[52] '더 서클'은 소설 속 기업의 이름이다. 이 회사는 구글이거나 페이스북일 수 있지만, 그 둘을 합해 놓은 것처럼 보인다. 이 기업은 전 세계적으로 엄청난 영향력을 가지고 있으며, 사람들의 모든 활동을 연결할 방법을 모색하고 있다. 더 서클은 사람들이 자기가 하는 모든 일을 그 회사의 플랫폼에서 스스로 평가하게 하고, 그로 인해 인생의 중요한 가치관을 정립하도록 하는 방식으로 영향력을 행사한다. 그와 동시에 회사 조직과 운영 방식은 대단히 비밀스럽다. 회사는 창립자이기도 한 세 명의 '현자'가 운영하는데, 이들은 권위자인양 독단적 권력을 광범위하게 행사한다. 세상 사람들은 더 서클의 네트워크에서 자기 자신을 평가한다. 현자들은 네트워크를 설치할 장소를 결정한다.

『더 서클』은 종종 디스토피아 소설로 언급되지만, 실은 일종의 풍자소설이다. 이 책은 페이스북과 같은 기업이 주장하는 보편적 공동체와 종교 집단처럼 배타적인 조직 사이의 터무니없는 부조화를 다룬다. 이런 기업은 상당히 적은 수의 사람들을 고용한다. 그곳 직원들은 자신들이 영업 대상으로 삼는 공동체의 삶에 융화하지 못하는 슈퍼 엘리트에 속한다. 현실에 존재하는 예시로 구글은 샌프란시스코 구석구석을 연결하는 맞춤형 버스로 직원들을 실어 나르는데, 샌프란시스코에는 아무나 일할 수 없고 주거비는 감당하기 어려운 수준인 실리콘밸리가 있다.

2017년 여름 저커버그는 자신이 평범한 세상과 동떨어진 인물이라는 인식을 바로잡기 위해서 미국 전역을 돌면서 '리스닝 투어listening tour'를 열었다. 그의 목적은 일반인의 생활 모습을 알아보는 것이었다. 그는 1월에 페이스북에 이렇게 썼다. "내가 하는 일은 세상을 연결하고 모두에게 목소리를 부여하는 것이다. 올해 나는 개인적으로 그들의 목소리를 좀 더 많이 듣고 싶다."[53] 그가 미국의 여러 소도시에 출현하는 행사는 근위대와도 같은 홍보 담당자들과 보안 요원들이 준비해야 했다. 이들은 식당을 점검하고 참석자를 조사했으며 장소를 물색했다. 투어 덕분에 저커버그는 노스다코다주에 관하여 감정을 쏟아내는 글*을 쓸 수 있었는데, 이 글을 읽은 어느 기자는 "그는 마치 콜럼버스라도 된 것처럼 그런 지역

✖ 저커버그는 2017년 7월 11일 노스다코타주의 윌리스턴을 방문한 뒤 페이스북을 통해 장문의 감상을 남겼다. 그는 석유, 석탄, 천연가스 채굴 산업이 지배적인 윌리스턴에는 여성에 비해 남성이 비정상적으로 많다는 점, 윌리스턴처럼 유가에 따라 거주 인구가 변하는 환경에서는 장기적 사회 기반 시설에 투자하기 어렵다는 점, 그리고 에너지 산업이 정치에서 중요한 위치를 차지하고 있다는 점 등을 짚어 말했다.

이 존재한다는 사실을 처음 발견한 듯했다"[54]고 썼다. 그렇게 미화된 여행은 저커버그가 나중에 대통령에 출마할 것이라는 억측을 부채질했다.

페이스북의 사명은 "사람들에게 공동체를 건설할 힘을 주고, 세상을 더욱 가깝게 연결하는 것"이다. 에거스의 소설에서 가상의 디지털 리바이어던이 외던 주문은 "서클을 완성하라"다. 그 회사의 목표는 완전한 상호연결성이다. 모든 사람이 서로 완벽하게 연결된다면 누구도 소외감을 느끼지 않을 것이다. 서클의 창립자 중 한 사람이 그 원리를 민주주의에 적용한다. 그는 회의에서 이렇게 말한다. "우리가 여기 서클을 통해 알게 된 것처럼, 공동체에 충분히 참여해야 서로를 완전히 알 수 있다. 우리 서클 직원들은 질문을 통해 서로 원하는 것을 안다 …… 우리는 서로 몹시 가깝기 때문에 100퍼센트 참여가 가능하다. 이것이 완전한 민주주의다."[55] 이렇게 하려면 직원 모두가 일상적인 거래에 필요한 서클 계정을 가지고 있어야 하고, 민주적 의사결정에 참여하지 않는 사람에게는 그 계정을 닫아야 한다. 원하는 것을 말하거나, 원하는 것을 허락받지 못하거나 둘 중 하나다. 그 결과 참여가 보편화된다. 그러면 민주주의가 기업의 횡포로 변한다.

페이스북과 같은 기업은 결코 국가보다 민주화될 수 없다. 포용적 표현과 배타적 현실 사이의 차이는 대단히 크다. 에거스가 제기한 문제는 직접적인 위협이 아니라 서로 손해를 입을 위험이다. 서클을 완성한다는 생각은 터무니없다. 하지만 대의민주주의에 대한 실망감이 점점 커지는 시대에 그 생각은 유혹적이기도 하다. 현대 민주주의는 구멍이 숭숭

뚫려 있다. 많은 사람들이 소외감을 느낀다. 그들의 생각은 중요하지 않게 다루어지고, 대표자는 그들의 이야기를 듣는 데 별 관심이 없다. 오늘날 포퓰리즘은 이런 단절감을 먹고 산다. 소셜 미디어가 현대 민주주의의 대체물을 제공하지는 못하지만, 구멍을 막을 수 있는 그럴듯한 방법을 제공할 수는 있다.

네트워크 시대에 재발견한 순수 민주주의의 위험성

오늘날 대의민주주의를 심각하게 괴롭히는 문제 중 하나는 즉각적으로 만족감을 제공하는 온라인과 비교했을 때 민주주의가 특히 느리고 서툴다는 점이다. 현대 국가는 크고 무거운 기계와 같다. 그러나 온라인 커뮤니티는 신속하게 움직인다. 민주주의를 구성하는 견제와 균형의 원리, 관료제, 행정 절차 등은 21세기에 너무 거추장스러워 보인다.

『더 서클』에서 에거스는 법이 집행되는 영역에서 그런 좌절감이 어떻게 발생하는지 다음과 같이 상상한다. 이따금 위험한 범죄자들이 탈옥하지만 관료주의 국가는 너무 느려서 이들을 잡을 수 없다. 탈옥수의 신상명세를 온라인에 공개하고 걱정하는 시민들로 이루어진 소셜 네트워크가 얼마나 빨리 이들을 찾아내는지 보면 어떨까? 어느 아동 살해범은 시민들에게 붙잡혀 2,000만 명의 사람들이 온라인으로 시청하고 참여하는 가운데 20분 동안 린치를 당한다. 익명의 여성 얼굴 하나가 화면에 나타나자, 사람들은 재빨리 그녀의 신상을 파악하고 그녀가 숨어 있는 장소를 찾아낸다. 카메라를 든 시민들이 그녀의 직장으로 가서 그녀에게 자신들의 정당한 분노를 쏟아 낸다. 서클 임원들이 보기에 이는 순수 민주주의가 작동한 사례다.

순수 민주주의란 무서운 것이다. 이는 군중이 마음에 들지 않는 모든 사람을 쉽게 공격하게 해준다. 고대 아테네에서 인기가 떨어진 유명 인사는 시민들에 의해 추방되거나 암살당했다. 1835년에 미국 민주주의에 관한 책을 쓴 알렉시 드 토크빌Alexis de Tocqueville은 미국인들이 린치를 선호하는 경향을 설명하기 위해 미국 민주주의의 기원까지 추적했다. 토크빌은 이를 "다수의 횡포"라고 불렀다. 기회가 주어지면 많은 사람들이 자신의 분노와 좌절감을 약자에게 쏟아 내도 된다고 생각한다는 것이다. 현대 대의민주주의는 오랜 역사를 이어 오는 동안 그런 거친 충동을 길들이는 데 대체로 성공했다. 이제 사람들은 린치를 가하지 않는다. 벌을 주려고 다른 사람의 몸에 타르를 바르고 깃털을 붙이지 않는다. 다른 사람을 추방하지도 않는다. 단, 트위터에서는 예외다.

온라인에서 벌어지는 마녀 사냥이 진짜는 아니다. 린치는 가상의 상황이다. 하지만 폭력은 진짜다. 온라인에서 집단 공격을 당하는 사람은 회복하기 어려운 폭력에 시달린다. 희생자들은 신체적 고통도 겪는다. 우울증과 질병에 시달리는 일이 다반사이며, 때로는 자살로 이어지기도 한다. 이따금 트위터는 서부 개척 시대처럼 묘사된다. 하지만 실제로 살펴보면 이러한 모습은 서부 개척 시대보다는 고대 민주주의에 훨씬 가깝다. 고대 민주주의는 변덕스럽고 폭력적이며 자율적인 성향을 띠고 있었다. 사람들은 싫어하는 사람을 집단적으로 괴롭힐 수 있는 자유를 재발견했다. 그것은 아주 신나는 일이다. 그러나 치명적인 행동일지 모른다.

온라인에서 일어나는 집단 폭력은 기계의 영향을 거의 받지 않지만, 철저하게 기계를 통해 이루어진다. 기계는 비인간적이다. 고대 민주주의 사회에서 보복 행위는 직접 얼굴을 마주 보고 이루어졌다. 군중은 피해자의 눈을 똑바로 쳐다봤다. 얼굴을 직접 보지 않을 때, 예를 들어 해외에서 빈둥거리는 장군들을 심판하라는 요청을 받을 때는 선고를 내리기가 훨씬 쉽다. 트위터를 이용한 직접민주주의는 공간적 제약과 개인적 지식의 한계에 영향을 받지 않기 때문에 더욱 위험하다.

온라인에서 벌어진 마녀 사냥 중 악명 높았던 사례 하나는 기업의 홍보 책임자였던 저스틴 사코Justine Sacco의 이야기다. 그녀는 남아프리카행 비행기에 탑승하기 전에 인종과 에이즈와 관련해서 조롱하는 글을 트위터에 올렸다가 직장과 친구들 및 사회적 지위까지 잃었다. (그녀가 쓴 글을 그대로 옮기면 이렇다. "아프리카로 가는 중. 에이즈에 걸리지 않아야 할 텐데. 농담이지. 난 백인인데!")[56] 즉시 전 세계 사람들이 분노했다. 착륙한 후에 사코는 자신에게 욕설과 살해 위협이 쏟아지고 있음을 알게 되었다. 그녀의 여정은 100년 전에 간디가 여행했던 길 그대로, 런던에서 케이프타운까지였다. 간디는 몇 주 간 배를 타고 가는 동안 즐길 거리가 없었기에 자기 생각을 정리하며 시간을 보냈다. 어쩌면 사코도 비행기를 타고 가는 그 짧은 시간동안 간디처럼 했을지 모른다. 많은 사람들이 그렇게 한다. 그러나 그녀는 외부와 10시간만 차단되어도 삶이 파괴될 수 있다는 사실을 깨달았다.

이것을 민주주의가 작동하는 사례라고 한다면 터무니없는 일일 것이다. 정확히 말하자면 이는 민주주의가 초래한 위험이다. 즉 민주주의에 대한 조롱이다. 트위터는 정치 활동에 적합한 방식이 아니다. 트위터는 기껏해야 민주주의를 어설프게 흉내 내고 있을 뿐이며, 사람들은 결과를 생각하지 않고 불만을 쏟아 낸다. 현 미국 대통령인 트럼프가 내킬 때마다 하는 일도 바로 그러하다. 이런 원초적인 선동 정치는 고대 직접민주주의와 몇 가지 공통점이 있는데, 장점은 전혀 없다. 군중은 자극을 받으면 대담해지고 호의를 베풀지 않는다. 그래서 평범한 시민이 피해자가 될 수 있다. 유명 정치인도 마찬가지다. 부적절한 논평이나 부주의한 몸짓이 일생일대의 업적을 망가뜨릴 수 있음을 깨닫게 되면 사람들은 행동을 자제하기 마련이다. 하지만 미국 대통령은 예외인 것 같다.

SNS가 범람하는 시대에 정치인을 신뢰할 수 있는가

정치인들은 어떻게 대처해야 할까? 에거스는 그들이 할 수 있는 일이라곤 군중을 달래는 방법밖에 없다고 말한다. 디지털 기술은 아무것도 숨길 수 없게 함으로써 군중의 불만을 미리 피하게 해준다. 『더 서클』에서 유난히 겁이 많던 정치인 하나는 온라인에 연결된 디지털 카메라를 늘 목에 걸고 다닌다고 말하는데, 그렇게 해야 그에게 일어나는 모든 일을 사람들에게 알릴 수 있기 때문이다. 당연하게도 다른 정치인들은 그가 정신병에 걸린 게 아닐까 의심한다. 아무것도 숨기지 못하면 모든 것이 빌미가 될 수 있으므로 중요한 내용은 무엇도 말해서는 안 된다. 결국

이는 모든 것을 공개하는 사람으로 하여금 행동을 조심하게 만들 것이다. 하지만 분별 있는 정치인들이 대중에게 논리적으로 주장할 때도 군중은 그들을 공격한다. 왜 그들은 해야 할 일을 공개하지 않으려 하는가? 무엇을 숨기려고 하는가? 철저하게 투명한 사회에서 조금이라도 숨기는 사람은 사기꾼이다. 결국 이 의심을 피하려면 모든 정치인은 24시간 돌아가는 정직 카메라를 마련해야 한다.

대의민주주의는 가질 수 없는 것을 갈망한다. 우리는 끊임없이 정치의 빈틈을 메울 수 있다는 생각에 이끌린다. 즉 정치를 더욱 정직하고 완벽하게 만들 수 있으며 반응성을 높일 수 있다고 생각한다. 디지털 기술이 그런 생각을 더욱 부추긴다. 정치인들로 하여금 자신이 하는 모든 일을 직접 설명하겠다는 약속을 지키게 만들면 어떨까? 왜 정치인들이 그들이 대표해야 하는 국민에게 진실을 교묘히 숨기도록 내버려 두는가? 그들은 왜 자신을 드러내지 않는가?

우리 모두 신뢰할 수 있는 정치인을 원한다. 정치인의 일거수일투족을 알면 그들을 완벽하게 신뢰할 수 있을지도 모르겠다. 하지만 그것은 신뢰가 아니다. 그것은 감시이며, 신뢰의 정반대다. 벌어지는 모든 일을 알게 되면 신뢰는 무의미해진다. 절대 배반할 수 없는 사람은 신뢰할 필요가 없다. 기계나 다름없기 때문이다. 신뢰가 형성될 수 있는 선제 조건은 실망할 가능성이다. 실망하지 않겠다는 생각은 신뢰를 포기하는 것이다. 그것은 자멸이다.

한편으로 그러한 생각은 착각이기도 하다. 우리가 모든 것을 알 수는 없다. 정치인들은 숨길 장소를 항상 찾아낼 것이다. 우리가 더 많이 공개하라고 할수록, 정치인들은 숨긴 것을 보호하기 위해서 더욱 은밀하게 행동할 것이다. 투명성을 강조할수록 더 안전한 은닉 장소를 찾도록 부추길 것이다. 그리고 그 숨긴 장소를 찾게 되면 우리는 크게 분노할 것이다.

대의민주주의는 연결을 끊을 수 없다. 이는 국민과 정치인 사이에 존재하는 거리에 따라 좌우된다. 여기에서 거리란 정치인이 하는 결정과 대중의 평가 사이, 그리고 의지에 따른 행위와 판단에 의한 행위 사이에 존재하는 공간을 의미한다. 또한 그 거리는 우리가 해온 일을 반추할 시간이 충분히 있는가에 따라 달라지기도 한다. 여기에는 실망이 전제되어 있다. 그리고 커다란 불만을 느낄 수도 있다. 하지만 네트워크와 위계질서 사이에 적절한 관계(합쳐지지 않고도 그럭저럭 잘 지낼 수 있는 관계)를 확실하게 유지시키는 것이 바로 그 불만이다. 페이스북은 불만스럽게 하지 않는다.

대의민주주의가 할 수 있는 것이라고는 원과 면적이 같은 정사각형을 만드는 일밖에 없다. 이는 불가능하다. 그것이 핵심이다.

소셜 미디어 혁명이 정당의 몰락을 부르다

무반응성 외에 현대 민주주의의 또 다른 불만 요인은 민주주의에 내재된 인위성이다. 민주주의 제도에서 가장 인위적인 요소는 정당인 것 같다. 간디의 지적처럼 정당은 사람들이 스스로 생각하지 못하게 하려고 존재한다. 정당은 소속 정치인에게 택해야 할 노선을 알려 주려고 애쓴다. 그리고 유권자에게는 투표해야 할 정치인을 정해 준다. 또한 정당은 국민과 대표자가 직접 만나지 못하게 방해한다. 정당은 권력을 쟁취하기 위한 도구이며, 비밀스럽고 관료적이다. 정당이 할 일은 정치를 가능한 한 기계화하는 것이다.

그러나 정당이 일을 제대로 한다면 인간적인 모습 뒤로 인위성을 감출 수 있다. 카리스마 있는 정당 지도자는 정당이 단순히 표 먹는 기계만은 아니라는 점을 유권자에게 설득할 수 있다. 정당은 정의, 안전, 자유 등을 상징한다. 한편 당원들이 정당이라는 기계에 생명을 불어넣을 수도 있다. 과거 성공한 정당들은 어떻게 해서든지 당원들에게 진정한 소속감을 제공하려고 노력했다.

그런 시절은 이제 끝난 것 같다. 수많은 당원을 거느린 정당의 수는 급격하게 감소하고 있다. 1950년대에 영국 보수당의 당원 명부에는 300만 명 이상 올라 있었으나, 지금은 고작 10만 명만 남았다. 당원의 평균 연령도 65세 이상이다. 과거에는 상당수의 당원들이 정치에 관심이 없었다. 이들은 정당을 춤을 추고 수다를 떨며 운이 좋으면 배우자감을 만날 수 있는 일종의 사교 클럽으로 생각했다. 오늘날에는 정당에 가입하는 사람들이 소수이므로, 정당 가입은 정치에 특별히 관심이 있다는 표시가 된다. 정말 특이한 사람이나 정당을 결혼 정보 회사로 이용할 것이다. 가입자 감소는 정당을 더욱 인위적으로 만든다. 당원이 없어진 정당은 과거처럼 점점 껍데기가 되어 간다.

그러면서 정당은 점점 당파성이 강해진다. 과거에는 느슨하게 제휴했던 사람들이 공격적이고 편협한 태도로 특정 관점을 대변하고 있다. 이런 현상은 미국에서 가장 두드러지게 나타나고 있는데, 전통적으로 미국의 양당제는 포용력이 큰 제도였다. 즉 과거에는 공화당과 민주당 모두 보수와 진보, 중도파가 모두 포함된 상당히 열린 조직이었다. 지금은 각 당을 지지하는 유권자의 성향이 확연하게 구분된다. 당에 헌신적인 핵심 당원들이 당을 분열시킨다. 그와 동시에 일반 유권자가 생각이 다른 사람을 만날 가능성은 점점 줄어든다. 공화당원과 민주당원은 같은 지역에 살지 않고(여기에서 말하는 지역이란 정치인들이 당리당략을 생각해서 획정한 선거구를 의미하지는 않는다), 서로 어울리지 않으며, 시청하는 뉴스 채널도 다르다. 1980년에는 자녀가 민주당원과 결혼하지 않기를 바라는 공화당원이 5퍼센트에 불과했다. 2010년에는 그 비율이 49퍼센트까지 올라갔다.[57]

주류 정당에서는 카리스마가 있는 지도자가 점점 드물어지고 있다. 베버는 정당이라는 기계의 핵심 역할이 정당 직원과 진짜 정치인을 가려내는 것이라고 생각했다. 진정한 정치 지도자는 단조롭고 일상적인 정치를 넘어 비전을 제공하는 사람이다. 그 외 다른 사람들은 존재가 희미해질 것이다. 오늘날에는 정당 직원과 지도자를 구분하기가 어렵다. 대부분의 직업 정치인들은 정치 외에 다른 일을 해본 적이 없는 사람들이다. 이들은 정당이라는 기계를 뛰어넘지 못하고, 그 기계를 이용해서 출세한다.

이는 장기적으로 몰락하는 길이다. 하지만 다른 것과 마찬가지로, 소셜 미디어 혁명이 몰락의 속도를 높였다. 온라인 커뮤니티는 소속감을 느낄 수 있는 방법을 넘치게 제공한다. 대체물이 많기 때문에 굳이 정당을 사교 클럽으로 만들 필요가 없다. 전통적인 정당의 단조로운 일과(웃풍이 드는 방의 불편한 의자에 앉아 장시간 회의를 하는 일, 거리를 행진하고 선거 운동을 계획하는 일 등)는 소셜 네트워크가 주는 만족감을 엉성하게 모방한 것처럼 보인다. 이런 일들은 오늘날 온라인에서도 가능하다. 즉 온라인으로 가상회의를 열거나 스마트폰으로 후원금을 모금할 수도 있다. 심지어 버튼 하나로 얼마나 많은 일을 할 수 있는지를 강조하기도 한다.

낡은 정당 정치의 매력이 떨어질수록 정당 내에서 특정 역할을 하는 사람들은 다른 사람들과 뜻이 맞지 않을 가능성이 커진다. 이러한 현상이 배타적 행동으로 변질된다. 온라인에서 정당 정치인을 비난하게 만드는 이야기 중 하나는 그들이 자신들만의 사교 모임을 별도로 가진다는 것이다. 왜 그들은 후원자와 자기들만 챙기고 계속 배타적 태도를 고집하는 걸까? 우리는 평범한 정치인처럼 행동하지 않는 정치인을 간절히 원한다. 우리는 그들이 진짜 사람이기를 바라지만, 그들 중 상당수는 로봇 같은 인상을 준다. 디지털 시대에 정당 정치의 기계적 특징은 골칫거리가 되고 있다.

그 결과 선거 때 기존 정당들은 전례 없이 가혹한 비난을 받는다. 2017년 프랑스 대선에서는 50년 이상 프랑스 정치를 지배해 왔던 좌파와 우파 모두 소속 후보가 결선 투표에 오르지 못했다. 유권자들은 이들을 과거의 유물처럼 대했다. 사회주의자들은 거의 잊혔다. 사회당 대선 후보였던 브누아 아몽Benoît Hamon은 겨우 6퍼센트 밖에 득표하지 못했다.

이어진 총선에서 사회당은 의석을 거의 90퍼센트나 잃었다. 네덜란드, 그리스, 이탈리아에서도 주류 정당들은 거의 전멸 수준이다. 거의 모든 민주국가에서 전통적인 좌파와 우파 정당이 비슷한 운명에 처한 것 같다.

네트워크의 힘이 사회 운동을 성공시키다

최근 전통적인 정당이 몰락하고 있는 것과 반대로, 사회 운동에서 출발한 정당들은 크게 성공했다. 2017년 프랑스 대선에서는 앙 마르슈En Marche 당수였던 마크롱Emmanuel Macron이 대통령에 당선되었는데, 앙 마르슈는 대선이 있기 불과 1년 전에 만들어진 일종의 운동 단체였다. 마크롱은 앙 마르슈가 제도권 정당이 아님을 내세우는 데 공을 들였다. 앙 마르슈는 자발적이고 신선하며 정치인이 아닌 사람들로 구성된 단체였다. 영국 노동당은 사회 운동 단체를 자처함으로써 유럽에서 사회민주주의 정당이 몰락하는 추세에 맞서고 있다. 노동당은 의회에서 의원들과 다른 목소리를 낼 수 있는 사람들을 제공하기 위해 평당원 제도를 부활시켰다. 현재 당 대표인 제러미 코빈은 당원이 하원의원을 위해 존재하는 것이 아니라 오히려 그 반대라고 주장한다.

미국 대선에서는 공화당 엘리트에 반기를 들고 정치 운동을 벌였던 트럼프가 대통령이 되었다. 샌더스 역시 민주당 내 기득권 세력에 반대하는 운동을 전개했다. 인도의 모디 총리는 정당 활동만큼 개인적 운동도 활발하게 했다. 터키의 에르도안도 마찬가지다. 포퓰리스트들이 운동정치movement politics의 선봉에 서 있다. 하지만 이런 추세는 포퓰리즘으로

만 머물지 않는다. 포퓰리즘이라는 재앙에서 유럽을 구했다고 평가받는 마크롱은 극우정당인 국민전선National Front의 후보자 마린 르펜Marine Le Pen 을 이기기 위해 운동 정치를 이용했다. 르펜이 허를 찔린 셈이다. 시간이 갈수록 그녀의 운동은 정당 활동과 비슷해지고 있었다.

이렇게 사회 운동이 성공할 수 있었던 것은 네트워크 효과의 힘이다. 사람들은 다른 사람이 참여하니까 자기도 거기에 가입한다. 사람들은 활동이 이루어지는 곳에 있고 싶어 한다. 정치 운동은 유권자를 끌어들이기 위해 소셜 미디어와 온라인 커뮤니케이션을 이용한다. 이런 식의 정치 운동은 크게 증가하고 있으며, 제도권 정당 정치보다 더욱 즉각적이고 직접적으로 정치 참여 기회를 제공한다. 지금으로서는 그런 형태의 정치 운동이 디지털 시대에 대처할 수 있는 유일한 대의민주주의 방식같다.

하지만 대처하는 것과 관리하는 것은 의미가 다르다. 사회운동은 자기들이 이용하려고 했던 바로 그 상황으로 변할 위험을 무릅쓰고 있다. 앙 마르슈는 페이스북을 단순히 이용만 한 것이 아니다. 점점 페이스북을 닮아 가고 있다. 앙 마르슈의 네트워크는 광범위하다. 하지만 계층 구조가 가파른 형태다. 최고 지도자는 현실적이지 못하다. 마크롱은 자기 자신을 고대 로마의 최고 신 주피터에 비유해서 조롱을 받았다. 임기 초에는 베르사유 궁으로 의원들을 초대해서 드골과 루이 14세를 합쳐 놓은 듯한 연설을 하기도 했다. 하지만 그가 정말로 닮고 싶어 하는 사람은 저커버그다. 마크롱은 개인적 권위를 숨기고, 공동체의 언어로 이야기한다. 전통적 정당 구조가 무너진 상황에서, 그는 위계질서와 네트워크를 연결하려는 방법을 찾으려고 애쓴다.

코빈이 이끄는 영국 노동당 역시 메시지를 전파하기 위해 페이스북과 같은 소셜 네트워크를 사용하는 데 점점 능숙해졌다. 이런 활동 중 상당수는 정당의 직접적인 개입 없이 이루어진다. 편파적인 뉴스 사이트는 사실 보도, 낚시 기사, 지지하는 글 사이의 경계를 흐릿하게 만들기 위해 비상한 노력을 기울인다. 이와 동시에 정당은 직접민주주의와 개인숭배를 어색하게 조합한다. 당원들은 당을 이끌어야 한다. 하지만 지도자는 잘못된 행동을 할 수 없다. 그래서 당원과 지도자 사이에 끼면 크게 후회할 것이다.

오늘날 수많은 정치 운동이 편협(반대 의견을 악의적으로 경멸하는 태도)해진 데에는 종종 온라인에서 활발하게 이루어지는 집단사고에 그 책임이 있다. 하지만 이는 디지털 시대에 모든 운동이 맞닥뜨리는 기본적이고 구조적인 문제와 관련이 깊다. 집단사고가 정당을 대신해서 현대 정치의 운영 도구가 되었기에, 자체 반향실(같은 성향을 가진 사람들끼리만 의견을 주고받으면서 점점 고립되고 특정 성향이 강화되는 것 - 옮긴이)을 무너뜨릴 수 있는 요소가 사라져 버렸다. 그것은 원래 정당이 할 일이었다.

최근에 정치학자이자 역사가인 마크 릴라Mark Lilla는 정당을 "타협을 통해 합의에 도달하는 기계"로 정의했다.[58] 많은 사람들처럼 릴라 역시 오늘날 정당들이 겪는 혼란의 원인으로 정체성 정치를 지적한다. 점점 정치 경험의 순수성이 정치적 과정의 결과보다 중요해진다. 하지만 온라인에서 하는 집단 경험이 좀 더 진실해 보이는 상황에서, 우리가 기계 정치의 속임수에 지쳐 가고 있는 것 또한 사실이다. 우리는 모든 것이 기계의 영향을 받는다는 사실을 잊은 채 진짜를 원한다.

정치 운동과 달리 정당은 '민주화'가 목적이 아니었다. 정당은 대의민주주의를 유지시키는 접착제였다. 정당 없이 민주주의가 제 기능을 할 수 있을지는 확실치 않다. 지금 우리에게 남은 것은 네트워크, 지도자, 대중, 선거, 정체성, 군중 등 파편뿐이다. 이것들로 무언가를 만들려고 노력해야 한다.

소셜 네트워크는 대의민주주의를 가짜처럼 보이게 했다. 온라인에 존재하는 가짜 민주주의가 더 진짜처럼 보인다. 지금 우리는 대체할 방법도 없이 무언가를 파괴해 왔다. 유일한 대안은 이전에 가졌던 거짓 형태다. 기계의 패배이자 승리다.

인터넷이
파놉티콘을 만들다

×

인터넷 혁명이 약속한 민주주의에 무슨 일이 일어났을까? 디지털 기술은 한때 게임의 법칙을 바꿀 것처럼 보였다. 그 기술이 민주주의를 완성할 수는 없어도, 적어도 정치인들에게 책임을 물을 수 있는 새로운 방법은 제공할 수 있었다. 현대 국가는 늘 국민을 감시했다. 마침내 기술 덕분에 국민도 국가를 감시할 기회를 얻은 듯했다. 그 방법이 완벽하게 투명할 필요는 없었다. 그저 판세만 뒤집을 수 있으면 그만이었다. 그리고 민주주의가 그 수혜자가 되었어야 했다.

홉스의 리바이어던에 영감을 준 것 중 하나는 아르고스 파놉테스Argus Panoptes 라는 그리스 신화 속 동물로, 이 동물은 여러 개의 눈을 가지고 있으며 결코 잠들지 않는다. 홉스는 국가의 머리 뒤에 눈이 있기를 바랐다. 그렇지 않으면 전혀 예상하지 못한 정치적 문제 때문에 진정한 안전을 확보하지 못하기 때문이다. 벤담은 같은 아이디어로 다른 것을 창조했다. 그는 파놉티콘Panopticon 이라는 감옥을 만들어 냈다. 이 감옥은 죄수들을 효과적으로 감시하기 위해 원형으로 지어졌다.

에드워드 스노든Edward Snowden이라는 내부고발자가 미 국가안보국 National Security Agency(NSA)의 대규모 감시 작전을 세상에 폭로하면서 그 기관에 붙인 별명이 '파놉티콘'이었다. 벤담이 파놉티콘을 설계한 원래 목적은 죄수들이 감옥에서 공모하지 못하게 하기 위해서였다. 감시자는 죄수들 사이에 오가는 이야기를 낱낱이 듣지 못하므로, 벤담은 누가 누구와 어울리는지 감시자가 항상 볼 수 있게 하고 싶었다. 미 국가안보국은 자체 감청 프로그램이 단순히 개인 통신 내역의 메타데이터만 수집했을 뿐이라고 항변했다. 그러니까 사적 대화는 엿듣지 않았다는 의미였다. 단순히 누가 누구와 연락했는가만 기록했다는 것이다. 스노든이 정말 적절한 이름을 붙였다.

인터넷이 정보의 평등을 보장하는가

대의민주주의는 항상 감시하기 게임이었다. 우리는 국가에게 준 권력이 악용되지 않는지 확인하기 위해 국가를 감시한다. 국가는 우리에게 준 자유가 남용되지 않는지 확인하기 위해 우리를 감시한다. 현대 민주주의 역사에서는 보통 정치인들이 그 관계에서 우위를 점했다. 이들은 국가라는 복잡한 기계에 감시 역할을 하라고 요구할 수 있었다. 우리는 그들이 마음대로 하게 내버려 두었다. 정치인들은 한 발 앞서기 위해 새로운 기술을 활용할 수 있었다. 우리가 전화기를 쓰면 그들은 전화를 도청했다. 우리가 텔레비전을 보면 그들은 폐쇄회로 텔레비전(CCTV)를 관찰했다. 우리는 밖에서 안을 들여다봤지만 그들은 안에서 밖을 내다보았다. 그 후 디지털 혁명이 일어났다.

인터넷 시대가 오면 그 혜택이 국민에게 확실히 돌아갈 것처럼 보였다. 네트워크 기술 덕분에 아무도 정보를 통제할 수 없었다. 정보는 무료로 제공되고, 한계도 없어졌다. 리바이어던은 자신이 노출되었음을 깨달았다. 우리는 리바이어던의 비밀을 찾아내서 흠을 낼 수 있었다. 그러는 동안 국민은 광활한 사이버 공간에 자신의 비밀을 숨길 수 있었다.

20세기 말 혁명의 환희에 처음 도취되었을 때 인터넷은 민주주의의 승리를 예고하는 것 같았다. 독재 정치는 무너질 것이다. 정치권의 교묘한 속임수가 밝혀질 것이다. 정보는 숨겨져 있던 장소에서 필요한 곳으로 흘러갈 것이다. 사람들이 정치인의 진실을 알게 될 것이다. 정치인들은 우리보다 비밀이 많았으므로 잃을 것도 많았다. 감시하기 게임에서 마침내 우리가 우위를 점할 것이다.

하지만 우리가 틀렸다. 우리는 정치인들이 자신의 비밀을 지키려는 동기가 우리보다 강력하다는 사실을 망각했다. 새로운 정보를 찾으려는 의욕이 없다면 정보를 얼마나 많이 이용할 수 있는가는 중요하지 않다. 우리는 더 많이 알고 싶다. 지식이 힘이니까. 하지만 지식을 얻기란 고된 작업이기에 의욕을 잃기 쉽다. 힘든 일을 피하는 것은 대의민주주의의 핵심이기도 하다.

우리에게 부족한 또 다른 귀중한 자원은 시간이다. 정치학자 허버트 사이먼Herbert Simon은 한 세대 전에 정보가 풍부하면 관심은 희소한 자원이 된다고 말했다. 결과적으로 여전히 우세한 쪽은 리바이어던이다. 그 자동 기계는 주의가 흐트러지지 않도록 설계되었기 때문이다. 하지만 우리는 그렇지 않다.

인터넷은 과거에 아무도 찾지 못했던 지식을 독식할 기회를 제공한다. 국가는 여전히 국민보다 더 많은 장비를 갖추고 있다. 국가는 전담 직원도 고용할 수 있다. 국가가 하는 일을 감시하는 데 에너지를 쏟아부을 개인은 별로 없을 것이다. 우리는 그런 사람들을 몹시 이상하게 여기고, 때때로 이들에게 음모론자라는 꼬리표를 붙인다. 하지만 가장 집요한 음모론자는 정부에서 일하면서 우리를 염탐하는 사람들이다.

미국이나 영국과 같은 민주국가도 다량의 메타데이터를 수집하고 저장한다는 것이 밝혀졌다. 이들 나라는 그런 활동이 민주적으로 이루어질 수 있도록 사법부가 감독하게 하는 방법을 모색해 왔지만, 그것이 편향된 자원에 관한 문제를 해결하지는 못한다. 그저 문제를 반복할 뿐이다. 우리는 우리를 감시하는 그들을 감시하지 못한다. 그래서 자격이 부족하더라도 비선출 공무원들이 우리를 위해 그들을 감시하기를 기대하는 수밖에 없다. 일단 감시하는 일이 너무 힘들어지면 누가 감시자를 감시할 것인가는 대의민주주의에서 정답이 없는 질문이 된다.

온라인 감시 문제는 아직 선거 이슈는 되지 못한다. 2016년에 공화당 대선 후보자 토론회에서 랜드 폴Rand Paul이 그 문제를 제기하려 했을 때, 옆에 있던 트럼프는 파리채를 휘두르듯 재빠르게 그를 공격했다. 당시 폴의 발언에 대한 응답으로 트럼프는 시끄러운 군중을 향해 이렇게 말했다. "여기 우리를 죽이고 싶어 하는 사람들이 있소. 그런데 당신은 우리

제3장 | 기술의 발전이 더 나은 정치를 불러오는가

가 그들의 대화를 듣는 것에 반대하는 거요? 나는 그렇게 생각하지 않아요! 절대 그렇게 생각하지 않소!"[59]

감시하기 게임이 테러리스트를 색출하는 목적으로 제한된다면 그에 반대하기란 어렵다. 흔히 하는 말처럼, 숨길 것이 없으면 두려울 것도 없다. 정치 논리는 리바이어던이 발명된 이후로 조금도 변하지 않았다. 초기에 예상했던 것과 달리, 인터넷은 정치 논리를 약화하기보다 오히려 강화해 왔다.

우리가 그들을 관찰할 때 그들도 우리를 관찰한다

디지털 기술은 여러 비민주적 체제가 장악한 권력도 강화해 왔다. 독재자는 디지털 기술을 대단히 효과적으로 사용할 수 있다. 그 기술은 자유를 위해 투쟁하는 사람들의 결정적 무기가 되기는커녕 이들을 추적하는 도구가 되었다. 에티오피아나 베네수엘라 같은 나라의 반국가단체들은 자신들이 독재정권에 침투하는 것보다 독재정권이 자신들의 활동에 더 쉽게 침투한다는 사실을 알게 되었다. 한 번 더 말하지만 이는 시간과 인력이라는 자원의 문제다. 부패하고 비효율적인 정부조차도 뭐든 즉석에서 만들어 써야 하는 반국가단체보다는 시간과 인력이 더 많은 법이다. 이런 점에서 인터넷은 독재를 무너뜨리는 기계가 아님이 입증되었다. 인터넷은 결국 권력의 또 다른 도구가 되었다.

지금까지 변해 온 것이라고는 우리가 언제 감시받는가에 대한 기본적인 이해뿐이다. 우리는 그들이 우리를 감시하는 것을 우리가 그들을 감시하는 것으로 착각하기 시작했다. 지금은 빅브라더 사회가 아니다. 당신이 보는 텔레비전이 당신을 주시하는 기계로 변한다는 것은 터무니없는 생각이다. 이는 너무나 뻔한 거짓말이어서 아무도 속지 않는다. 조지 오웰 풍의 악몽은 숨길 곳이 없어서 감춰 봤자 소용없도록 철저히 조사해야 한다. 인터넷 감시는 진짜 지식을 추구하는 행위와 구분하기가 무척 어렵기 때문에 굳이 은폐하지 않아도 된다. 우리는 소극적이어서가 아니라 호기심이 많아서 스스로 정체를 드러낸다.

우리가 새로운 정보를 얻으러 온라인에 접속할 때마다 우리의 개인 정보가 각종 이해관계자에게 넘어간다. 이런 일은 주로 소비자에게 발생한다. 우리가 검색한 내역이 우리에게 물건을 팔려는 판매자에게 유용한 정보를 제공한다. 예를 들어 최저가 항공권을 검색하는 행위는 실상 나의 구매이력을 근거로 하여 내가 지불할 것 같은 금액으로 항공권 가격을 조정하도록 항공사를 돕는 꼴이 된다. 개인 소비자로서 경쟁 우위를 점하려다 도리어 자기 정체를 드러내는 꼴이다.

정치에도 비슷한 사례가 있다. 온라인에서 이용할 수 있는 정보의 양이 많으므로 이제는 유권자가 원하는 뉴스를 찾기가 훨씬 쉬워졌다. 유권자는 이를 민주주의가 작동한 덕분이라고 생각하기 쉽다. 하지만 주의해야 한다. 만약 다른 사람들이 내 뉴스 취향으로 내 기호를 알게 된다면, 좋아하는 뉴스를 찾는 행위로 내 편견이 드러난다면 어떻게 할 것인가. 정보를 얻고 싶은 욕구가 자신을 추적하는 수단이 된다. 실제로 사람들이 새로운 소식을 접하지 못하게 뉴스를 조정하는 일이 가능하다.

가짜 뉴스는 어떻게 여론을 왜곡하는가

'가짜 뉴스'가 확산되는 데 대한 두려움은 다음과 같은 불안감을 반영한다. 정보 검색 행위가 추가적인 조작의 기회로 바뀔 때 우리는 그 사실을 어떻게 알 수 있을까? 정교하게 조작된 정치 뉴스는 선거를 일종의 가격 담합의 장으로 만들 수 있다. 즉 우리는 우리가 살 것 같다고 그들이 판단한 뉴스만 접하게 된다. 트럼프가 당선된 미국 대선과 영국의 브렉시트 찬반 투표 모두 이런 괴담이 따라다녔다. 트럼프를 지지했던 몇몇 유력자에게 자금 지원을 받은 '케임브리지 어낼리티카Cambridge Analytica'라는 비밀스러운 회사는 온라인 인증 내역을 토대로 개별 유권자에 관한 정보를 제공했던 것으로 밝혀졌다. 그러므로 뉴스 피드(news feeds, 투고된 뉴스를 한 뉴스 서버에서 다른 뉴스 서버로 전달하는 것 – 옮긴이)도 표적이 될 수 있다. 케임브리지 어낼리티카가 실제로 대선의 판도를 바꾸었는지 알기는 어렵다. 하지만 트럼프가 대단히 적은 득표수 차이(핵심 몇 개 주에서 몇 만 표 차이)로 당선된 것을 보면, 그 회사가 영향을 미친 것도 같다.

한편 러시아 정부는 광범위하게 수집한 자료에 근거해서 서구 유권자들에게 잘못된 정보를 쏟아붓는 데 재미가 들렸다. 민주적 토론에 참여하는 척하는 트위터봇(트위터에서 자동으로 글을 올리고 이용자가 가상의 인물이나 대상인 것처럼 가장해 운영하는 계정 – 옮긴이)은 모든 정치적 논쟁을 끊임없는 아귀다툼으로 바꾸어서 토론이 아예 불가능하도록 프로그래밍되어 있다. 트위터봇이 인간의 지능을 흉내 내기는 어려워도, 화난 유권자인 척 하는 일은 대단히 잘 할 수 있다. 그저 소란만 피우면 되기 때문이다.

말할 것도 없이, 바로 이 지점에서 민주주의에 심각한 위기가 발생한다. 하지만 지금은 그런 위험이 잔뜩 부풀려졌을지도 모르겠다. 유권자를 치밀하게 조종하는 일은 생각보다 어렵다. 케임브리지 어낼리티카가 파는 정보 중 상당수는 허풍에 불과하다. 우리는 나쁜 사람들이 극도로 복잡한 일을 수행할 때 그 일이 쉽다고 과장하는 경향이 있다. 선거 조작은 늘 힘들다. 바보들은 제임스 본드 같은 악당이 세상을 장악할까 봐 두려워한다. 하지만 그런 악당 중 실제로 바보는 극소수다.

많은 가짜 뉴스가 민주주의에 반대하는 음모와 별 관련이 없다. 이런 뉴스들은 인터넷이 흔하게 제공하는 것이며 기회주의적 행태와 다를 바 없다. 2016년 미국 대선 기간에 페이스북에서 많이 공유된 가짜 뉴스들을 추적해 보니 상당수가 마케도니아에서 활동하는 십대 해커 몇 명의 작품이었다(당시에 "교황이 트럼프를 지지한다!"는 제목의 기사가 대단히 유명했다). 이들은 러시아 정부에게서 돈을 받은 적이 없다. 자신들이 일으킨 정치적 교통사고 옆에서 온라인 트래픽을 유도함으로써 손쉽게 돈 버는 방법을 발견했을 뿐이다.

가짜 뉴스를 이용한 돈벌이는 인터넷을 활용한 사업 모델에서 출발했으며, 또 그렇게 광고하고 있다. 감시하기 게임은 관심 끌기 경쟁으로 바뀌었다. 우리가 광고주들의 영향권에 들어 있는 한, 무엇이 우리의 관심을 끄는지는 중요하지 않다. 가짜 뉴스는 효력을 발휘할 것이다. 마찬가지로 진짜 뉴스도 충분히 흥미만 있다면 효과적일 것이다. 트럼프는 사람들에게 끊임없이 자기 뉴스를 읽고 주목하게 하므로, 마케도니아 해커들뿐만 아니라 《뉴욕 타임스》와 CNN의 중요 고객이었다. 만약 가짜 뉴스가 적극적 조작의 문제였다면 찾아내기가 좀 더 수월했을 것이다. 하지만 그것은 그저 관심을 끌려는 행위의 범주에 들어가는 문제이기에 적극적 참여와 수동적 대응을 구별해 내기란 쉽지 않다.

　러시아의 푸틴은 사악한 천재일지 모르지만, 그냥 또 한 명의 기회주의자일 가능성이 더 커 보인다. 트럼프도 마찬가지다. (저커버그 본인을 포함해서) 페이스북은 가짜 뉴스가 확산되는 데 자사 기술이 어떻게 활용되는지 알고서 정말 놀랐다. 우리와 마찬가지로 시스템 구축자들도 자신들이 미처 깨닫지 못했던 위험을 발견하고 있다. 저커버그가 조작을 멈추고 싶다고 말한 심정은 충분히 이해할 만하다. 그는 그런 결과를 의도하지 않았다. 문제는 아무도 그럴 의도가 없었다는 점이다. 이는 광고업계에서 발생한 부작용일 뿐이다.

　현대 민주주의의 중요한 특징인 관중과 연기자에 대한 시각화된 이미지 역시 디지털 시대에는 지나치게 인문주의적이다. 자료를 수집하는 시스템은 기계에 불과하고, 기계는 인간이 보는 방식으로 세상을 관찰하지 못한다. 그저 정보를 빨아들일 뿐이다. 사실 기계는 우리를 한 개인으로 보지 않으므로, 인간으로서 우리는 기계에 별 의미가 없다. 우리는 그저 컴퓨터 화면 앞에 앉아 있는 하나의 구성단위일 뿐이다. 사람들은 서로 관찰한다. 기계들은 사람들이 관찰한 데이터를 처리한다. 민주주의를 위협하는 것은 조작이 아니다. 무심함이다.

대의민주주의는 마케팅에 불과하다

대의민주주의가 일종의 마케팅으로 축소되는 것이 정말 중요한 문제일까? 오랫동안 많은 작가들은 지금까지 그게 대의민주주의가 한 일의 전부였다고 의심해 왔다. 경제학자 조지프 슘페터Joseph Schumpeter는 1942년에 낸 책에서, 민주주의를 유권자에게 서로 물건을 팔려는 영업팀간의 경쟁으로 정의했다.[60] 마치 가루비누를 사는 것과 같다. 특정 상표에 질리면 다음에 다른 상표의 물건을 사면 그만이다.

1969년에 조 맥기니스Joe McGinnis는 『대통령 팔기The Selling of the President 1968』라는 책을 출간했는데, 이 책에서 그는 뉴욕 매디슨 애비뉴에 위치한 광고회사들이 미국 유권자들에게 잘 보이게 하려고 닉슨을 어떻게 포장했는지 설명하고 있다.[61] 당시 몇몇 독자는 민주주의 사회에서 그런 조작이 일어났었다는 사실에 충격을 받았다고 고백했다. 그러나 오늘날은 그런 일에 놀랄 사람이 거의 없을 것이다. 민주주의에서 연극적 요소를 중요하게 여기던 발상은 20세기 후반에 광고 중심적 사고로 대체되었다. 민주주의에 대한 은유적 표현은 처음에는 라디오였다가 나중에는 텔레비전으로 바뀌었다. 하지만 기본 생각은 크게 달라지지 않았다. 기계가 정치를 생산하고, 우리는 그것을 소비한다.

마케팅적으로 보면 선거는 팔리는 상품이 결정되는 마지막 시험대이므로, 이 과정에서 정치인들에게 시장에서 협상하는 데 도움이 되는 서비스를 제공함으로써 큰돈을 벌기도 하고 잃기도 한다. 케임브리지 어낼리티카와 같은 기업들은 뭔가 달랐을까? 어떻게 보면 그렇지 않다. 이는 단지 누가 더 눈속임을 잘하는지 알아보는 끝없는 경쟁의 최신판이다. 하지만 달리 보면 근본적으로 무언가가 변하기는 했다. 20세기 정치 상술은 독특한 리듬을 따랐다. 영업의 목적은 선거 때 거래를 마무리하는 것이었다. 그들이 우리 집에 와서 문을 두드리면, 우리는 가끔 그들을 안으로 들인다. 그들을 쫓아내는 경우가 더 많기는 하다. 하지만 우리 집 안에 가게를 차리라고 그들을 초대하지는 않는다.

21세기에는 홍보가 필수다. 거래를 마무리하는 일은 문을 조금이나마 계속 열어 두게 하는 것보다 덜 중요하다. 우리의 관심을 끌기 위한 경쟁의 기본 목표는 우리를 그 매체에 중독되게 하는 것이다. 온라인 광고는 집요하다. 내내 우리 주위를 따라다닌다. 온라인 광고의 목표는 우리를 늘 집중하게 하는 것이다.

트럼프는 이런 식의 민주주의에 어울리는 정치인이다. 그는 계약 성사의 중요성을 강조했지만, 그것이 그의 주된 사업 방식은 아니었다. 그는 주목받고 싶어 한다. 정치인들은 거래가 성사되고 나면 다르게 행동한다. 하지만 트럼프는 대선에 승리한 후에도 아직도 선거 운동을 하고 있는 사람처럼 행동하고 있다. 일을 제대로 하지 못했을 때에도 그는 전 세계의 이목을 집중시킨다. 신경학자 로버트 버튼Robert Burton은《뉴욕 타임스》에 기고한 글에서 반농담조로 이렇게 말했다. "도널드 트럼프는 스스로 선별한 데이터와 변덕스러운 성공예감에 의해서만 움직이는 블랙박스이자 1세대 인공지능 대통령의 전형이다." 그는 만능 인공지능이 나오기 이전에 볼 수 있는 로봇과 같은 사람이다.[62]

21세기 광고업계는 우리의 인지적 편향을 이용해서 우리를 지금 이 순간에 머물러 있게 한다. 인간은 앞으로 얻을 이익보다 즉각적 만족을 더 중요하게 여기기 마련이다. 그리고 가진 것을 지키고 싶어 하고, 기존 신념을 강화하려고 한다. 다른 사람들에게 받는 관심을 과대평가하고, 미래 자신의 모습이 현재 모습에서 얼마나 달라질지를 과소평가한다. 소셜 네트워크는 이런 욕구를 만족시키도록 설계되었고, 우리가 사용하는 기계도 마찬가지다. 소셜 네트워크는 중독성을 띠도록 고안되었다. 새로운 소식이 우리가 사실이기를 바라는 내용에 부합하는 한, 우리는 끊임없이 최신 소식을 접하기 위해 휴대폰을 들여다본다.

지금은 인지적 편향을 어느 정도 당연하게 여길지 몰라도, 대의민주주의는 인지적 편향에 영향을 받지 않도록 만들어졌다. 대의민주주의는 즉각적인 만족을 얻지 못하게 방해하고, 의사결정을 늦춘다. 또한 구매자가 후회할 여지를 마련해 준다. 미국 공화정을 세운 사람들은 편견을 바로잡고자 고안한 제도를 통해 사람들의 정치적 충동이 확실하게 걸러지도록 최선을 다했다. 그러나 바로 그 때문에 대의민주주의는 실망스러운 제도가 되었다. 대의민주주의는 사람들을 거의 만족시키지 못한다. 하지만 그것은 의도한 바가 아니었다.

온라인 시장에서는 구매자가 상품에 대해 후회하는 일이 비교적 드물다. 그럴 시간이 없기 때문이다. 어떤 물건을 사고 나면 그에 맞춰 다른 비슷한 물건을 추천받게 되므로, 구매 행위는 계속 이어진다. 잘못을 바로잡으려 애쓰면서도 우리가 계속 같은 물건을 사는 이유는 우리의 기호를 추적해서 생성된 메시지를 피할 수 없기 때문이다. 이런 식의 민주정치는 스스로 문제를 해결하는 대신 오히려 문제를 키운다. 결국 제 꼬리를 잡으려고 빙빙 도는 고양이와 같다. 민주주의는 역사상 유례가 없을 정도로 실패하고 있다. 민주적으로 선택할 수 있는 범위는 확대되고 있다. 그와 마찬가지로 허무함도 커진다.

인터넷이 직접민주주의를 가능케 하는가

고대 사회의 직접민주주의 역시 인간의 편견을 바로잡도록 설계되었다. 그렇다면 직접민주주의는 모든 사람이 공통적으로 가지고 있는 산만함을 해결할 수 있을까? 아리스토텔레스 이후 철학자들은 개인의 의견을 모아 집단의 힘으로 문제를 해결하는 것이 개인적 판단 오류를 피하는 가장 좋은 방법이라고 주장해 왔다. 각자 가진 편견이 상쇄된다면 집단적 의사결정이 한 개인의 선택보다 낫다. 이것이 집단의 지혜다.

인터넷 시대가 도래하면서 집단적 의사결정에 대한 관심이 크게 일고 있다. 오늘날에는 디지털 기술 덕분에 엄청난 양의 의견을 모을 수 있다. 집단적으로 상품의 가치를 매기고 미래를 예측하며 퍼즐을 풀고 혼자 할 때보다 더 효과적으로 백과사전을 편집할 수 있다. 인터넷은 진입장벽도 크게 낮추었다. 이제는 집단적 의사결정에 참여하려고 시장 광장에 가지 않아도 된다. 사람들이 각각 다른 장소에 있어도 부분적으로나마 집단 결정에 참여할 수 있다. 이때 필요한 행동이라고는 클릭하고 검색하는 일뿐이다. 왜 이런 편리한 방식을 정치에 활용하면 안 되는 걸까?

그 답은 고대 아테네인에게서 찾을 수 있다. 직접민주주의는 관리하기가 대단히 어렵다. 이 체제는 세심하게 통제된 조건하에서만 성공한다. 여기에서는 유사시 행사될지 모를 폭력의 위협을 포함해 사람들의 충동적 행위를 단속할 수 있는 모든 장치가 필요하다. 이는 대단히 고된 작업이기도 하다.

지금 우리가 사는 네트워크 사회는 수많은 신생 기업들의 이해관계에 따라 형성되고, 온라인 중독에 빠진 사람들의 영향을 받으며, 심지어는 이들의 충동적 행위 때문에 분열될 수도 있으므로 직접민주주의의 성공 조건에 맞지 않는다. 힘든 정치 활동이나 정치적 폭력 행위, 그 어느 것에도 우리는 마음이 당기지 않는다. 쉽게 만족을 얻을 수 있는 다른 방법이 있는데 굳이 왜 그렇게 하겠는가?

하지만 민주주의는 아직 죽지 않았다. 그 안에는 여전히 리바이어던이 살아 있다. 그러니 기계가 지배하는 세상을 통제할 힘을 되찾을 수 있다.

그럼 어떻게 찾을 수 있을까? 힘든 일이겠지만 누군가가 민주정치를 위해 디지털 기술의 힘을 탈환해야 한다. 그 일은 저절로 일어나지 않을 것이다. 그것을 가능하게 하는 한 가지 방법은 선출된 대표자들이 자신들의 권한을 사용해서 직접민주주의 실험을 지지하는 것이다. 고대 아테네의 직접민주주의를 그대로 재현하는 것은 불가능하다. 하지만 민주주의의 반응성을 지금보다 높이려는 노력은 가능하다.

그 일은 일부 지역에서 이미 시작되었다. 재앙과도 같았던 2008년 금융위기 이후 아이슬란드에서는 크라우드 소싱(crowd sourcing, 대중의 집단 참여로 해결책을 얻는 방법 - 옮긴이)을 통해 헌법을 개정했고, 수도인 레이캬비크의 시민들은 온라인 투표 방식을 활용해서 시 예산을 통제하고 있다. 이와 비슷하게 샌프란시스코에서는 주민참여예산제도를 시행하고 있으며, 여러 주변 지역에서 그 제도를 따라하고 있다. 스톡홀름에서는 온라인 투표 시스템을 활용해서 정치인들이 결정할 안건을 사전에 심사한다. 스페인, 오스트레일리아, 아르헨티나 등에는 '넷Net' 정당들이 있는데, 여기 당원들은 디지털 도구를 사용해서 정당 정책을 결정한다. 베페 그릴로Beppe Grillo가 주도하는 이탈리아의 오성운동Five Star Movement은 좋은 싫든 여러 정책을 크라우드 소싱을 통해 정한다. 전 세계에 활동하는 '해적당들'(Pirate parties, 주로 유럽 정치권에서 활동하는 정당으로, 인터넷 불법 다운로드 행위를 옹호한다 - 옮긴이)도 마찬가지다.

그와 동시에, 디지털 기술은 기술적으로 복잡한 문제에 대한 해결책을 제시함으로써 민주주의를 도울 수 있다. 이때 정치인들은 유권자의 의견을 직접 듣지 않아도 된다. 정치인들은 기계학습을 사용해서 선택할 수 있는 대안들을 사전 점검함으로써 일을 덜 수 있다. 오늘날 대부분의 정책은 선출된 대표자들이 효과가 있기를 바라는 것들의 목록일 뿐이다. 사전 점검은 유권자가 그 안을 지지하는지 알아보는 것이다. 유권자의 의견을 듣기 전에 새로운 기술을 미리 시험해 볼 수 있으므로, 나중에 유권자에게서 지지받을 확률이 높아진다.

이런 식의 정치에는 자발적인 면이 전혀 없다. 디지털 기술이 도와준다고 해도, 민주주의를 실현하는 일은 여전히 고된 작업일 것이다. 인터넷만으로는 민주주의를 되살리지 못할 것이다. 민주주의는 이미 가지고 있는 정치체제를 통해서 부활해야 한다. 위기에 빠진 정치체제는 정치로 구할 수밖에 없다.

안타깝게도 현재 우리가 가진 정치체제에는 이러한 계획을 지지하는 사람들만큼 그것을 방해하는 사람들도 존재한다. 우리 정치는 여전히 부족 중심적이다. 어떤 해결 방안이든 그 방법을 비난하는 쪽과 격려하는 쪽이 있다. 디지털 기술이 부족주의에서 벗어나게 하려고 노력하지만 오히려 그것을 강화하기 쉽다.

현재 직접민주주의를 실험하고 있는 샌프란시스코와 레이캬비크, 스톡홀름 등을 살펴보자. 이들 지역은 기꺼이 그렇게 할 것이다. 왜 안 그렇겠는가? 디지털 민주주의e-democracy는 기술을 잘 아는 사람들이 많이 거주하는 도시에 적합하다. 만약 디지털 민주주의가 샌프란시스코에서 효과가 있다면, 미국의 다른 지역까지 확대하지 말아야 할 이유가 있을까? 그런데 오히려 샌프란시스코에서 효과가 있었기에, 미국의 다른 지역들은 그 제도를 채택하고 싶어 하지 않는다. 현재 텍사스는 캘리포니아처럼 하고 싶은 마음이 전혀 없다. 캘리포니아의 방식은 도리어 수많은 텍사스 주민을 소외시키기 때문이다.

21세기 서구 민주주의의 특징 중 하나는 교육과 관련된다. 나이나 계층, 성별보다 대학 졸업 여부가 투표율에 더 많은 영향을 미친다. 이는 트럼프가 당선된 미국 대선과 영국의 브렉시트 찬반 투표, 마크롱이 당선된 프랑스 대선에서 입증되었다. 교육 수준이 높은 사람들은 하나의 부

제3장 | 기술의 발전이 더 나은 정치를 불러오는가

족을 형성한다. 그리고 단결한다. 이들은 자신들이 세상이 작동하는 방식을 더 잘 알기 때문에 그렇게 행동한다고 생각할지도 모른다. 하지만 그러한 측면 때문에 그들은 다른 사람들과 멀어진다. 아마도 그들은 부족주의와 박식함을 착각하는 것 같다.

이는 기술이 대의민주주의를 강화한다고 생각할 때 발생하는 근본적인 문제다. 정치인은 의사 같은 전문가와는 다르다. 우리가 정치인들에게 기대하는 것은 단순히 지침과 도움만이 아니다. 우리는 현재 우리 모습을 반성하기 위해서 그들을 찾는다. 그런데 도리어 고급 지식이 그것을 방해한다.

20세기 초에 미국을 방문한 막스 베버가 미국 노동자들에게 유권자를 실망시킬 자격 미달 정치인에게 왜 계속 투표하느냐고 물었다. 그는 이런 대답을 들었다. "우리는 '전문가들', 즉 공무원들에게 침을 뱉습니다. 우리는 그들을 경멸합니다. 하지만 당신네 나라에서처럼 훈련을 잘 받고 자격을 갖춘 사람들이 공직을 채운다면, 그들이 우리에게 침을 뱉을 겁니다."[63] 이런 정서 때문에 오늘날 대의민주주의가 살아 있는 것이다.

디지털 혁명은 민주주의를 위해서 많은 것을 약속했지만, 아직은 해준 것이 거의 없다. 하지만 디지털 혁명의 변형 가능성은 사실상 무궁무진하다. 그럼 이제 가장 어려운 문제를 마주해야 한다. 민주주의 그 자체가 더 나은 정치를 방해하고 있다면 어떻게 해야 할까? 그 다음에 무슨 일이 벌어질까?

더 나은
대안이 있을까

민주주의의
현실적 대안을 물색하다

✕

현대 대의민주주의는 지루하고 악의적이며, 피해망상적인 데다 자기 기만적이기도 하고 서투르며 자주 비효율적이다. 또한 대부분의 시간을 과거의 영광에 기대어 살고 있다. 이런 유감스러운 상황은 지금까지 우리 모습이 어떻게 형성되어 왔는지를 반영한다. 하지만 지금의 민주주의가 곧 현재 우리 모습을 말해 주는 것은 아니다. 민주주의는 하나의 정부 체제에 불과하며, 우리가 만들었으니 다른 것으로 바꿀 수도 있다. 그렇다면 왜 우리는 이를 더 나은 시스템으로 대체하지 않을까?

물론 우리가 아직 실패를 인정하지 않은 데에는 여러 이유가 있다. 과거에 민주주의는 유익한 체제였고, 만약 우리가 그것을 너무 일찍 포기했다면 상황은 지금보다 훨씬 나빴을 것이다. 하지만 민주주의를 지나치게 오래 붙들고 있는 것은 너무 빨리 포기하는 것만큼이나 해로울 수 있다. 어쩌면 더 나쁠지도 모르겠다.

사실 앞의 내용은 다소 완곡한 표현을 써서 설명한 것이다. 주변에는 훨씬 잔인한 평가들이 돌아다닌다. 예를 들어 영국 철학자 닉 랜드Nick

Land는 민주주의가 조만간 문명의 종말을 맞이할 것이라고 생각한다. 그는 경멸에 찬 어조로 다음과 같이 쓰고 있다. "지금 민주주의 사회에서는 정치인과 유권자 모두 상대를 대단히 후안무치한 사람으로 몰아가는 일에 사로잡혀 있으며, 그 과정에서 양쪽 모두 소리 지르는 것 외에는 다른 대안이 없다는 듯이 서로에게 야유를 퍼붓고 상대를 잡아먹을 것처럼 길길이 날뛴다."[64] 민주주의가 우리의 인지적 편향에 맞서기를 포기한 이상, 궁극적으로 우리 모두를 소모시키고 말 소비지상주의적 광기를 길들이기란 전적으로 불가능하다. 이것이 진정한 좀비 정치다. 랜드는 또 이렇게 쓰고 있다.

> 이론적으로 생각하나 명백한 역사적 사실로 보나, 광적으로 시간선호(time preference, 미래 소비보다 현재 소비를 더 선호한다는 경제학 용어 - 옮긴이)를 강조하는 민주주의는 잔인한 야만주의나 좀비로 인한 세상의 종말(결국은 그렇게 되겠지만)이 일어나 사회가 즉각적으로 붕괴할 정도는 아니어도 문명에 반대되는 방향으로 점점 나아가고 있다. 민주주의 바이러스가 사회 전체에 퍼지면, 힘들게 축적한 관습과 인류와 산업에 대한 신중하고 미래지향적인 투자는 무익하고 한탕주의에 빠진 소비지상주의, 경제적 무절제, '리얼리티 쇼' 같은 정치 서커스로 대체된다. 내일은 어떻게 될지 모르니 현재를 충분히 즐기는 것이 최선이다.[65]

무엇이 나을지 물어도 괜찮다. 더 나쁜 것을 상상하기란 아마 어려울 것이다.

정부는 기업이 될 수 있을까

그렇다면 랜드 같은 작가들은 대안으로 무엇을 제시할까? 여기서부터 문제가 시작된다. 랜드는 민주국가를 국민이 선출하지 않는 CEO가 운영하는 거대 기업, 이른바 기업정부gov-corp처럼 바꾸고 싶어 한다. 국민은 고객과 다르지 않다. "거주자(고객)는 더 이상 정치 같은 것에 관심을 두지 않아도 된다. 사실 그것은 반#범죄적 성향을 드러내는 일이다. 만약 기업정부가 거두어 가는 세금, 즉 통치서비스 대여료sovereign rent에 비해 만족스러운 서비스를 제공하지 못하면 거주자는 그들이 제공해야 할 고객서비스의 내용을 통지할 수 있고 필요시 다른 기업정부에 서비스를 맡길 수 있다. 기업정부는 고객을 끌어들이기 위해 효율적이고 매력적이며 활기차고 깨끗하며 안전한 나라를 운영하는 데 집중할 것이다. 반대 목소리는 낼 수 없고, 나가는 것은 자유다." 랜드가 생각하기에, 오직 기업정부만이 그가 '대성당'이라고 부르는 통치 방식, 즉 국민국가를 세계정부로 대체하는 작업을 추진하는 그림자 조직의 대안이 된다. '대성당'에서는 뉴잉글랜드 지역(코네티컷 · 메인 · 매사추세츠 · 뉴햄프셔 · 로드아일랜드 · 버몬트 등 미국 북동부에 있는 여섯 개 주를 가리키는 말 - 옮긴이)의 명문대학들이 주도하는 이른바 '불만 연구(the Grievance Studies, 2017~2018년에 포틀랜드주립대학교 연구진 제임스 린지James Lindsay, 피터 보

226 제4장 | 더 나은 대안이 있을까

고시안Peter Boghossian, 헬렌 플럭로즈Helen Pluckrose는 사회학과 여성학계의 배타적이고 비과학적인 면을 지적하기 위해 엉터리 이론과 방법론을 사용해서 20개의 가짜 논문을 쓴 다음 이를 유명 학술지에 제출했고, 그중 7개 논문이 심사를 통과해 학술지에 실렸다. 이들은 사회학과 여성학이 젠더 · 인종 · 성소수자 등 사회 불만 현상을 분석하고, 그 내용을 탈식민주의 이론, 퀴어 이론, 교차적 페미니즘 등의 이름으로 이론화한다고 해서 이 학문들을 '불만 연구 학문'이라고 불렀다 - 옮긴이)'에서 나온 결과를 굳게 믿는다.

('대성당' 개념을 포함해서) 랜드 철학의 상당 부분은 '멘시어스 몰드버그Mencius Moldbug'라는 필명으로 글을 쓰는 컴퓨터 공학자 커티스 야빈Curtis Yarvin의 영향을 받았다. 종종 랜드와 야빈을 '신반동분자neo-reactionarie'로 지칭하지만, 야빈은 '만민 구원주의자restorationist'나 '재커바이트Jacobite'(명예혁명 후 망명한 스튜어트가의 자손을 영국 정통 군주로 지지하는 정치 세력 - 옮긴이)로 불리는 것이 더 좋다고 말한다.[66] 그 의미는 말 그대로다. 그는 명예혁명이 일어난 1688년 이후부터 현대 정치가 길을 잘못 들었다고 여기며 절대 군주제를 복원하고 싶어 한다. 사실 야빈은 '절대 군주제'라는 표현을 거부하는데, 이 용어가 자유주의를 조롱한다고 생각하기 때문이다. 그는 국가의 의사결정권이 하나의 생물학적 단위인 왕에 집중될 수 있는 제도라는 의미로, 단순하게 '군주제'라는 표현을 더 좋아한다. 몰드버그가 좋아하는 철학자는 홉스지만, 민주주의가 리바이어던을 찾기 전까지만 그렇다.

이런 사상을 대안으로서 진지하게 받아들일 수 있을까? 현대 민주주의를 극렬하게 비판하는 사람들은 가능한 치유법보다 상황이 잘못될 때 나타나는 징후와 비슷해 보이는 대책을 제시한다. 하지만 랜드와 야빈은 거대한 음모론자다. 싫어하는 모든 것에 대한 경멸감이 대안을 설명할 수 있는 능력보다 훨씬 크다. 이들이 상상한 정치 세계는 말도 안 되는 영웅과 악당이 사는 풍자만화 속 세상이므로, 이를 신뢰할 수 없다. 하지만 민주주의를 포기한 사람들은 이러한 세계를 사실로 믿기 쉽다. 그들은 민주주의에 대한 혐오감 때문에 민주주의가 어떻게 다른 체제로 변해갈지 전혀 생각하지 못한다. 그저 가능한 한 빨리 다음 단계로 나아가고 싶을 뿐이다.

민주주의는 가장 덜 악한 제도다

아마존 소프트웨어 엔지니어인 알레시오 피어지아코미Alessio Piergiacomi는 구닥다리가 되어 가는 민주주의에 관해 다음과 같이 썼다. "해마다 평범한 사람은 점점 더 바보가 되고, 정치인들은 점점 더 사기꾼이 되어 간다 …… 반면 컴퓨터는 점점 똑똑해지고 있다. 그러니 컴퓨터에게 결정을 맡기고 우리를 다스리게 하는 것이 현명한 일일 것이다."[67] 이 글에 대한 답으로 그의 동료 하나는 이렇게 썼다. "우리 정치인들보다 국정 운영을 더 잘할 사람들이 이미 많다. 지금 국정을 운영하는 사람들은 지저분한 정치 게임을 잘하기 때문에 그 자리에 있는 것이다. 만약 정치 게임을 할 수 있는 로봇을 만들어서 의회로 보내면, 이 로봇들은 현직 정치인들만큼은 할 것이다."[68] 이런 냉소주의와 경쟁하기는 어렵다. 아니, 다음에

제4장 | 더 나은 대안이 있을까

는 또 어떤 이야기가 나올지 알기도 어렵다.

그럴듯한 대안의 부재는 오랫동안 민주주의가 제자리걸음할 수밖에 없었던 이유 중 하나였다. 오늘날 널리 퍼져 있는 민주정치에 대한 혐오감도 더 나은 대안을 찾기 위해 합의를 이루는 어려움에 비할 바가 못 된다. 대안들은 대부분 더 나쁘게 보인다. 민주주의는 싫은데 대안이 없다는 생각이 음모론을 부채질한다. 포퓰리즘이 그런 불안정한 분위기를 이용한다. 그 때문에 이미 속고 있던 사람들을 설득하기가 훨씬 쉬워진다.

처칠은 덜 악한 정치체제로서의 지위를 계속 유지하는 민주주의에 대해 다음과 같이 찬사를 보낸 바 있다.

> "죄악과 불행으로 가득한 이 세상에서 그동안 사람들은 다양한 정부 형태를 시험해 왔고, 앞으로도 계속 그렇게 할 것이다. 아무도 민주주의가 완벽하거나 현명한 제도라고 생각하지 않는다. 실제로 사람들은 민주주의를 가장 나쁜 제도라고 말한다. 그동안 달리 시도되었던 다른 모든 체제를 제외하면 그렇다는 말이다."[69]

이 구절은 21세기에 지겹도록 반복되고 있다. 그러나 맥락이 중요하다. 처칠의 찬사는 민주주의의 대안 중 하나인 파시즘 실험이 철저하게 실패한 후인 1947년에 나왔다. 스탈린주의라는 또 다른 실험은 여전히 진행 중이었다. 제2차 세계대전의 여파로 민주국가들은 색다른 대안을 실험하는 일이 현실적으로 가능하다는 사실과 그것이 극히 위험하다는 사실을 알게 되었다. 대안들은 실체가 있었다.

그로부터 70년 후에 상황은 바뀐다. 대부분의 민주국가들은 선택할 대안이 없다는 생각에 점점 익숙해졌다. 간혹 극단적인 실험이 시도되기도 했지만 모두 사소해 보이거나 가능성이 희박한 것들이었다. 스톡홀름 교외에서 일어난 일(2017년 4월 7일 스웨덴의 스톡홀름에서 트럭이 백화점으로 돌진하는 차량 테러가 발생해서 4명이 사망했다 – 옮긴이)을 워싱턴 거주자들은 상상도 하지 못한다. 처칠은 거의 일어날 수 없는 유혹에 대해 경고하고 있었다. 오늘날 우리는 대안이 효과가 없다는 생각에 너무나 익숙해서 실현 가능성이 있는 대안을 놓칠 확률이 더 커졌다. 이것이 중년기에 이른 민주주의의 특징이다. 민주주의 초기에는 좋든 싫든 미래가 열려 있다고 생각한다. 성숙한 민주주의에서는 이런 생각이 사라진다. 민주주의는 나름의 방식으로 굳어진다.

대안이 아예 없다는 생각과 터무니없는 대안밖에 없다는 생각 사이에는 차이가 거의 없다. 이 두 가지 생각은 함께 다니면서 중년의 위기를 일으킨다. 그러나 이런 생각들 사이에는 현실적 대안이 존재하는지 숙고할 수 있는 공간이 충분하다. 어려운 점은 그런 공간을 발견하는 일이다. 한 가지 시작점은 처음에 민주주의의 어떤 면이 우리를 매혹시켰는가를 생각해 보는 것이다. 그것은 치료의 일부가 된다.

실용주의적 독재가
대안이 될 수 있는가

X

현대 민주주의의 매력은 본질적으로 두 가지다. 첫째, 민주주의는 품격을 더한다. 민주국가에서는 시민 개개인의 의견을 정치인들이 진지하게 받아들인다. 사람들은 자기 의견을 표현할 기회를 얻고, 침묵을 강요받지 않도록 보호받을 수 있다. 그리고 상대를 존중하게 한다. 둘째, 민주주의는 장기적으로 이득이다. 시간이 흐를수록 안전한 민주국가는 시민들에게 물질적 안정과 풍요, 평화를 공유할 기회를 약속한다. 이런 혜택은 하나하나가 그 자체로 중요한 매력 요인이다. 그리고 합해 놓으면 어마어마한 힘을 발휘한다.

당연하지만 장기적 이익이 발생하기 전에 품격이 먼저 생긴다. 자유 투표권의 매력은 즉시 발산된다. 그래서 민주주의가 갓 시작되어 아직 다른 혜택들이 뚜렷해지지 않은 나라라 하더라도 투표소에 길게 늘어선 줄을 흔히 볼 수 있다. 하지만 그에 따른 결과를 얻기까지는 시간이 걸린다. 또한 품격은 개개인에게 부여되지만, 장기적 혜택은 다수에 분산된다.

민주주의에서는 한 표 한 표가 중요하므로 사람들은 한 인간으로서 존중받는다는 확약을 받는다. 그중 일부(특히 소수자)는 서류상으로만 권리가 보장되므로 실질적인 권리를 얻기 위해서는 싸워야 할 때도 있다. 하지만 개인의 재산이 늘어난다는 보장은 없다. 실제로 많은 사람들이 민주주의가 가져다준 물질적 혜택을 받지 못한다고 느낀다. 민주국가가 만들어 낸 결과물은 명확하게 정의하기 어렵다. 대개 이런 결과물은 공공재의 형태로 나타난다. 이 혜택을 공평하게 분배하는 문제 역시 싸워서 해결해야 할 대상이다.

민주주의의 모순 중 하나는 커다란 매력 요인인 선거가 그 매력을 제대로 드러내지 못한다는 점이다. 표가 필요한 정치인들은 유권자에게 각종 정책이 가져다줄 물질적 혜택에 대해 이야기할 것이다. 그와 동시에 집단적 품격이라는 개념에 호소한다. 그래서 몇 가지 면에서 매력의 근거가 뒤바뀐다. 후보자들은 자신에게 표를 주면 우리 개인의 삶이 나아질 것이고 우리가 속한 집단도 더 많이 존중받을 것이라고 말한다. 이것이 민주주의를 실망스럽게 만든다. 민주주의의 진정한 매력은 정치인들이 얄팍한 호소를 하지 못하게 되는 환경에 있다.

개인의 이익과 집단의 품격을 약속하는 권위주의

정치인들이 개별 유권자에게 약속한 것과 실제로 전체 사회가 시민들에게 제공하는 결과 사이의 간극은 대안이 출현할 공간이 된다. 그 대안들 중 일부는 20세기에 시도됐다가 실패한 이념 편향적인 사상들이다. 마르크스 레닌주의는 개인적 이익과 사회적 이익의 구분을 없애겠다고

제4장 | 더 나은 대안이 있을까

약속했다. 레닌은 『국가와 혁명: 마르크스주의 국가론과 혁명에서 프롤레타리아트의 임무』에서 진정한 사회주의는 사생활과 정치 활동을 번갈아 할 수 있게 해준다고 주장했다. 사회주의 체제에서는 사람들이 스스로 치안과 행정을 맡을 수 있으므로 경찰이나 국가 관료가 필요하지 않을 것이다. 레닌은 이를 진정한 민주주의라고 불렀다. 즉 '서클'을 완성할 수 있는 유일한 방법이다. 그는 이 책을 1917년 볼셰비키 혁명이 일어나기 직전에 출판했다. 그러나 이후에 펼쳐진 정치 상황은 그의 생각과 달랐다. 레닌주의는 스탈린주의로 변질되었고, 전후에는 음침하고 억압적인 구소련 체제가 되었다. 결국 장기적으로 보면 그 모든 실패에도 불구하고 대의민주주의가 더 낫다.

하지만 민주주의의 대안이 꼭 이념적일 필요는 없다. 21세기 권위주의는 과거의 권위주의보다 훨씬 실용적이다. 권위주의자들은 그 누구도, 특히 이념 편향적 정치인들이 서클을 완성할 수 없음을 안다. 오늘날 권위주의자들은 다른 사람들과 마찬가지로 20세기에서 교훈을 얻으려고 노력해 왔다. 이들은 민주주의가 줄 수 있는 혜택의 반만 제공한다. 이들은 개인의 품격과 집단의 이익이 아닌, 개인의 이익과 집단의 품격을 약속한다. 이것이 바로 현재 중국 공산당이 열심히 하고 있는 일이다.

집단의 품격은 국가적 과시의 형태로 나타난다. 즉 중국을 다시 위대하게 만든다는 것이다. 국가가 개인의 이익을 거두어들여서 이를 다시 널리 분배한다. 최근 몇 십 년간 비민주주의 국가인 중국에서는 민주국가인 인도에서보다 가난이 줄고 평균 수명이 증가하는 발전을 이루었다.

실제로 많은 중국인들이 급격한 경제 성장이 가져온 단기적 이익을 누리고 있다. 중국 정부는 가능한 한 오랫동안 지금의 상태를 유지하는 것에 체제의 성공 여부가 달려 있다고 파악한다.

그러나 여기에는 대가가 따른다. 중국 국민에게는 인도 국민만큼 민주적으로 자기 의사를 표현할 기회가 없다. 언론의 자유를 억압하고 정부가 제멋대로 권력을 행사하는 사회에서는 개인이 정치적 품격을 지키기가 더욱 어렵다. 중국 국민은 인도 국민보다 절대적 빈곤과 그 결과(영양실조, 문맹, 조기 사망)때문에 고통받을 가능성은 적지만, 무책임한 국가 공무원의 손에 희생당할 확률은 더 높다. 민족주의와 같은 집단적 품격에는 일정한 보상이 따른다. 이런 보상은 주류 민족만 누릴 것이다. 그래서 소수 민족인 티베트족은 이를 누리지 못한다.

또한 계속해서 급격한 경제 성장에만 의존하면 상당한 위험이 따른다. 현대 민주주의가 오래 유지될 수 있는 힘은 상황이 틀어질 때 진로를 변경하는 능력에서 나온다. 현대 민주주의는 유연하다. 그 대안인 실용주의적 독재체제의 위험은 단기적 성과가 바닥을 드러내기 시작했을 때 다른 정치적 정당성의 근거를 찾기가 어렵다는 점이다. 실용주의만으로는 충분하지 않을 것이다. 중국 체제는 아직 그런 단계까지 이르지는 않았지만 앞으로 어떻게 될지는 아무도 모른다. 만약 중국 체제가 적응에 실패한다면, 조만간 그 체제의 단점이 장점보다 많아지기 시작할 것이다.

트럼프의 지킬 수 없는 약속

21세기 실용주의적 독재정권은 현대 민주주의의 실질적 대안이라 할 수 있다. 이 체제에는 몇 가지 상충관계가 존재한다. 우리는 다음 중 어느 쪽을 선호할까? 개인의 품격인가, 집단의 품격인가? 단기적 보상인가, 장기적 이득인가? 이는 중요한 질문이다. 하지만 오늘날 현대 민주주의가 작동하는 방식을 보면 모든 사람이 그 문제를 심각하게 받아들이고 있는지 의심스럽다. 트럼프의 사례가 왜 그런지 보여 준다.

2016년 미국 대선에서 트럼프의 홍보 내용은 실용주의적 독재체제의 각본에서 그대로 가져왔다. 그는 집단, 적어도 다수의 백인 미국인의 품격을 회복하겠다고 약속했다. 미국을 다시 위대하게! 다른 사람들이 간섭하지 못하게 하자! 그와 동시에, 트럼프는 경제학자와 같은 지식인들이 장기적 비용에 관해 무슨 말을 하든지 신경 쓰지 않고, 단기적인 물질적 보상을 약속했다. 일자리를 되찾겠다! 경제를 세 배로 성장시키겠다! 모든 사람에게 복지 혜택을 주겠다! 이 모든 말들이 트럼프를 21세기 독재자의 전형으로 만들었다. 한편으로는 그러한 공약들이 그를 대단히 뻔뻔한 민주적 정치인의 전형처럼도 보이게 했다. 그는 지킬 수 없는 약속을 하고 있었다.

트럼프 지지자들이 실제로 미국 민주주의에 중국식 대안을 받아들이려 했다고 믿기는 힘들다. 트럼프가 대통령으로서 보여 준 행보는 이미 그의 선거 공약 중 상당수와 달라졌다. 그의 실용주의는 독재체제보다 더욱 즉흥적으로 보인다. 우리가 아는 바에 따르면, 중국의 정치 지도층은 트럼프의 부상을 불안과 경멸이 뒤섞인 감정으로 바라본다. 트럼프는 민주주의와 그 대안 사이의 경계를 흐렸다. 다른 것과 마찬가지로, 그의 선거로 명확해진 것은 아무것도 없다.

트럼프 이야기는 접어 두고 좀 더 중요한 문제로 돌아가 보자. 만약 실용주의적 독재가 정말로 현대 대의민주주의의 대안이라면, 그것을 언제 선택해야 합리적일까? 그 답은 민주주의의 현재 위치에 좌우된다. 민주주의가 아직 성숙하지 않았을 때, 특히 민주주의의 품격이 아직 눈에 보이는 물질적 이익과 조화를 이루지 못하고 있다면 실용주의적 독재는 대단히 매력적일 것이다. 아직 민주주의를 채택하지 않은 나라들에서도 마찬가지다. 이런 예는 오늘날 세계 여러 지역에서 볼 수 있으며, 그중 중국식 정치체제는 성공한 전향자다. 아시아와 아프리카, 심지어 유럽의 주변부에서도 같은 현상이 일어나고 있다. 이들 지역은 중국 투자의 도움을 받기도 했지만, 그게 이유의 전부는 아니다. 비교적 단기간에 성과를 내야 하는 국가들에게 국가적 자존감과 결합된 급격한 경제 발전은 확실히 매력적이다. 이들 국가에서 민주주의는 대개 위험한 도박처럼 보인다.

또한 실용주의적 독재는 긴급한 환경문제에 직면한 사회에서도 상당히 호소력이 있다. 지난 10년 간 국제 사회에서 중국이 보여 준 가장 성공적인 사례는 아마도 단호한 기후 대책일 것이다. 그중 일부는 대담하고 창의적이다. 1년 만에 태양광발전소를 두 배로 늘리겠다거나 베이징 내 모든 택시를 전기차로 바꾸겠다고 공언한 것이 그 예다. 이는 마오쩌둥 사후에 스모그가 자욱했던 국가가 보여 준 놀랄 만한 변화다.

자유를 상실한 민주주의

환경문제에 쉽게 대처하는 실용주의적 독재와 비교하면 민주주의는 복잡하고 느리고 우유부단해 보인다. 민주주의는 선택을 유보하는 경우가 많은데, 이는 머뭇거리다가 때를 놓칠 수 있다는 의미이기도 하다. 홍수나 대기오염, 물 부족 사태가 심각한 위협이 되었을 때 실용주의적 독재는 장기적 이익을 희생해서 단기적 성과를 내겠다는 약속을 이행했다. 이 체제에서는 반대 의견을 크게 걱정하지 않아도 된다.

하지만 성숙한 민주주의에서는 유보적 태도가 결과에 영향을 줄 정도는 아니다. 여기에는 다른 종류의 상충관계가 있다. 인간은 손실을 피하고 싶어 한다. 사람들은 뒤따라올 보상과 상관없이 기득권을 포기하지 않으려 한다. 서구 민주주의 사회에서 시민들은 악당을 몰아내는 대가로 개인의 품격이 상실되는 것을 묵인하지 않는데, 설령 그로 인해 집단의 이익을 희생하게 될지라도 그렇다. 이를 입증하는 예는 아주 많다. 많은 서유럽 국가들이 10년 넘게 경제 성장을 이루지 못하고 있다. 미국에서는 많은 사람들의 실질 임금이 40년 넘게 제자리걸음이다. 그 결과 유권자들은 선거에서 색다른 공약을 내건 정치인들에 끌리게 되었다. 하지만 민주적 권리를 빼앗겠다고 위협하는 정치인들은 지지하지 않았다. 이에 대한 반사작용으로 독재정권의 위협은 다른 사람들, 즉 소수자들의 권리를 뺏는 것으로 축소되었다.

그러나 이러한 모습이 민주주의의 대안은 아니다. 그저 대중에 영합해서 민주주의를 왜곡한 것이다. 스스로 '반자유주의적 민주주의자'라고 지칭하는 빅토르 오르번Viktor Orban 헝가리 총리처럼, 겉으로 민주주의를 표방하는 독재자는 중국 공산당보다는 블라디미르 푸틴에게서 영감을 얻는다. 헝가리와 러시아 같은 나라에서 실용주의는 정치적 희생양을 찾고 복잡한 음모론을 기획하는 것에 비해 한참 우선순위가 밀린다. 여전히 선거는 치러진다. 그러나 민주주의는 필수 가치인 자유주의를 박탈당한 채 실제보다 부풀려진다. 결과적으로 그것은 거의 민주주의가 아니다. 몇몇 정치학자는 지금 벌어지는 현상을 설명하고자 '경쟁적 권위주의competitive authoritarianism'라는 용어를 사용한다.[70] 국민들에게 선택권은 있지만 실상은 무의미한 권리다. 이 체제는 민주주의의 대체물이라기보다 민주주의의 패러디다.

중국 정치는 희생양 이론과 음모론에 거의 영향을 받지 않는다. 중국 지도자들은 강자를 자처한다. 하지만 중국은 트럼프와 마찬가지로 러시아와 헝가리가 흉내만 낼 수 있는 것, 즉 다수를 위한 실용적인 결과물을 민주주의의 실행 가능한 대안으로 제공할 수 있다. 중국은 자기들의 정치체제가 능력주의에 기반을 둔 것처럼 연출한다. 정치인들은 카리스마보다 능력을 중요시하는 복잡한 내부 시험을 거쳐 출세한다. 하지만 서구의 많은 사람들이 중국의 능력주의에 회의적이다. 옥스퍼드대학교 교수 겸 역사학자 티머시 가튼 애시Timothy Garton Ash의 표현을 빌리면, 중국의 정치체제에는 여전히 "파벌주의, 후견주의, 정실주의, 부패"가 만연하다.[71] 하지만 애시조차도 "중요한 정치 개혁과 변화가 있었고 …… 이는 소련과는 다르다"는 사실을 인정한다. 중국학자 대니얼 벨Daniel A. Bell은 중국 체제를 가리켜 "하층부는 민주주의, 중간은 실험주의, 상층부는 능력주의"라고 부른다.[72] 여기에서 민주주의와 능력주의는 논란의 여지가 있지만, 실험주의는 여전히 서구의 관찰자들의 관심을 모은다. 적어도 중국은 새로운 일을 시도하고 있지 않은가?

성숙한 민주주의 사회가 실용주의적 독재에 잠시 흥미를 느낄 수는 있지만, 그것을 받아들일 가능성은 없다. 어설프게 색다른 무언가에 손을 대는 일은 위험하기 때문이다. 물론 상황이 바뀔지도 모른다. 심각한 경제난(혹은 환경 재앙과 같은 대참사)은 거래 조건을 근본적으로 바꾸기도 한다. 그러면 성숙한 민주주의와 실용주의적 독재의 연대도 상상해볼 수 있다. 하지만 거기까지는 아직 어림도 없다. 현대 그리스의 사례를 보면 그 점을 확실히 알 수 있다. 1930년대에 국가 경제가 붕괴했지만 그 정도 규모로는 표현의 자유를 포함한 개인의 품격과 혼란에서 벗어나고자 기존 정치노선을 변경했을 때 얻을 장기적 이익을 포기하라고 그리스인들을 설득하지 못했다. 하지만 민주주의와 실용주의의 결합은 한동안 경제 위기를 감내하며 살아온 사람들에게는 여전히 매력적인 조합이다.

그러므로 처칠의 말은 반만 옳았다. 많은 사람들이 보기에 오늘날 민주주의는 나쁜 제도들 중에서 가장 나은 것이다. 하지만 모두가 그렇게 생각하는 것은 아니다. 현실적인 대안들도 있기 때문이다. 21세기에는 서구 민주주의와 경쟁하는 정치체제가 여러 지역에서 다양한 매력을 발산하고 이따금 민주주의의 가장자리까지 그 세력을 확대함으로써 서구 민주주의와 대립하는 상황을 보게 될지도 모른다. 아직은 그 대안이 대부분의 서구 사회의 현실에 맞지 않지만, 그런 유혹은 실재한다. 더 이상 민주주의는 가장 괜찮은 정치체제가 아니다.

이와 마찬가지로, 우리가 선택한 상충 관계의 한계를 인정해야 한다. 대의민주주의가 제공하는 존중 같은 가치는 아마도 21세기 시민들에게 불충분할 것이다. 민주주의가 특별히 중요하게 여겼던 개인의 품격은 전통적으로 선거권 확대로 표현되었다. 투표권 부여는 사람들에게 그들이 중요한 사람임을 알리는 최상의 방법이다. 하지만 거의 모든 성인이 투표권을 가지고 있을 때는 품격을 높일 새로운 방법을 찾아야 한다. 정체성 정치가 부상하는 현상은 이제 선거 참여만으로는 부족하다는 사실을 보여 준다. 사람들은 자신의 정체성을 인정받을 때 함께 따라오는 품격을 추구한다. 이들은 남의 말에 귀 기울이려 하지 않는다. 그냥 '듣기를' 원한다. 소셜 네트워크는 그런 목소리를 낼 수 있는 공개 토론의 장을 제공한다. 그래서 민주 사회의 정치인들은 그들과 만날 방법을 공들여 찾고 있다.

인정의 정치politics of recognition는 민주주의를 거부한다기보다 민주주의의 매력을 확장한 것이다. 여기에서 권위주의는 그 실용성에도 불구하고 답이 되지 못한다. 권위주의는 사람들의 요구가 들리지 않도록 자기 목소리를 크게 높이려고 애쓰는 정치 지도자들만 만들어 낼 뿐이다. 독재자는 이렇게 말한다. 존중받고 싶다고? 그럼 나를 존경해! 하지만 대의민주주의 역시 답이 아닐지 모른다. 일단 존중에 대한 관심이 커지면 대의민주주의는 너무나 기계적이어서 설득력이 떨어진다. 선출된 정치인들은 정체성 정치라는 지뢰밭 주변에서 어느 길로 갈지 확신하지 못하고, 사람들을 화나게 할까 봐 두려워하면서 발끝으로 살금살금 걷는다. 이것이 계속되면 오랫동안 민주주의를 유지하게 해주던 매력이 사라지기 시작할 것이다. 존중과 성과는 무시무시한 결합이다. 둘 중 하나만 빠져도 부족할 것이다.

하지만 이런 사고방식은 더욱 급진적으로 발전할 가능성이 있다. 만약 존중받는 것과 집단의 성과물을 모두 누릴 수 없다면, 아마도 우리는 그 둘 사이에서 선택해야 할 것이다. 이는 거래가 아닐 것이다. 아마도 간단한 선택일 것이다. 만약 모든 목소리가 중요하다고 생각한다면, 정치가 불협화음을 내고 엉망진창이 되는 사태에 놀라지 말아야 한다. 그리고 최상의 결과를 원한다면 아마도 그 결과를 달성할 최선책을 아는 사람들만 정치에 투입해야 할 것이다.

지식인에 의한 정치는
정의로운가

✕

민주주의의 대안으로 21세기 권위주의는 편파적이고 실용적인 방안을 제공할 수 있다. 좀 더 독단적인 대안도 있는데, 이는 19세기에 뿌리를 둔다. 모든 사람이 투표권을 가질 때 수반되는 품격을 좀 포기하면 어떨까? 개인의 품격 따위는 잊어라. 그것은 별 가치가 없다. 그 대신 전문가를 존경해라!

이런 정치관을 에피스토크라시epistocracy, 즉 지식인에 의한 통치체제라 한다. 이는 민주주의와 정반대인데, 여기에서 정치적 의사결정에 참여할 권리는 '참여하는 일의 내용을 아는지'에 달려 있다고 주장한다. 민주주의의 기본 전제는 알고 했든 모르고 했든 자신이 선택한 결과를 기꺼이 수용하기 때문에 발언권이 주어진다는 것이다. 고대 아테네에서는 추첨을 통해 공직자를 선출하는 관습에 이런 원칙이 반영되어 있었다. 모든 사람(물론 여자, 외국인, 극빈자, 노예, 어린이는 제외된다)이 국가의 구성원으로서 중요하기 때문에 추첨에 참여할 수 있었다. 일부 나라에서 채택하는 배심원 제도를 제외하고, 이제 우리는 중요한 일을 맡길 사람을 더 이상 무작위로 뽑지 않는다. 하지만 시민들의 자격을 심사하지 않고 투표권을 준다는 기본 생각은 유지되고 있다.

(플라톤을 시작으로) 민주주의를 비판하는 사람들은 항상 민주주의가 무지한 사람들에 의한 통치를 의미한다고 주장했다. 혹은 더 나쁘게는 무지한 사람들을 속이는 사기꾼이 통치할 수도 있다. 유럽연합을 열렬히 지지하는 마을이자 일류 대학의 본고장인 영국 케임브리지에 살고 있는 나는 브렉시트 찬반 투표 이후 그런 주장이 반복되는 것을 들었다. 이들은 대체로 목소리를 낮추었지만(민주주의 사회에서 에피스토크라트epistocrat 라는 신분을 드러내려면 용기가 필요하다), 그렇게 주장하는 사람들이 있는 것은 분명했다. 지식인들은 손으로 입을 가리고, 찬반 투표 결과가 평범한 사람들이 어려운 질문을 받았을 때 무슨 일이 벌어지는지를 보여 주는 사례라며 수군댔다. 도미닉 커밍스Dominic Cummings는 브렉시트 찬반 투표에서 찬성 진영의 슬로건인 '통제권을 되찾자'를 만든 사람으로, 이에 반대하는 사람들은 대놓고 그를 비난했다. 이들은 어리석은 국민이 사악한 사람들의 거짓말에 속아 브렉시트에 찬성했다고 말했다. 이것으로 민주주의도 끝이다.

민주주의를 옹호하는 사람들이 어리석고 무지한 사람들의 통치를 받고 싶어 한다고 말한다면 부당하다. 그들은 어리석음이나 무지가 그 자체로 미덕이라고 주장한 적이 한 번도 없었다. 하지만 민주주의가 지식이 부족하다는 이유로 차별할 수 없음을 의미하는 것은 사실이다. 민주주의에서는 어려운 문제에 관해 지적으로 생각하는 능력을 부차적인 것으로 간주한다. 여기에서 핵심 고려 사항은 개인과 결과물의 관련성이다. 즉 민주주의는 유권자에게 자신의 실수를 전적으로 책임질 것을 요구한다.

어리석은 자들이 지배하는 민주주의

에피스토크라시가 제기하는 질문은 다음과 같다. 지식의 유무에 근거해서 차별하지 말아야 할 이유는 무엇인가? 모두 참여시키는 것이 왜 그렇게 중요한가? 이런 질문 뒤에는 자신의 실수를 감수하며 사는 대신 처음부터 그런 실수를 막기 위해 최선을 다해야 한다는 꽤 매력적인 생각이 깔려 있다. 여기에서 책임을 지는 주체는 중요하지 않다. 이런 주장은 2,000년 넘게 주변에 늘 있었다. 그러는 동안 이 문제는 거의 항상 심각하게 다루어졌다. 19세기 말까지 사람들은 민주주의가 대체로 나쁜 제도라고 생각했다. 즉 자기가 무슨 일을 하는지 모르는 사람들에게 권력을 맡기는 일은 너무나 위험하다는 것이었다. 물론 이는 지식인들의 의견일 뿐이다. 그 당시 평범한 사람들의 생각은 알 길이 없다. 그들에게 물어 본 사람이 아무도 없었기 때문이다.

20세기를 지나는 동안 지식인들의 생각이 바뀌었다. 민주주의는 장점이 약점보다 훨씬 많았기에, 기본적인 정치체제로서의 지위를 스스로 확립했다. 하지만 21세기인 지금, 민주주의에 대한 의심 중 일부가 부활했다. 오늘날 민주주의는 상당히 어리석어 보인다. 어쩌면 아무도 자신의 실수를 감당할 수 없을지 모른다. 트럼프가 미국을, 모디가 인도를 통치하고 기후변화와 핵무기가 위협하는 이 시대에 에피스토크라시가 다시 힘을 얻고 있다.

그렇다면 해야 할 일을 제대로 판단할 수 있는 사람들의 견해에 더 많은 비중을 두지 않는 이유는 무엇일까? 이 질문에 답하기 전에, 먼저 에피스토크라시와 자주 혼동되는 테크노크라시technocracy를 구분해야 한다. 둘은 다르다. 에피스토크라시는 최선책을 아는 사람들이 통치하는 체제이고, 테크노크라시는 기술 전문가들이 통치하는 체제다. 여기에서 기술 전문가란 기계의 작동 원리를 이해하는 사람들이다.

예를 들어 2011년 그리스에서 민주주의가 중단되었던 사례는 에피스토크라시가 아니라 테크노크라시에 관한 실험이었다. 그때 전문가들은 경제학자들이었다. 대단히 뛰어난 경제학자들조차도 최선책이 무엇인지 전혀 알지 못하는 경우가 많다. 이들이 아는 것은 자신들이 만드는 데 중요한 역할을 했던 복잡한 시스템을 운영하는 방식뿐이며, 이마저도 그 시스템이 의도한 대로 작동할 때만 해당된다. 테크노크라트technocrat는 국가라는 기계에 가장 유익한 것이 무엇인지를 아는 사람들이다. 하지만 그 기계를 계속 운영하는 것은 최악의 행동일지 모른다. 그러므로 테크노크라트는 문제 해결에 도움이 되지 못할 것이다.

대의민주주의와 중국식 실용주의적 독재 모두 테크노크라시가 출현할 여지가 충분하다. 두 체제 모두 특히 경제 문제와 관련해서 특수 훈련을 받은 전문가에게 점점 더 많이 결정을 맡기고 있다. 전 세계 다양한 정치체제에서 중앙은행이 상당한 권력을 휘두른다. 그러므로 테크노크라시는 민주주의의 진정한 대안이 되지 못한다. 포퓰리즘과 마찬가지로, 이는 부수적인 지배 방식에 가깝다. 에피스토크라시가 테크노크라시와 다른 점은 기술적으로 정확한 결정보다는 '올바른' 결정에 우선순위를 둔다는 것이다. 에피스토크라시는 우리가 나아가야 할 방향으로 일을 추진한다. 테크노크라시는 그 방향으로 가는 방법만 알려 줄 수 있다.

그러면 에피스토크라시는 실질적으로 어떻게 작동할까? 에피스토크라시의 문제점은 상황을 판단할 자격을 갖춘 지식인을 알아내기가 힘들다는 점이다. 총체적 전문가가 되기 위한 공식적인 자격 조건이란 없다. 총체적 전문가보다는 적합한 테크노크라트를 찾아내는 일이 훨씬 쉽다. 테크노크라시는 철학보다 배관 작업에 좀 더 가깝다. 그리스에서 재정 위기를 해결할 경제 전문가를 찾을 때 이들의 눈은 골드만삭스 같은 대형 은행에 향해 있었는데, 그곳에 전문가들이 모여 있었기 때문이다. 기계가 오작동할 때는 그것을 고칠 책임이 있는 사람들의 흔적이 기계 곳곳에 남기 마련이다.

능력에 따라 표를 차등 분배하다

역사적으로 몇몇 에피스토크라트는 정치인의 자격 조건으로 비전문성을 주장함으로써 '가장 잘 아는 사람이란 누구인가' 하는 문제를 다루었다. 이들이 생각하기에 만약 인생을 가르치는 대학이라는 것이 있다면 그곳은 정치적 의사결정자들이 높은 점수를 받는 곳이 되어야 한다. 하지만 그런 대학은 없기 때문에 이따금 실력을 점검하는 조잡한 시험으로 만족해야 한다. 19세기 철학자 존 스튜어트 밀John Stuart Mill은 직업에 따라 차등해서 투표권을 주는 선거제도를 지지했다.[73] 전문가와 교육 수준이 높은 사람은 표를 여섯 장 이상 갖고, 미숙련 노동자는 한 표만 갖는 식이다. 밀은 여성에게도 투표권을 주어야 한다고 강력하게 주장했는데, 이런 견해는 당시에 크게 인기를 끌지 못했다. 그는 여성이 남성과 동등하다고 생각했기 때문에 그렇게 주장한 것이 아니었다. 일부 여성, 특별히 교육 수준이 높은 여성은 대부분의 남성보다 우수하다고 생각했기 때문이다. 밀은 목적만 옳다면 차별도 필요하다고 생각했다.

21세기의 관점에서 보면 밀이 주장한 체제는 대단히 비민주적으로 보인다. 왜 변호사가 노동자보다 더 많은 투표권을 가져야 하는가? 밀의 대답은 그 질문을 뒤집으면 된다. 왜 노동자가 변호사와 똑같이 투표권을 가져야 하는가? 밀은 순수한 민주주의자가 아니었지만, 그렇다고 테크노크라트도 아니었다. 변호사가 더 많은 표를 가지는 것은 정치가 법적 전문성을 특별히 중요하게 생각해서가 아니었다. 변호사에게는 난제를 해결하는 능력이 있기 때문이다. 밀은 가능한 한 다양한 생각이 대표되는 체제를 구축하려 노력했다. 경제학자나 법률 전문가로만 정부가 구성된다면 그는 몸서리쳤을 것이다. 노동자는 여전히 한 표를 가진다. 숙련 노동자는 두 표를 가진다. 벽돌 쌓기가 하나의 기술이기는 하지만, 그 기술은 쓰임새가 제한적이다. 필요한 것은 폭넓은 관점이다. 어떤 사람의 견해는 그가 사는 동안 여러 번 복잡한 상황을 경험했기에 더 비중 있게 다루어야 한다고 밀은 생각했다.

다분히 21세기적인 철학자 제이슨 브레넌Jason Brennan은 밀과 같은 사상가들에 의지하여 에피스토크라트의 통치라는 개념을 부활시키려 애쓰고 있다. 2016년에 출간된 『민주주의에 반대한다Against Democracy』에서 브레넌은 수많은 정치 문제들이 너무나 복잡해서 대부분의 유권자가 이해하지 못한다고 주장한다. 더욱 나쁜 점은 유권자들이 스스로 얼마나 모르고 있는지도 모른다는 점이다. 이들은 적당하다고 생각하는 단순한 해결책에 지나치게 집착하기 때문에 복잡성을 판단할 수 없다. 브레넌은 이렇게 쓰고 있다.

> 미국에서 이민자 수를 확대하는 안을 놓고 국민투표를 한다고 해보자. 이것이 바람직한 안인지 판단하려면 대단히 많은 사회과학적 지식이 필요하다. 사람들은 이민자들이 범죄율, 국내 임금, 이민자들의 복지, 경제 성장, 조세 수입, 복지비 지출 등에 어떤 영향을 미칠지 알아야 한다. 대부분의 미국인들은 이런 지식이 부족하다. 실제로 이들이 체계적으로 실수를 저지른다는 증거가 있다.[74]

바꿔 말하면 문제는 사람들이 모른다는 사실만이 아니다. 심지어 자기가 모르고 있다는 사실을 모른다는 것도 문제가 아니다. 진짜 문제는 자신이 옳다는 확신을 드러내는 방식이 잘못됐다는 점이다.

브레넌에게는 직업의 난이도에 따라 복잡한 문제를 해결할 자격을 갖춘 사람인지 구분할 수 있다는 밀과 같은 신념이 없다. 여기에는 너무 많은 기회와 사회적 훈련이 관련되어 있다. 브레넌은 "선거에 관해 잘못 알고 있거나 전혀 모르는 시민들 혹은 기본적인 사회과학 지식이 부족한 사람을 가려내기 위해" 실질적인 시험 제도를 선호한다.[75] 물론 누가 그 시험을 준비할 것인가라는 근본적인 문제는 뒤로 밀어 두었다. 대학교수로서 브레넌은 제 나름의 이데올로기와 동기를 가진 사회과학자들이 대부분 객관성을 유지하기 어렵다고 생각한다. 또한 학생들이 벼락치기로 시험공부를 하는 모습에서 알 수 있듯이, 시험제도는 그 자체로 편견과 맹점을 만들기도 한다. 그럼에도 브레넌은 교육 수준이 높을수록 더 많은 투표권을 가져야 한다는 밀의 주장이 옳다고 생각한다. 고졸자에게는 다섯 표를 더 주고, 대졸자에게는 다섯 표를 추가로 더 주고, 대학원 졸업자에게는 거기에 다섯 표를 더 얹어 주는 식이다.

밀이 투표권의 수에 차별을 두자고 주장한 지 150년이 지난 지금 그의 견해가 얼마나 도발적인지 브레넌은 모르지 않았다. 19세기 중반에는 사회적 지위와 교육 수준에 따라 정치적 지위가 달라져야 한다는 생각은 논쟁의 대상이 아니었다. 하지만 오늘날은 그런 생각을 거의 믿지 않는다. 브레넌 역시 교육받은 사람들이 다른 사람들만큼 꽤 자주 집단 사고의 영향을 받는다는 증거가 현대 사회과학에 많다는 사실을 직시해야 한다. 정치학자 래리 바텔스Larry Bartels와 크리스토퍼 애컨Christopher Achen은 2016년에 출간한 『현실주의자를 위한 민주주의Democracy for Realists』에서 이렇게 지적한다. "역사적 기록을 살펴보면, 고학력자를 포함해서 교육받은 사람들도 다른 사람들만큼 자주 도덕적 · 정치적 사고를 제대로 하지 못한다는 점에 의문의 여지가 없다."[76] 인지적 편향은 학문적 자질로 사람을 가리지 않는다. 자신의 신념보다 브레넌이 설계한 어려운 시험에 따라 이민 문제를 판단할 사회과학도들이 얼마나 될까? 아이러니하게도, 만약 브레넌의 시험을 통해 교육 수준이 높은 사람들이 더 많은 표를 가질 자격이 있는지를 묻는다면, 엄격히 말해서 답은 '아니오'가 될 것이다. 그 시험은 채점자가 누구인가에 좌우되기 때문이다.

그러나 브레넌은 에피스토크라시를 뒷받침하는 사례가 밀 이후에 계속 강력해지고 있다고 주장한다. 이는 민주주의가 시작될 무렵에 밀이 그런 주장을 펼쳤기 때문이다. 밀은 1867년 영국에서 제2차 선거법 개정the Second Reform Act이 이루어졌을 때 자신의 주장을 글로 발표했는데, 그 당시 개정된 법 덕분에 영국의 유권자 수가 두 배 증가하여 (전체 인구 3,000만 명 중에서) 250만 명 가까이 되었다. 밀이 제시한 에피스토크라시 사례는 시간이 지나면 그것이 민주주의와 결합하리라는 확신에 근거했다. 오늘 한 표를 가진 노동자라도 자기 표를 현명하게 쓰는 방법을 배운다면, 내일은 더 많은 표를 얻게 될 것이다. 밀은 민주적 참여라는 교육의 힘을 철저하게 믿었다.

지식인에 의한 정치는 왜 무모한가

브레넌이 생각하기에, 밀이 틀렸음을 보여 주는 증거는 지난 100여 년간 계속 쌓였다. 투표는 바람직하지 않다. 투표를 한다고 해서 사람들이 더 많이 알게 되지는 않는다. 투표는 민주주의라는 이름으로 편견과 무지를 그럴 듯하게 꾸미기 때문에 오히려 사람들을 더 바보로 만든다. 브레넌은 이렇게 쓰고 있다. "정치 참여는 대부분의 사람들에게 아무 가치가 없다. 거의 도움이 되지 않고, 오히려 우리를 우롱하고 부패하게 만들기 쉽다. 그래서 우리는 서로를 미워하면서 시민의 적으로 변해 간다."[77] 민주주의의 문제는 우리가 더 많이 알아야 하는 이유를 제공하지 않는다는 점이다. 민주주의는 우리의 지금 모습이 괜찮다고 말한다. 그런데 사실 우리 모습은 그렇지 않다.

결론적으로 브레넌의 주장은 철학적이라기보다 역사적이다. 만약 민주주의가 결국 어떻게 될지 모르겠다면 행운이나 빌면서 민주주의가 최상의 모습을 보여 주리라 추측하는 편이 합리적일지도 모르겠다. 하지만 브레넌은 우리가 미래 민주주의의 모습을 확실히 알고 있다고 주장한다. 그래서 우리가 계속 스스로를 속이고 있다는 사실에는 변명의 여지가 없다. 브레넌은 자신과 같은 에피스토크라트들이 19세기 중반의 민주주의자들과 같은 입장에 있음을 우리가 인정해야 한다고 생각한다. 과거 민주주의가 그랬던 것처럼, 많은 사람이 그가 지지하는 것을 배척한다. 하지만 우리는 일단 민주주의를 믿어 보기로 했고, 그것이 모습을 드러내기를 기다렸다. 이제 민주주의의 실험 결과를 알았는데도 우리는 왜 에피스토크라시에 기회를 주지 않을까? 민주주의의 힘이 다했는데도 왜 여전히 민주주의가 우리에게 허락된 유일한 실험이라고 여기는가?

이는 중요한 질문이며, 민주주의의 긴 수명이 어떻게 우리가 다른 가능성을 생각하지 못하도록 억눌렀는지 보여 준다. 한때 무모해 보였던 정치체제는 신중함의 대명사가 되었다. 그러나 아직은 민주주의를 버리는 문제를 신중하게 생각해야 한다. 에피스토크라시는 무모하다. 여기에는 다음과 같은 두 가지 위험이 있다.

첫째는 최선책을 찾아야 한다고 주장하면서 정치에 참여하는 기준을 너무 높게 설정한다는 점이다. 가끔은 최악을 피하는 것이 더 중요하다. 민주주의는 정답을 찾지 못하는 경우가 종종 있지만, 오답을 피하는 데는 능하다. 더구나 민주주의는 자기가 가장 잘 안다고 생각하는 사람들을 웃음거리로 만드는 것도 잘한다. 민주정치는 모든 질문에 정해진 답이란 없다고 가정하며, 무지한 사람을 포함해서 모두에게 투표권을 줌으로써 그 점을 분명히 한다. 민주주의의 무작위성(이는 여전히 민주주의의 본질이다)은 우리가 사악한 생각에 빠지지 않도록 보호한다. 이는 다시 말해 어떤 생각도 항상 그에 대한 반박이 나타나기 때문에 오래 지속되지 못한다는 의미다.

에피스토크라시는 첫 번째보다 두 번째 어근 때문에 결함을 가진다. 첫 번째 어근은 지식이라는 의미를 가진 '에피스테메_{episteme}'를, 두 번째 어근은 권력이라는 의미를 가진 '크라토스_{kratos}'를 변형했다. 지식에 권력을 갖다 붙이면 일이 잘못되어도 방향을 바꾸지 못하는 괴물을 만들어 낼 위험이 있다(실수하지 않는 사람이나 사물은 없기 때문에 일이란 틀어지기도 한다). 정답을 모른다는 것은 지식이 많아 우월감을 느끼는 사람들을 막아 낼 훌륭한 방어막이 된다.

그러나 이런 주장(2007년에 출간된 『민주적 권위_{Democratic Authority}』에서 데

이비드 에스트런드David Estlund가 제시한 견해)에 대해 브레넌은 반대로 생각한다.[78] 그는 민주주의 역시 '크라토스'의 한 종류인데, 에피스토크라트의 오만함은 걱정하면서 왜 '민중demos'의 무능함으로부터 사람들을 보호하는 일은 고민하지 않느냐고 묻는다. 하지만 이 둘은 종류가 다르다. 무지와 어리석음은 지식과 지혜처럼 억압적이지는 않다. 무지와 어리석음은 무능하기 때문이다. 민중은 계속 생각을 바꾼다.

에피스토크라시를 반증하는 민주주의 사례는 실용주의적 독재를 반증하는 사례와 같다. 일이 잘못되면 바로 그 자리에서 스스로 질문해야 한다. 아마 민주주의 체제에서 상황이 더 빨리 더 자주 나빠지겠지만, 그것은 다른 문제다. 민주주의를 나쁜 것들 중에 가장 나은 정치체제로 생각하기보다, 최악의 상황에서 최선을 고르는 것이라고 생각할 수 있다. 이것이 처칠의 격언과 100년 전 토크빌이 비슷하게 말했던, 그보다는 덜 유명하지만 더 적절한 격언의 차이다. 토크빌은 많은 불꽃이 민주주의에서 시작되지만, 더 많은 불이 꺼지기도 한다고 말했다.

브레넌이 에피스토크라시를 옹호하기 위해 사용한 역사적 기록 역시 그 체제의 무모함을 드러낸다. 100년 넘게 유지되는 동안 민주주의는 결점을 드러냈겠지만, 이는 또한 사람들이 그런 결점을 감수하며 살 수 있다는 사실도 가르쳐 주었다. 우리는 민주주의가 만든 엉망인 상황에 익숙하고, 민주주의가 가져다준 혜택에 집착한다. 민주주의가 시작되기 전에 밀과 같은 에피스토크라트가 되는 일은 민주주의가 일단 확립된 후에 그렇게 되는 것과는 상당히 다르다. 지금 우리는 민주주의의 실패뿐만 아니라 그 무능함을 용인하는 것의 의미도 잘 안다.

20세기 전환기에 글을 썼던 베버는 보통 선거가 위험하다는 견해를 당연하게 여겼다. 보통 선거는 생각 없는 대중에게 권한을 주기 때문이다. 하지만 그는 보통 선거를 허용하고 나면 어떤 정상적인 정치인도 사람들의 거센 반발 때문에 그 제도를 폐지할 생각을 하지 못한다고 주장했다. 모두에게 투표권을 주는 것보다 더 나은 유일한 방법은 일부에게 더 이상 자격이 없다고 말하는 것이다. 자격을 가릴 문제의 출제자는 신경 쓰지 않아도 된다. 누가 우리에게 실패했다고 말하겠는가? 밀이 옳았다. 민주주의는 에피스토크라시 이전이 아니라 그 이후에 나오는 체제다. 그러므로 순서를 바꾸어서 실험하면 안 된다.

사람들을 인지적 편향에서 구하려 했던 에피스토크라시는 결국 그 인지적 편향 때문에 파괴될 것이다. 사람들은 손실 회피 성향 때문에 지금은 없지만 있으면 유용할 것보다 항상 유용한 것은 아니지만 지금 갖고 있는 것을 빼앗겼을 때 더 힘들어한다. 이런 오래된 농담이 있다. 질문: "더블린으로 어떻게 가는지 아시나요?" 대답: "글쎄요. 저라면 여기서 출발하지 않을 거예요." 우리는 어떻게 하면 더 나은 정치에 이를 수 있을까? 글쎄, 아마도 여기서 출발하면 안 될 것 같다. 하지만 여기가 우리의 현주소다.

미래의 기술이 더 나은 민주주의를 만들 수 있을까

시험 말고도 민주정치를 지혜롭게 만들 수 있는 다른 방법들이 틀림없이 있을 것이다. 지금은 21세기다. 사용 가능한 새로운 도구들이 존재한다. 만약 민주주의와 관련된 많은 문제들이 선거 때 표를 사냥하는 정치인들에서 비롯된다면, 그리고 이것이 의사결정과정에 잡음과 분노를 일으킨다면, 아마도 우리는 좀 더 진지하고 사색적인 환경에서 사람들이 선택하게 될 대안을 모의 실험해야 할 것이다. 예를 들어 필요한 정보에 더 쉽게 접근할 수 있다면, 유권자들의 관심과 선호를 나타내는 정보로부터 그들이 장차 무엇을 원할지 추론할 수 있을 것이다. 실제 선거에서처럼 사람들의 다양한 요구를 복제해서 모의 선거를 해볼 수도 있지만, 여기에는 왜곡되고 산만한 실제 민주주의의 모습이 나타나지 않는다. 브레넌은 이렇게 말한다.

> 우리는 시민들이 가진 기본적이고 객관적인 정치 지식을 시험하면서 그들의 정치적 선호와 인구통계학적 특성을 파악하는 설문 조사도 할 수 있다. 일단 이런 정보가 있으면, 인구통계학적 특성이 바뀌지 않았다는 전제하에 모든 시민들이 객관적인 정치 지식 시험에서 만점을 받았을 때 무슨 일이 벌어질지 모의 실험할 수 있다. '우리 국민'이 우리가 하는 말의 내용을 이해하기만 하면, 그들이 무엇을 원할지 아주 확실하게 밝힐 수 있다.[79]

기계학습 과정에서 사람들이 측정값으로 축소되는 체제에서 민주주의의 품격은 쓸데없는 문제가 된다. 하지만 그 결과는 나아져야 한다.

2017년에 미국 소재 디지털 기술 회사인 키메라 시스템Kimera Systems
이 나이젤Nigel이라는 인공지능 기계의 개발이 곧 마무리된다고 발표했
다. 나이젤의 역할은 유권자에게 그들의 선호를 미리 파악해서 선거에서
어떻게 투표해야 하는지 알려 주는 일이다. 나이젤을 개발한 무니어 시
타Mounir Shita는 이렇게 말했다. "나이젤은 당신의 목표와 당신에게 보이
는 현실이 어떤 모습인지 파악하고, 당신의 목표를 달성하기 위해 끊임
없이 미래 지향적인 계획을 세운다. 나이젤은 항상 올바른 방향으로 당
신을 밀어 주려 애쓴다."[80] 이는 브레넌의 제안을 좀 더 개인화한 형태로,
어느 정도는 품격과 연결된다. 나이젤은 모든 사람이 아니라 내게 가장
좋은 것을 찾으려 한다. 즉 개인이 처한 현실을 인정한다. 하지만 나이젤
은 사람들이 자신의 개인적 선호를 근거로 정치적 판단을 올바르게 할
수 없다는 점을 이해한다. 우리는 우리가 추구하는 가치를 제대로 파악
할 수 있을 만큼 우리 행동을 충분히 관찰해 온 기계의 도움이 필요하다.
시리(Siri, 애플의 음성인식 서비스 - 옮긴이)는 내가 좋아할 만한 책을 추
천한다. 그리고 나이젤은 내게 맞는 정당과 정책적 입장을 소개한다.

　이것이 그렇게 나쁜 일일까? 직관적으로 생각하면 이는 우리를 어리
둥절해하는 어린이처럼 다루기 때문에 민주주의의 패러디처럼 보인다.
하지만 시타가 보기에 이는 우리의 욕구를 진지하게 다루기 때문에 향상
된 민주주의다. 민주적 정치인들은 우리가 실제로 원하는 것에는 그다지
신경 쓰지 않는다. 그들은 우리가 원하도록 설득할 수 있는지에만 관심
이 있으므로, 그러한 부분에만 더 많이 호소한다. 반면 나이젤은 유권자

인 우리를 가장 중요하게 생각한다. 그와 동시에 우리가 혼란과 부주의에 빠지지 않도록 자기이해도를 높이려 애쓴다. 브레넌의 방식은 투표가 교육적 경험이 된다는 밀의 기본 생각을 사실상 포기한다. 하지만 시타는 달랐다. 나이젤은 우리를 살살 유도해서 자기이해에 이르는 길을 따라가도록 애쓴다. 결국 우리는 자신의 진짜 모습을 알게 될 것이다.

이 방법의 치명적 단점은 자신이 생각하는 현재 자기 모습 또는 되고 싶은 모습만 학습한다는 점이다. 더욱 나쁜 부분은 학습의 목표가 미래에 가능한 모습이 아니라 지금 바라는 모습이라는 점이다. 초점 집단(focus groups, 심도 있는 질문과 쟁점 논의를 통해 민의를 파악하고자 선정하는 소수의 유권자 – 옮긴이)처럼, 나이젤은 한 시대를 대표하는 일련의 태도를 짧게 묘사한다. 모든 기계학습 시스템은 되먹임고리를 제공한다는 점에서 위험하다. 나이젤은 데이터 세트를 우리의 과거 행동으로 제한함으로써, 다른 사람의 생각이나 다른 세계관에 관해 아무것도 알려 주지 않는다. 나이젤은 우리의 정체성을 일관되게 표현하기 위해 우리의 태도와 관련된 자료만 파헤칠 뿐이다. 그래서 좌편향인 사람은 계속 왼쪽으로 기울고, 우편향인 사람은 계속 오른쪽으로 기운다. 결국 사회적으로나 정치적으로 분열이 심화될 것이다. 나이젤은 우리를 폐쇄적인 사람으로 만들도록 설계되어 있다.

기술적으로 되먹임고리를 해결할 수 있는 방법이 있다. 기존과 다른 관점을 주입하거나 데이터가 자기강화할 때 알림 메시지를 주거나 단순히 증거를 무작위로 찾도록 시스템을 조정하는 것이다. 우리가 자신만의 방식에 안주하지 않도록 환경을 대대적으로 바꿀 수 있다. 예를 들어 나이젤이 우리의 선호를 강화하기보다 약화하는 웹사이트를 의무적으로 방문하게 하는 식이다. 아니면 나이젤이 우리의 진짜 모습을 과장했을 가능성을 고려해서 브레넌의 모형에 포함된 우리의 선호를 조절할 수 있다. 가장 나이젤다운 기계(다른 기계가 사람들의 목표에 잘 부합하도록 돕는 기계)는 우리가 확립한 인공적인 민주주의에서 왜곡된 부분을 제거하려고 노력할 것이다. 결국 나이젤은 주인이 아니라 하인이다. 우리는 항상 나이젤에게 지시할 수 있다.

하지만 21세기에는 그것이 에피스토크라시의 또 다른 근본적인 문제가 된다. 우리는 나이젤에게 지시하지 못할 것이다. 그 일은 시스템을 만든 기술자들이 할 것이다. 이들은 되먹임고리에서 우리를 구제하고 우리가 의지할 전문가들이다. 이런 이유 때문에 21세기에는 에피스토크라시가 무너지고 테크노크라시로 되돌아가는 현상을 피할 방법을 찾기가 어렵다. 일이 잘못되면 지식인은 그것을 바로 잡을 능력이 없다. 오직 그 기계들을 만든 기술자만 그런 능력을 가지며, 따라서 권력도 이들에게 있음을 의미한다.

역사를 통해 우리는 에피스토크라시가 민주주의보다 먼저 등장했음을 알고 있다. 에피스토크라시는 민주주의보다 늦게 올 수 없다. 이 다음에 테크노크라시가 등장하겠지만, 민주주의의 궁극적 대안은 아니다. 그저 민주주의가 왜곡된 형태에 불과하다.

발전된 기술이 유토피아를
실현시킬 수 있는가

✕

다른 방법도 있다. 만약 에피스토크라시로 돌아가야 한다면 대신 다른 길을 택하려고 노력할 수 있다. 정치 투입과 산출 중에서, 존중과 성과 중에서 어느 쪽을 택할 것인가? 최상의 결과를 모색하지 말고 모든 사람이 제 할 일을 하고 있는지 확인하는 데 집중하는 것은 어떨까. 결과야 어찌 되든 신경 쓰지 말고.

오늘날 민주주의를 비판하는 많은 사람들은 우리가 지금의 자리에 묶인 원인이 결과물에 대한 집착이라고 생각한다. 우리는 상황이 악화될까 두려워 다른 방법을 시도하지 않는다. 기술은 시스템 고장을 최악의 상황으로 여기는 사람들의 두려움 때문에 더 강력해진다. 그런데 정말 그럴까? 아주 조금 나아지는 결과물(높은 경제성장률, 늘어난 수명, 높아진 교육 수준)을 끊임없이 추구하느라 실질적인 정치적·사회적 변화의 가능성을 보지 못한다면 어떻게 할 것인가?

무정부주의가 민주주의의 대안이 될 수 있는가

경제성장을 생각해 보자. 역사적 증거를 볼 때, 경제가 마비되면 민주주의에 균열이 생겼다. 1890년대부터 2010년대까지 경제가 성장하지 못하자 대중의 분노가 지속적으로 커졌다. 현 상황이 다른 사람들의 잘못 때문이라고 말하는 정치인을 거부하려면, 유권자에게는 미래에 물질적으로 나아지리라는 느낌이 필요하다. 이런 견해를 강력하게 밝힌 사람이 경제학자인 벤저민 프리드먼Benjamin Friedman이다. 그에 따르면, 경제성장을 중요하게 여기는 이유는 성장 자체를 위해서가 아니라 민주주의가 건전하게 작동하는지 여부가 바로 그 요소에 의해 좌우되기 때문이다.[81] 그런 주장은 다람쥐가 쳇바퀴를 돌리는 것과 비슷하다. 즉 민주주의가 제대로 작동하려면 경제가 성장해야 하므로, 우리는 성장 중심의 정치를 지향하게 된다. 그렇게 되면 발을 빼고 싶어도 그럴 수 없게 된다.

그런 기준에서 보면 실패를 무릅쓰려는 의지에 따라 해방감을 누릴 가능성이 정해질 것이다. 우리는 지난 100년간 정치인들이 쌓아 온 모든 업적을 애써 신경 쓰지 않아도 된다. 사람들에게 스스로 중요한 문제를 결정하게 할 수 있으며, 이렇게 해서 정치적 안정이라는 전통적 의무가 무시되더라도 괜찮다. 또한 위계질서와 네트워크가 함께 작용할 때는 오직 민주주의만 제 기능을 한다고 주장하지 않아도 된다. 우리가 네트워크를 자유롭게 할 수 있다.

이런 입장의 극치가 무정부주의다. 이 사상은 누구든 다른 사람의 지배를 받으면 안 된다고 주장한다. 무정부주의는 집단의 결과물을 무의미한 것으로 만든다. 오직 사람들이 스스로 내리는 결정만이 중요하다는 것이다. 민주주의를 포함하여 모든 정치체제 주변에는 무정부주의가 맴돌고 있다. 이는 일시적인 공상에 지나지 않는다. 하지만 민주주의의 기세가 꺾이고 사람들이 거기에 실망하게 되면 무정부주의는 호소력을 갖춘다. 21세기에 무정부주의는 선택의 자유가 넘치는 온라인에서 만연한다. 또한 이따금 거리와 '월가를 점령하라Occupy Wall Street'** 같은 시위 현장에서 활발히 작동한다. 하지만 무정부주의는 현대 사회를 체계화하기 위한 실용적 수단이 되지 못한다는 점에서 민주주의의 진정한 대안이 아니다. 그것은 완전히 체계가 잡힌 정치체제의 대안이다. 대부분의 사람들에게 무정부주의는 너무 과한 형태다.

인터넷을 통한 유토피아의 실현 가능성

다른 정치적 대안들도 있다. 디지털 기술은 스스로 유지되는 네트워크 세상이 완전히 무정부 상태일 필요는 없다는 가능성을 열어 놓았다. 그러려면 정치가 두 가지 차원에서 작동해야 할 것이다. 먼저 대단히 중요한 틀이 있어야 하며, 이 틀은 결과물에 편견을 갖지 않고 정치 실험을

✱ 2011년 미국 뉴욕을 중심으로 전개된 시위. 2008년 금융위기 이후 1퍼센트의 경제 엘리트들에 의해 왜곡되고 무너진 경제체제 아래, 더욱 확산된 경제 불안과 부조리에 항의하는 이들이 시작한 시위다. 이후 보스턴, 워싱턴, 시카고 등지에서도 같은 시위가 벌어졌으며, 미국을 넘어 세계 각지로 확산되었다.

할 수 있는 조건을 만든다. 그다음은 정치 실험 그 자체다. 인터넷이 그 틀이 될 수 있다. 그리고 정치 실험은 무엇이든 가능하다.

이런 생각은 정치 스펙트럼의 양 극단에서 호소력을 갖는다. 우파 진영은 국가란 사람들의 안전을 보호하는 데 필요한 최소한의 임무만 수행하면서 모든 것에 가능성을 열어 놓고 중립적인 경비원의 역할만 해야 한다고 주장하는 자유주의적 전통의 맥락에서 이러한 개념을 받아들인다. 1970년대에 이런 견해를 대표하는 고전으로는 로버트 노직Robert Nozick이 쓴 『아나키에서 유토피아로』(1974)가 있으며, 이 책은 여전히 실리콘밸리에서 널리 읽히고 있다. 이 책에서 가장 유명한 부분은 조세 제도를 통한 부의 재분배에 반대하는 대목인데, 여기에서 노직은 그것이 노예제도와 같다고 말한다. 바로 이 때문에 부자들이 그의 책을 좋아한다. 하지만 가장 흥미로운 내용은 마지막 부분의 「유토피아를 위한 골격」으로, 여기에서 노직은 사람들이 모든 중요한 문제를 스스로 결정하도록 최소 국가minimal state가 이를 해결하지 않고 그대로 둔다고 주장한다. 당신은 어떤 사회에 살고 싶은가? 그런 사회를 누구와 공유하고 싶은가? 이런 문제는 정치가 해결할 수 없다. 정치가 우리에게 맡겨야 하는 문제다.

노직은 자기 생각을 증명하기 위해 다음과 같은 명단을 제시한다.

비트겐슈타인, 엘리자베스 테일러, 버트런드 러셀, 토머스 머튼, 요기 베라, 앨런 긴즈버그, 해리 울프슨, 헨리 데이비드 소로, 케이시 스텡걸, 루바비처 레베, 피카소, 모세, 아인슈타인, 휴 헤프너, 소크라테스,

헨리 포드, 레니 브루스, 바바 람 다스, 간디, 에드먼드 힐러리 경, 레이먼드 루비츠, 부처, 프랭크 시나트라, 콜럼버스, 프로이트, 노먼 메일러, 에인 랜드, 로스차일드 남작, 테드 윌리엄스, 토머스 에디슨, H. L. 멩켄, 토머스 제퍼슨, 랠프 엘리슨, 보비 피셔, 엠마 골드만, 피터 크로폿킨, 당신과 당신의 부모님. 이들 모두에게 공통적으로 어울리는 삶이 있을까?[82]

노직이 생각하기에, 유토피아를 믿는 사람들은 자신에게 이상적인 사회가 모든 사람에게도 그러하리라고 가정하는 실수를 범한다. 그 사회가 어떻게 작동하고 누가 그것을 설계하든, 그 사회를 싫어하는 사람이 틀림없이 있을 것이다. 그러므로 우리는 가장 훌륭한 사회란 다양한 인간이 나름대로 사는 방식을 찾을 수 있는 곳임을 인정해야 한다. 공산주의는 그런 세상을 선호하는 사람들에게만 유토피아일 것이다. 그렇지 않은 사람들에게는 지옥일지 모른다. 간디의 금욕주의, 엠마 골드만Emma Goldman*의 무정부주의, 심지어 자유시장의 미덕을 떠들썩하게 강조하는 에인 랜드Ayn Rand•의 자유지상주의도 마찬가지다. 노직은 진정한 유토피

✖ 제정 러시아에서 태어나 미국으로 이민한 무정부주의자. 20세기 전반기에 북미와 유럽의 무정부주의 정치 철학 발전에 중요한 역할을 했다.

● 제정 러시아에서 태어나 미국으로 이민한 소설가. 미국 객관주의 철학의 창시자로 불리며, 자기중심주의, 자유지상주의를 주장하여 미국 우파로부터 많은 찬양을 받았다.

아란 그 모든 사상이 공존할 수 있고 그곳에 사는 다양한 사람들이 사상을 자유롭게 선택하도록 허용해야 한다고 생각한다.

인터넷은 그런 유토피아를 거의 실현한다. 디지털 시대에는 자유롭게 형성된 모든 공동체가 번영한다. 비록 여기에는 다수의 무정부주의 집단이 포함되어 있지만, 시스템 설계자들이 만든 규칙이 있기 때문에 완벽한 무정부주의는 아니다. 현실에서 이런 규칙은 일반적으로 거대 기술기업과 이들을 규제하려고 하는 정부의 이익을 반영하기 때문에 중립적이지 않다. 하지만 이론적으로는 중립적일 수 있다. 확실히 인터넷에서는 훌륭한 삶에 대한 다양한 관점들이 공존할 수 있다.

노직의 명단은 21세기에 맞게 조정해야 할 것이다. 내가 만든 명단은 이렇다(사실 누구나 만들 수 있다). 리한나, 아이웨이웨이, 마거릿 애트우드, 트래비스 캘러닉, 마리야 샤라포바, 싸이, 재닛 옐런, 러셀 브랜드, 래리 데이비드, J. K. 롤링, 프란치스코 교황, 레나 더넘, 모하메드 알 자와히리, 키드 락 등등.

사실 노직의 긴 명단에서 (그들이 거의 모두 남자라는 것 외에) 가장 시대에 뒤진 부분은 우리가 인정하는 훌륭한 삶을 사는 사람은 유명해야 한다는 가정이다. 1970년대에 인지도가 없는 사람은 자신이 살고 싶은 삶에 대해 말할 기회가 거의 없었다. 오직 운이 좋은 몇 사람만 이야기를 들어 주는 사람이 있었다. 디지털 기술은 우리 모두가 가진 내면의 유토피아를 해방시켜 줄 수 있는 힘이 있다. 한 번 더 말하지만, 그럼에도 불구하고 현실에서는 그런 일이 일어나지 않는다. 온라인 공간에서 사람들은 유명인의 정보로 가득한 인스타그램을 중심으로 모이고 있으므로, 유명 인사의 영향력은 이전보다 더 커졌다. 그러나 우연히 거주지가 비슷해서 혹은 유명인의 호소 때문이 아니라 자신의 취향에 맞기 때문에 사람들이 정치 모임에 참여하는 세상도 상상해 볼 수 있다. 노직의 말대로, 그것이 진정한 유토피아다.

이러한 개념을 좌파에서 해석한 내용은 우파의 것과 비슷하면서 다르다. 사람들이 우연히 속하게 된 정치체제의 전횡으로부터 인터넷이 그들을 구제한다는 확신은 비슷하다. 다른 점은 타도해야 할 압제자가 부를 재분배하는 정부가 아니라 자본주의 자유시장이라는 점이다. 좌파운동가는 자본의 힘에서 벗어날 방법을 찾고 싶어 한다.

2015년에 출간한 『포스트 자본주의 새로운 시작』이라는 책에서 폴 메이슨Paul Mason은 진정한 자유지상주의자libertarian의 열정을 담아 정보 기술의 해방 능력을 이야기한다. 그는 "네트워크가 활성화되면서 의미 있는 행동을 하는 주체가 더는 국가나 기업, 정당으로 제한되지 않는다" 고 말한다.[83] 개인이나 사람들의 임시 모임도 강력한 변화를 일으키는 대리인이 될 수 있다는 것이다. 하지만 이런 변화에 대한 메이슨의 신념은 마르크스주의를 배경으로 한다.

마르크스 사상에서 가장 유명한 부분은, 자본주의가 노동을 계속 착취하므로 유일한 탈출구는 노동자 혁명 밖에 없다는 주장이다. 하지만 다른 탈출로도 있다. 메이슨은 마르크스가 "기계의 파편The Fragment on Machines"이라고 부른 다소 모호한 글에서 그것을 발견한다. 그는 마르크스가 쓴 글의 내용을 다음과 같이 요약했다.

> 기계가 노동의 대부분을 담당하고, 인간이 그 기계를 감독하고 수선
> 하고 설계하는 경제에서 기계 안에 갇혀 있는 지식은 틀림없이 '사회
> 적'이다.[84]

이러한 지식은 자본주의자들의 착취를 더욱 어렵게 하는데, 그 이유
는 결국 그 지식이 누구의 소유도 아니기 때문이다. 지식은 모두의 소유
이므로, 모든 사람이 지식을 품은 기계에 접근할 수 있는 한 그 지식은
'사회적'이다.

디지털 기술은 노동이 아닌 정보를 사회의 일차 상품으로 만들었다.
결과적으로 이제 우리는 생계를 위해 직접 노동할 필요가 없어졌다. 일
단 기계가 대신 일하게 되면 우리는 원하는 삶의 방식을 스스로 정할 수
있다. 마르크스는 이런 일이 실제로 일어나리라고 생각하지 못했다. 그
가 글을 쓴 때가 1857년이었기 때문이다. 반면 메이슨은 그 일을 목격했
다고 믿는다.

메이슨은 그 사상에 존재하는 유토피아적 요소를 인정한다. "결국 마
르크스가 옳았다"는 표현은 독자의 흥미를 떨어뜨릴 것이다. 그 말은 전
에도 여러 번 들어 보지 않았던가? 하지만 거기에는 마르크스주의가 아
닌 내용도 있다. 메이슨의 책보다 과장이 덜한 『팍스 테크니카Pax Technica』
(2015)에서 저자인 필립 하워드Philip N. Howard는 '사물인터넷'(기계끼리 직

접적으로 막대한 양의 정보를 공유하는 것)이 완전히 현대 정치를 바꾸어 놓을 것이라고 주장한다. 일단 냉장고가 전구에 말을 할 수 있게 되면 좋든 싫든 우리는 전혀 다른 정치 환경에 살게 될 것이다. 효율성이 높다는 이유로 기계가 우리를 대신해 선택하므로, 수많은 결정이 우리의 통제를 벗어나 이루어질 것이다. 하지만 만약 기계가 사람들을 서로 연결하는 힘든 작업을 한다면 그 덕분에 인간은 더 한가롭게 빈둥거릴 수 있다. 기계학습이 인간에게 새로운 휴식을 줄 것이고, 그 때 인간의 상상력은 다시 정치로 향할 수 있다. 하워드는 이렇게 주장한다.

> 우리는 정치 단체와 질서를 생각하는 방식을 근본적으로 바꾸어야 한다. 디지털 매체가 소셜 네트워크 사용 방식을 계속 변화시켰고, 우리가 원할 때 정치적 행위자가 될 수 있게 해주었다. 우리는 다른 사람들과 관계를 맺고 이야기를 공유하기 위해 기술을 사용한다. 정부와 정당, 시민단체와 시민 등은 디지털 세상 이전에 존재하던 낡은 범주다 …… 사물인터넷을 기반으로 하는 네트워크 기기 덕분에 대리인으로서 개인의 지위가 향상되고 있다.[85]

하워드는 혁명을 선동하는 사람이 아니다. 그는 미래에 두 가지 차원의 정치를 상상한다. 한쪽에서는 인터넷을 통제할 기술 표준에 대한 합의를 마련해야 하는데, 이는 필연적으로 기술자와 기술 기업이 하게 될 것이다. 다른 한쪽에는 이미 인터넷에 존재하고 있는 네트워크가 있으며,

여기에서 사람들은 혼자 힘으로 일한다. 그러므로 정부는 점점 낡은 제도가 되어 간다. 즉 한쪽에는 기술 거버넌스governance가, 다른 쪽에는 직접적인 정치 행동의 자리가 만들어진다. 그 사이에 필요한 것은 거의 없다.

'팍스 테크니카'는 세계 평화를 지키려면 막강한 어느 한 국가가 필요하다는 '팍스 아메리카나pax Americana' 이후에 등장한다. 어쨌든 팍스 아메리카나는 트럼프 덕분에 사라진 것 같다. 하워드는 우리가 팍스 아메리카나 없이도 잘 지낼 수 있다고 생각한다. 그는 이렇게 쓰고 있다. "어쩌면 사물인터넷이 사회의 결속력을 강화해서, 정부 구조가 붕괴하거나 약해지면 이를 바로잡거나 다른 것으로 대체할 수 있을 것이다. 바꿔 말하자면 심지어 정부가 없을 때에도 사람들은 사물인터넷을 이용해서 다시 거버넌스를 마련할 것이다."[86]

자유지상주의, 혁명주의, 테크노크라시 등과 같은 미래형 이념들은 몇 가지 공통점을 가진다. 하나는 인내심 부족이다. 실리콘밸리 자유지상주의를 대표하는 피터 틸Peter Thiel은 대대적인 개혁을 바랐기에 대선에서 트럼프를 지지했다. 틸은 붕괴가 미래를 조금 더 빨리 오게 하기 때문에 (결과에 상관없이) 모든 붕괴를 환영해야 한다고 생각한다. 할리우드식 사회주의를 대변하는 수전 서랜던Susan Sarandon도 2016년에 다음과 같이 비슷한 견해를 내놓았다. "힐러리를 뽑으면 당신이 가지고 있던 모든 것이 거의 그대로 있을 겁니다. 하지만 트럼프를 뽑으면 모든 것이 한 번에 무너질 가능성이 있습니다."

미래주의는 이미 과거가 되었다

조급한 몽상가들이 공통적으로 반복하는 불평은 우리가 잘못된 상황을 걱정하고 있다는 말이다. 우리는 모든 것이 무너질까 봐 두려워하지만, 붕괴를 환영해야 한다. 미지의 상태에 이르는 것을 피하려 하지 말고, 그것을 의미 있는 변화의 전제 조건으로 받아들여야 한다. 메이슨은 현대 정치의 단기 목적이 "복잡성을 줄이는 것이 아니라 …… 자동화를 확대하고 노동을 축소하며, 저렴하거나 무료인 제품 및 서비스를 늘리는 방향으로 경제가 발전하도록 자본주의에서 가장 복잡한 형태를 장려하는 것"이라고 쓰고 있다.[87] 자본주의는 우리를 자유롭게 할 기계를 만들기 때문에 가능한 한 신속하게 그 목표에 도달해야 한다. 만약 21세기에 맞는 정치 좌우명이 필요하다면 바로 이것이다. 속도를 높여라!

이런 세계관에는 '촉진주의accelerationism'라는 철학적 이름이 붙었다. 이는 20세기 초에 등장해서 제1차 세계대전 전후에 번성했던, 선구적인 미래주의에도 있었다. 미래주의는 속도와 기계화, 젊음을 찬양했던 철학이다. 이 철학은 목표를 추구할 때 따라오는 폭력에 대단히 관대했다. 특히 이탈리아의 미래주의자들은 1세대 오토바이에 심취했는데, 그와 마찬가지로 오토바이 충돌에도 관대했다. 이탈리아 미래주의는 좋은 방향으로 마무리되지 못했다. 1919년에 이탈리아의 미래파 정당Partito Politica Futurista은 무솔리니Benito Mussolini가 만든 파시스트와 세력을 합쳤다. 두 정치 운동은 많은 부분에서 관심사가 같았다. 선명한 노선을 추구하면서 그 결과를 무시하면 나쁜 정치가 된다.

20세기가 현재의 지침이 되지 않는다고 이미 주장한 것처럼, 미래주의의 운명이 촉진주의의 종착지를 알려 준다고 말하기 어렵다. 트럼프가 칙칙거리는 비대한 오토바이일지 모르지만, 인터넷은 완전히 다르다. 인터넷에는 선명한 노선이라는 것이 극히 드물고, 복잡한 노선들이 거의 무한대로 존재한다. 굳이 1920년대까지 거슬러 올라가지 않아도 된다. 미래주의는 과거에 속한다.

21세기 촉진주의는 미학적 용어일 뿐만 아니라 경제 철학이기도 하다. 이를 지지하는 사람들은 현 세계에 대한 고행자 같은 반응을 싫어한다. 환경주의자들은 소비를 줄이고, 현재 하는 일의 속도를 늦추며, 이미 가진 것을 소중하게 여기라고 주장한다. 촉진주의자들은 환경주의자들이 권하는 행동이 자살 행위나 다름없다고 생각한다. 이들은 우리가 급격한 경제성장을 수용하기를 바라지만, 이는 경제성장 자체가 중요해서도 아니고, 지금의 정치체제를 보호하기 위해서도 아니다. 오히려 성장은 변화의 전제 조건이다. 경제가 적당히 빠른 속도로 성장하면 어느 촉진주의자가 선언한 것처럼 "미래가 곧 열릴 것이다."[88]

과거에 촉진주의자들은 가능성을 과장하는 것을 비판했다. 미래는 생각만큼 빠르게 오지 않는다. 전통적으로 기계는 그것을 작동시키는 사람의 능력만큼만 유익하고, 사람들은 기계만큼 빠르게 변하지 못한다. 미래주의의 운명이 그것을 보여 주었다. 하지만 디지털 혁명이 그런 논의의 내용을 바꾸었을지도 모르겠다. 사물인터넷은 인간을 기계로부터 자유롭게 하는 만큼 기계도 인간에게서 해방시키겠다는 약속을 하고 있으

제4장 | 더 나은 대안이 있을까

므로, 촉진주의자들이 미래를 전망할 때 커다란 역할을 한다. 사물인터넷이 일으키는 변화는 기계가 대처할 수 있을 만큼의 속도로 일어난다. 인간은 기계가 이룬 것을 이용하기만 하면 된다. 우리는 변할 필요가 없다. 우리는 그저 즐기기만 하면 된다.

그런 이유 때문에, 진짜 위험은 우리가 가려는 지점에 미치지 못한 것이 아니라 그것을 지나쳤다는 데 있을지도 모른다. 자유로운 네트워크 세상에 대한 몽상의 대부분은 네트워크를 구성하는 개인들이 전혀 피해를 입지 않는다는 가정에 기초한다. 인터넷이 확장한 무한대의 세상에서도 여전히 우리는 누구와 어떻게 함께하고 싶은지 선택한다. 하지만 이런 환경이 개인의 정체성을 확립하는 데 대단히 부적합하다고 밝혀질 가능성도 있다.

개인들이 어디에 소속되고 싶은지 선택하기는커녕, 기계는 우리가 개인으로 존재한다는 사실도 인정하지 않을지 모른다. 우리는 단순히 측정점들data points의 집합일 뿐이므로, 광활한 인터넷 세상에서 데이터가 나누어질수록 우리도 점점 작아진다. 냉장고가 전구에 말을 거는 세상에서 우리가 아무런 의식적 명령도 하지 않는다면, 냉장고와 전구에게 우리는 신용카드와 일관성 없는 태도의 집합 외에 무엇이겠는가? 이스라엘 역사학자 유발 하라리Yuval Noah Harari의 용어를 사용해서 말하자면, 디지털 혁명은 우리를 '몰개성화de-individuate'하겠다고 위협한다.[89]

확실히 몰개성화는 노직의 유토피아뿐만 아니라 심지어 그 최신판도 망가뜨릴 것이다. 자유지상주의자의 천국은 원하는 삶의 방식을 선택할 수 있도록 자신이 누구인지 기억될 수 있다는 현대 사회의 기본 가정에 기초한다. 하지만 더는 그렇지 않을 것 같다. 내가 나라는 사람이 아니고 리한나가 리한나가 아니며 간디가 간디가 아니라면, 그리고 우리 모두에게 적합한 공동체가 없다면 어떻게 될까? 그 대신에 우리를 구성하는 다양한 조각들은 서로 다른 공간에 속해 있다. 우리 각자는 여러 조각으로 구성되어 있으므로, 기계는 우리를 전체로 보지 않고 조각으로만 본다. 일단 '몰개성화'되면, 내가 선택할 것이 아무것도 남지 않을 것이므로 선호하는 삶의 방식을 선택할 수 없을 것이다. 오직 내가 기계에 제공한 정보만 있을 것이다.

어쩌면 이러한 사고방식은 믿기지 않거나 패배주의자의 말처럼 들릴 것이다. 하지만 믿기지 않는 말이라고 해서 촉진주의에 반대한다는 의미는 아니다. 요점은 미래가 우리의 기대와 완전히 다를 수도 있다는 생각에 익숙해져야 한다는 것이다. 미래는 미지의 영역이다. 예전에 유토피아는 우리가 한 번도 가보지 못한 아주 먼 곳이었다. 그러나 지금 유토피아는 우리가 다른 곳으로 가는 중에 빠르게 지나치는 장소가 될 위험이 있다. 지나가면서 언뜻 유토피아를 본다. 집중해서 볼 시간이 없기 때문이다. 그러고 나면 유토피아는 시야에서 사라진다.

궁극적인 최종 목적지는 존재하지 않는다

촉진주의자들은 최종 목적지를 지나간다는 생각을 기쁘게 받아들일 것이다. 이들은 최종 목적지라는 것은 없다고 주장한다. 오직 여행만 있을 뿐이다. 조만간 우리는 무모한 행동을 하게 될 것이다. 결국 수십 년 내에 인간과 기계의 경계가 흐려질 것이다. 그러면 우리는 '특이점$_{Singularity}$'이라고 불리는 상태, 즉 우리가 오늘날 상상할 수 없을 정도로 빠르게 변화하는 지점에 도달할 것이다. 그 후에는 모든 것이 가능해진다.

그 전에 우리는 지금 벌어질 일들을 생각해야 한다. 개인의 정체성이 일부 해체되는 것이 우리에게 이로울 것이라고 주장하는 사람도 있다. 데릭 파핏은 단 하나의 정체성이라는 환상에 집착하면 시간이 흐를수록 도덕적·정치적 상상력이 억압된다고 주장했다.[90] 우리는 본능적으로 지금 우리 옆에 앉은 다른 사람보다 20년 후 미래의 자신과 더 많은 공통점을 가진다고 믿는다. 파핏은 그게 잘못됐다고 생각한다. 나와 다른 사람 사이에 물리적 공간이 존재하는 것처럼, 지금의 나와 미래의 나는 단절되어 있다. 지금의 나는 미래의 나와 다르다. 서로 다른 시간상에 존재하는 내 두 자아는 본질적으로 별개의 인물이다.

우리가 그 사실을 이해한다면 자신의 도덕적 우선순위를 재조정하기 시작할 것이다. 자기 자신을 걱정하는 데 시간을 덜 쓰면 먼 곳에 있는 사람들과 이웃을 더 많이 생각할 수 있다. 그리고 아직 세상에 나오지 않은 사람들이 해를 입지 않도록 더 많이 노력할 것이다(예를 들면 천연 자원을 낭비하지 않는 식으로). 지금 옆 사람에게 피해를 주는 것이 잘못된 일이라면 미래의 내 자신이나 다른 사람에게도 마찬가지다. 해체된 정체성이 우리를 지금보다 더욱 훌륭하고 책임감 있는 사람으로 만들어 준다.

지금까지는 정보통신기술에 그런 효과가 있다는 증거가 거의 없다.

파핏은 1980년대 중반에 책을 썼고, 당시는 디지털 혁명이 일어나기 전이었다. 그는 정치적으로 비교적 안정된 상태를 가정하고 주장을 펼쳤다. 조용히 이성적으로 성찰할 수 있는 환경이 주어졌으니 다른 사람들과 미래의 자신을 위해 해야 할 일을 파악해야 한다는 것이다. 바꿔 말하자면 먼저 스스로 편안해진 다음 자신의 정체성을 해체하고, 그 후에 도덕적 우주관을 재구성해야 한다는 것이다. 지금은 그 과정이 반대로 일어난다. 먼저 자신의 정체성을 해체해서 스스로 불안정해진 다음, 자기가 세웠던 도덕적 우주관에 무엇이 남았는지 살핀다. (이쪽에서 건강 데이터가, 저쪽에서 왓츠앱이, 저 멀리 뒤에서는 트위터가 쉴 새 없이 지껄이지만) 지금 벌어지는 일들 중 어느 것도 우리에게 공감을 주지 못한 채 우리의 개성은 조금씩 금이 간다. 이는 철학 세미나의 주제가 아니라 살아 있는 인간의 경험이며, 그 때문에 차분하게 성찰하기가 어렵다. 오늘날 기술은 우리를 해방시키기보다 우리의 감정을 소모하고 있다.

또한 파핏은 도덕적 회복의 전제 조건으로 사람들이 대체로 평등해야 한다고 가정했다. 즉 상대방을 동등한 사람으로 인정할 때 서로 무엇을 해주어야 할지 알 수 있다. 그와 반대로, 디지털 기술로 인한 분열은 불평등의 증가와 동시에 일어난다. 이는 디지털 세상에서 거물들이 막대한 부를 차지함으로써 발생하는 단순한 물질적 불평등이 아니다. 그것은 다른 사람들보다 더 밀접하게 기계와 접촉하는 일부 사람들 때문에 생기는 원초적인 불평등이다. 만약 우리 생활을 통제하는 시스템을 제어할 수단이 당신에게는 있고 내게는 없다면, 당신과 나는 절대로 동등해지지 못할 것이다.

현대 정치에 대한 홉스의 전망은 평등을 전제한다. 사람은 태어날 때부터 평등하고, 그런 이유로 서로 상대방의 공격에 똑같이 취약하므로 국가가 필요하다. 인간성에 관한 기본적인 사실은, 사람들에게 무기와 비밀 병기만 주어지면 거의 모든 사람이 살인을 저지르리라는 점이다. 그러나 리바이어던은 현실적으로 사람을 죽이지 못하며, 이 때문에 폭력의 악순환을 끊어 낼 수 있는 힘을 가진다. 리바이어던이 죽음을 막지는 못하지만, 인위적 죽음보다 자연사의 가능성이 높아지도록 환경을 조성할 수는 있다. 오늘날 대부분의 사람들이 노환으로 죽는 이유는 이들이 다른 사람의 폭력에 희생당하지 않도록 국가가 보호한 덕분이다.

이런 자연적 평등은 조만간 과거의 일이 될지도 모른다. 기술이 발전하면서 일부 사람들은 리바이어던의 도움 없이 죽음에 맞설 가능성이 생겼다. 우선 노화 방지를 약속하는 획기적인 의학 치료는 소수의 특권층만 실험할 수 있다. 이런 의학 실험은 실패하는 경우가 대부분이라 하더라도 일부는 성공할 가능성이 여전히 존재한다. 인간의 수명은 크게 늘어나는데 삶이 점점 불평등해지면 현대 정치의 이론적 근거는 약해진다. 사회를 체계화하는 토대를 완전히 바꾸기 위해서는 소수의 초인super-humans만 있으면 된다. 이들은 나머지 사람들을 구속하는 상대적 취약성에 영향을 받지 않을 것이다. 정보화 시대에 지식은 권력이기만 한 것이 아니다. 지식은 정치를 뛰어넘은 초강대국이 될 수 있는 가능성이기도 하다.

영원히 살고 싶은 욕구는 자아가 해체되고 욕구가 없는 세상을 예상했던 파핏의 전망과 얼마나 동떨어졌는가를 보여 준다. 특히 실리콘밸리의 엄청난 부자들은 왜 자기 자신의 모습을 포기해야 하는지 이해하지 못한다. 간혹 터무니없이 젊은 나이에 큰돈을 번 사람들은 미래를 자신의 놀이터로 여긴다. 그리고 그 놀이터 안에서 놀기로 결심한다. 늘 그렇듯이, 이는 죽음이 모두에게 필연적인 운명이 아니라 선택 사항이 된다는 보편적 비전으로 포장된다. 하지만 그 말의 진짜 의미는 세상의 유력자들이 죽음을 선택지로만 남겨 두고 싶어 한다는 뜻이다. 그렇게 하지 못하면 자신이 개발하고 있는 것들을 어떻게 향유하겠는가?

만약 가속된 미래가 무엇이든 될 수 있다면 그것이 먼 과거의 패러디가 될 가능성도 포함된다. 자연적 평등이 사라지면 현대는 거대한 과잉의 시대들 사이에 끼게 된다. 몇몇은 장난삼아 불멸을 생각한다. 나머지 사람들은 그들의 그늘에 가려진 채 살아간다. 3장에서 나는 파라오가 현대 국가에 적수가 되지 못한다고 말했다. 하지만 현대 국가가 없다면 우리는 파라오를 당해 낼 수 없다. 정치가 분해되면 우리가 해체되었을 때 우리를 구해 줄 것이 없어진다.

우리는 결국 민주주의를 선택할 것이다

나는 실용주의적 독재, 에피스토크라시, 우리를 해방시키는 기술이 현대 대의민주주의의 대안이라고 생각한다. 처음 두 가지는 추천할 만한 이유가 있지만, 따지고 보면 그것들은 오늘날처럼 대단히 불확실한 상황에서조차도 민주주의와 경쟁하지 못한다. 그 둘은 대안적이라기보다 유혹적이다. 세 번째는 다르다. 그것은 미래의 모든 가능성을 포함한다. 그 중 일부는 놀랍고, 일부는 두려우며, 대부분은 전혀 알 수가 없다. 그 가능성의 범위는 인간이 지금껏 경험해 왔던 것만큼이나 광활하다.

그러므로 확실히 현대 민주주의보다 더 나은 안은 있다. 대단히 매력적인 상상 속 미래에는 지금 우리가 가진 것을 확실하게 개선하는 정치가 포함된다. 예를 들어 하워드의 '팍스 테크니카' 시대에 최상의 시나리오는 개인의 해방과 부의 증대가 세계 평화와 결합되는 것이다. 이는 지금까지 생각할 수 있었던 것 중에서 가장 훌륭한 결과일 것이다. 메이슨은 삶에서 귀한 것들이 모두 무료가 되는 세상을 향해 우리가 더 멀리 나아갈 수 있다고 생각한다. 이는 단순한 유토피아적 전망이 아니다. 그 전망은 이미 일어나고 있는 일들에서 비롯된 것이다. 하워드는 정치적 변형의 가능성을 본 사람들의 조급함을 설명하면서, 미래 정치의 도래 시점을 사물인터넷 시대가 시작되는 2020년 즈음으로 잡는다. 이제 얼마남지 않았다.

하워드는 그것을 유일한 가능성으로 인식한다. 하지만 다른 것들도 많다. 하워드가 쓴 책의 부제는 '사물인터넷이 우리를 해방할 것인가 아니면 구속할 것인가'다. 최악의 시나리오는 우리를 해방할 힘을 가졌다고 생각되었던 기술에 갇히고, 권력이 남용되며, 불평등과 정치 마비가 심화되는 것이다. 기계의 해방 능력을 믿으려면 대단한 믿음이 필요하다.

실현 가능하고 바람직한 미래에 도달하려면, 최악의 시나리오가 퍼붓는 공격을 견뎌야 한다. 게다가 우리는 지금 있는 자리에서 시작해야 한다. 현재는 다가올 시대의 전조가 보이는 한편 과거의 흔적에 지배당하기도 한다. 민주주의를 싫어하고 믿지 않는 사람들이 점점 많아졌지만, 예상 가능한 미지의 선택지와 비교하면 민주주의는 여전히 편안하고 친숙하다. 지금은 중년의 위기를 겪는 것이다. 결국 우리는 민주주의 안에 사는 것을 더 선호할 것이다.

민주주의는 이렇게 끝난다

모든 민주주의 국가(사회)는 다른 나라의 흥망성쇠에서 자신의 미래를 잠깐이나마 볼 수 있기를 바란다. 경쟁 체제가 한창 발전하고 있을 때, 우리는 그 현상이 우리의 빛이 사그라든다는 의미는 아닐지 알고 싶어 한다. 다른 민주주의 체제가 무너지기 시작하면 그 현상이 우리의 향후 운명을 경고하는 것은 아닌지 알고 싶어 한다. 민주정치는 도덕적인 삶을 실천하는 누군가가 있는 한, 도덕적인 이야기들을 갈망한다.

1980년대 말, 서구의 여러 비판가들은 일본이 곧 강대국이 된다고 생각했다. 21세기는 일본의 시대가 될 것이라고 말이다. 프랜시스 후쿠야마는 『역사의 종말』에서 가장 기대할 만한 미래의 모범 사례로 (유럽연합과 함께) 일본을 들었다. 민주주의가 승리하면 세상은 안정적으로 번영하고, 효율적이되 다소 지루해질 것이다. 그러나 일본의 거품은 (주식 시장의 붕괴와 함께) 꺼졌고, 미래는 다른 나라의 것이 되었다. 그 대신에 일본은 자만심이 얼마나 위험한지 보여 주는 우화가 되었다. 일본은 잃어버린 수십 년간 경제 성장이 멈추었고 정치적으로 침체되었으며, 이는 다

279

른 나라에 강력한 경고를 던졌다. 거품은 어디서든 터질 수 있다.

2010년 즈음 그리스에 빨간 불이 들어왔다. 유럽연합은 더는 지루하지 않았다. 그들은 깜짝 놀라고 있었다. 서구 정치인들은 민주주의가 부채를 통제하지 못하면 무슨 일이 벌어지는지 설명할 때 그리스를 예로 들었다. 2010년 조지 오즈번George Osborne이 영국의 재무장관이 되었을 때, 그는 가장 비도덕적인 사례로 그리스의 금융위기를 언급했다. 그는 영국에서 10년간의 긴축 정책을 시작하면서, "여러분은 현실을 인정하지 않는 나라의 모습을 그리스에서 볼 수 있으며, 그것이 바로 제가 피하고 싶은 운명입니다"라고 말했다.[91] 이제 그때 말한 10년이 거의 다 되었고, 그리스는 어린아이도 떨게 만드는 상황에서 상당 부분 벗어났다. 그 나라는 나락으로 떨어지지는 않았다. 하지만 내핍 생활이 약속했던 변화는 일어나지 않았다. 그래도 삶은 계속 된다.

일본과 그리스의 붕괴 없는 몰락

오늘날 민주국가의 정치인들은 우리를 기다리는 미래의 사례로 일본과 그리스를 거의 언급하지 않는다. 두 나라의 사례가 전하는 메시지가 너무나 모호해져서 더 이상 도덕적 교훈을 주지 못하기 때문이다. 일본은 여전히 정치적 · 경제적 관습에 얽매여 있지만, 국민을 보호하는 안정적이고 풍요로운 사회로서 완벽하게 기능하고 있다. 전체 인류 역사에서 자신이 살게 될 장소와 시간이 적힌 재미있는 복권을 추첨한다고 상상해 보자. 뽑은 복권에 '일본, 21세기 초'라고 적혀 있다면 당신은 대박을 터뜨렸다고 생각할 것이다. 그리스는 상황이 좋지 않지만, 역사적 기준으로 보면 여전히 번영하고 평화로운 나라다. 지금 그리스보다 훨씬 암울한 지역들이 많다. 그리스의 위기는 전혀 해소되지 못했지만 그래도 최악의 사태는 한 번도 일어나지 않았다.

그래서 사람들은 다가올 미래를 보여 주는 새로운 예를 찾는다. 중국은 일본을 대신해서 서구 정치인들의 상상력을 사로잡은 동양의 거인이 되었다. 그들은 중국이 자신들을 추월할지도 모른다거나 다음에는 중국에서 거대한 거품이 터질 수 있다고 상상한다. 베네수엘라는 그리스를 대신해서 지금의 비참한 운명이 포퓰리즘에 빠진 대가라고 경고하는 나라가 되었다. 2017년 10월 영국 보수당 전당대회 연설에서, 재무장관인 필립 해먼드_{Philip Hammond}는 제러미 코빈이 총리가 되면, "베네수엘라처럼" 식량 부족과 거리 폭력이 발생할 것이라고 경고했다. 우파 대통령 후보나 총리 후보가 장차 헝가리의 총리인 오르번이나 심하면 트럼프처럼 되듯이, 좌파 대통령 후보나 총리 후보는 노동운동가 출신으로 베네수엘라 대통령이 된 마두로_{Nicolás Maduro}처럼 될 가능성이 있다. 우리의 경고가 확실하게 전달되었으면 좋겠다. 신의 은총이 없으면 민주주의도 그렇게 될 테니까.

하지만 아이러니하게도 쉽게 비아냥거릴 대상을 찾던 정치인들이 그리스와 일본에 흥미를 잃은 지 한참이 지난 지금 민주주의가 어떻게 끝나는지를 가장 잘 보여 주는 나라는 일본과 그리스다. 안정적인 민주주의는 처음에 재난으로 발생한 문제들을 해결하지 않아도 최악을 피할 수 있는 비상한 능력이 있다. 그리스 위기는 너무나 여러 번 뒤로 미뤄져서 우리는 그 길이 가능해 보였던 것보다 훨씬 더 길다고 결론 내려야 한다. 그 길이 어디에서 끝날지 누가 알겠는가? 내가 책을 쓰고 있을 때, 그리스 경제는 8년 여 만에 처음으로 서서히 성장하기 시작했다. 부채는 전보다 더 많아졌다. 치프라스는 총리가 된 이후로 지지율이 최하로 떨어졌다. 끝나지 않는 위기의 첫 단계에 집권했던 그리스의 중도우파 정당은 권력을 되찾기 직전인 것 같다. 바루파키스가 또 책을 냈다.

그리스와 일본은 서로 다르지만 몇 가지 공통점이 있다. 두 나라 모두 전 세계에서 가장 늙은 나라다. 일본은 노인의 인구 비율이 그리스보다 높은 몇 안 되는 나라 중 하나다. 인구의 반이 47세 이상이다. 두 나라는 젊은이의 유입이 절실한 나라들이다. 출생률이 크게 오르기 어려운 상황에서 (그리고 그렇게 할 만한 요인을 찾아보기 대단히 어렵기 때문에) 확실한 해결책은 이민이다. 하지만 두 나라에서 더 많은 이민자(특히 젊은이들)를 받아들이면, 이는 정치적으로는 독이 되고 현실적으로는 관리가 어려워진다. 결국 무언가를 포기해야 할 것이다. 어쩌면 충분히 기다린다면 로봇이 젊은이들이 했던 일의 대부분을 할 수 있을 것이고, 노인들은 하루하루 컴퓨터 게임이나 하고 건강을 걱정하면서 그럭저럭 살아갈 것이다. 결국 우리 모두 일본처럼 되어 갈지도 모른다. 혹은 그보다 더 나쁜 종말도 있다.

일본은 전 세계에서 가장 폭력이 적은 사회이기도 하다. 선진국 중에서 일본의 살인율이 가장 낮다. 일본의 정치는 여전히 스캔들(뇌물 수수

혐의가 있는 정치인이 한 둘이 아니다)이 난무하지만, 폭동이나 거리 폭력은 거의 일어나지 않는다. 정치 투쟁은 해로울 뿐만 아니라 효과도 없다. 그리스는 일본보다 범죄율이 높지만, 역사적으로 보나 유럽 내 다른 국가들과 비교해서 보나 폭력이 드물게 나타난다(그리스의 살인율은 영국보다 낮다). 거의 10년 간 끔찍한 경제 위기를 겪었어도 그런 상태가 바뀌지는 않았다. 그리스는 붕괴하는 과정 없이 이미 무너져 버렸다. 그리스 정치는 폭력적이지는 않지만 사나워졌다. 어떤 민주주의는 엄청난 고통을 흡수할 수 있는 것 같다.

일본과 그리스의 사례는 우리가 두려워하거나 희망했을지 모르는 이야기와는 다른 것으로 판명되었다. 도덕 이야기가 진행될수록 두 나라는 무언가를 잃어 간다. 그들에게 부족한 것은 도덕성이다. 민주주의는 클라이맥스를 향해 달려가는 드라마가 아니다. 대중이 어떤 상황을 기다리고 있는지 불분명할 때에도 민주주의는 얼어붙은 채 웅크리고 앉아 그 상황이 종료되기만을 기다린다. 한동안 그런 기다림은 핵심 활동이 된다. 결국 무언가가 나타날 것이다. 항상 그렇다.

더 이상 폭력은 없는가

물론 이것이 이야기의 전부는 아니다. 심지어 서구의 많은 민주국가들은 일본과 그리스보다 덜 늙었지만, 더 불안하고 참을성이 없으며 잠재적으로 훨씬 폭력적이다. 다른 형태의 미래를 잠깐이라도 들여다보기 위해 베네수엘라의 수도 카라카스까지 갈 필요도 없다. 시카고만 봐도 알 수 있다.

폭력이 전반적으로 감소하고 있다는 주장(스티븐 핑커Steven Pinker가 『우리 본성의 선한 천사』(2011)에서 말해서 유명해졌다)은 이 책에서 내가 말한 내용 중 일부를 뒷받침한다.[92] 그런 상황은 최근에 좀 더 복잡해졌다. 핑커의 주장에서 중요한 부분은 1970년대와 1980년대에 최고 수준이었다가 2010년에 대폭 감소한 미국 범죄율 추이에 기초했다. 하지만 미국 내 살인율은 지난 2년간 거의 10퍼센트나 증가했는데, 그 증가율의 대부분은 라스베이거스와 볼티모어, 시카고 등 일부 도시에서 발생한 것이다. 시카고에서는 매월 평균 50명 이상이 총에 맞아 죽는다. 이는 가장 폭력적인 시기로 악명 높은 1920년대보다 훨씬 높은 수치다.

최근 이렇게 폭력이 증가하는 현상은 대단히 고르지 못하게 나타난다. 폭력이 급증한 도시가 있는 반면, 비교적 변화가 없는 도시들도 있다. 2016년에 뉴욕의 범죄율은 사상 최저였다. 시카고에서는 폭력이 일부 지역에 집중해서 일어난다. 70개 이상의 경찰지구대 중에서 불과 다섯 개 지역에서 전체 사망 사고의 3분의 2가 발생한다. 유혈 사태가 벌어지는 지역의 바로 옆에 살면서 그러한 사태에 면역이 되어 살아가는 것이 가능하다.

시카고에서 벌어지는 살인 범죄가 현재 미국 전역을 휩쓰는 가장 심각한 폭력은 아니다. 가장 많은 범죄는 자해로 발생한다. 최근 10년간 특히 농촌 지역에서 자살률이 크게 증가했다. 현재 미국에서는 다른 사람보다 자기 자신에게 총을 쏘는 사람이 더 많다. 지금 미국 전역에서 범람하고 있는 마약성 진통제로 인한 사망 사고는 총격 사고보다 더 많은 인명을 앗아 가고 있으며 멈출 기미도 보이지 않는다. 도로에서 벌어지는 사망 사고 역시 증가하고 있다. 결과적으로 미국은 선진국 중에서 평균 수명이 줄어드는 최초의 나라가 되었다. 작년에 약물 과다 복용과 교통사고로 사망한 미국인은 10만 명 이상이었다. 이것이 진짜 미국식 대학살이다.

현재 미국이 경험하고 있는 현상은 긴 폭력의 역사로 불릴 만하다. 폭력 건수도 많지만, 그 대부분이 특정 집단에 집중되어 있다. 그러므로 이는 집단 경험이 아니다. 폭력은 사라지지 않았다. 오히려 드문드문 널리 퍼져서, 간접적이지만 기록하기 어려울 정도로 무수한 방법으로 사람들의 삶에 영향을 준다. 이런 폭력의 대부분은 다수의 사람들이 접근하기 어려운 지역이나 가정에서 사적으로 일어나고 일상화된다. 사건 연루자는 젊은 아프리카계 미국 남성의 비율이 압도적으로 높으며, 200만 명이상이 수감된 미국 교도소는 의도적으로 정치의 영역 밖에 세워진 거대한 폭력 공장이다. 눈에 보이지 않으면 관심도 사라진다.

그와 동시에 극도로 폭력적인 대재앙의 그림자가 미국 전역에 드리워져 있다. 특정한 개별 폭력 행위(특별히 테러리스트가 침투했을 때)는 일반적인 붕괴의 조짐으로 다루어진다. 한 번만 잘못 움직여도 모두 죽을 수 있다. 트럼프가 이런 현상을 상징한다. 그는 두 종류의 정치 폭력을 구사한다. 하나는 인신공격이라는 수준 낮은 소모전이다. 다른 하나는 핵 종말의 위협이다. 작은 사건들이 많이 일어날 때, 그중에 압도적인 사건은 많지 않다. 트럼프는 일상의 폭력으로부터 위험에 빠진 수백 만 명의 미국인들에게 거의 아무것도 해줄 수 없는 것처럼 보인다. 그러나 혼자서 수백 만 명을 파괴할 능력은 충분하다.

꼬리에 꼬리를 문 폭력은 민주주의가 처한 곤경을 상징한다. 민주주의가 직면한 위협은 너무 크거나 너무 작다. 북한의 핵전쟁 위협과 마약성 진통제가 확산되는 현상의 공통점은 민주정치가 그것들을 억제하기 어렵다는 것이다. 종말론과 개인적 위험 사이에 존재하는 중간 지대는 전통적으로 민주정치가 활동하던 공간인데, 이곳은 최악의 사태가 일어날 수 있다는 전망에 영향을 받은 세계관들의 전쟁터가 되었다. 중간 수준의 정치가 사라지고 있다. 극단적인 사건이 많아지면 가장 손해를 보는 쪽은 중간 수준의 사건이다.[93] 현대 민주주의도 예외는 아니다. 거시적 사건과 미시적 경험이 합리적으로 타협할 여지를 없앤다. 사람들이 그런 타협을 도울 수 있는 제도를 찾아보지만, 아주 크거나 아주 작은 정치적 두려움과 실망 때문에 속이 비어 버린 제도만 발견하게 된다.

단 하나의 해결책은 없다

이런 사실에도 불구하고 민주주의를 단단히 붙잡아야 하는 이유는 거부 기능이 있기 때문이다. 실망감이 공허를 부른다 할지라도 그 나름대로 쓸모가 있다. 정말 싫은 정치인이 있다면 그를 다른 사람으로 대체할 수 있다. 끔찍한 지도자(중국에서 주로 쓰는 표현으로 '나쁜 황제')는 비교적 힘들지 않게 처리할 수 있다. 소멸 직전인 정당들은 결국 폐기물 창고로 끝려간다. 몹시 부주의하거나 겁이 많은 민주주의는 나쁜 황제가 그 제도 속으로 교묘히 파고들어 자신을 제거하는 일을 어렵게 만들지 모른다. 에르도안은 현재 18년 동안 터키를 통치하고 있으며 물러날 기미도 전혀 없다. 하지만 그런 일이 트럼프에게는 일어나지 않을 것이다. 미국 민주주의는 2025년 이후에도 그를 대통령 자리에 둘 정도로 겁이 많거나 부주의하지 않다. 그리고 트럼프도 그렇게 오래 자리에 있을 것 같지 않다.

민주주의는 여전히 곤란한 일을 미루는 데 능숙하다. 정신을 차리지 못하거나 균형감을 잘 유지하지 못할 경우 민주주의는 최악의 상황을 지연시키는 데에나 유용하며, 더 잘하려고 노력해 봤자 좌절감만 깊어질 뿐이다. 문제 해결을 미래로 미루는 것은 민주주의가 가장 잘하는 일이다. 그래서 미래로 가는 길은 언제나 생각했던 것보다 길어진다.

21세기의 문제는 민주주의의 장점들이 서로 분리된다는 점이다. 단순히 재난을 피하는 것만으로는 충분하지 않다. 민주주의가 꽃을 피우려면 민주주의라는 제도가 사회에 실질적인 이익을 실현하면서 동시에 개인을 인정하는 능력을 계속 보유하고 있어야 한다. 하지만 더 이상 그런 일이 일어나지 않는다. 여전히 이익이 실현되고 개인은 인정받는다. 다만 둘이 같은 방향으로 움직이지 않는다. 우리가 공유하는 문제들의 해법은 점점 기술적 전문성에 의존하며, 테크노크라시를 향해 움직인다. 개인으로서 인정해 달라는 요구는 점점 정체성을 드러내는 언어로 표현되고, 무정부주의를 향해 움직인다. 20세기에는 집단적인 정치 투쟁의 경험(공동의 문제를 해결하고 개인으로서 인정받기 위한 목적)이 민주주의를 유지시켰다. 21세기에는 흩어져 있는 정치적 분노가 민주주의를 분열시키고 있다.

한때 정당은 민주주의의 장점들을 결합하는 핵심 도구였다. 이제는 개인의 인정 정치가 민주적으로 의사를 표현하던 기존 방식에 대한 실망을 부채질하면서 정당도 해체되고 있다. 이것이 민주주의이므로 아무도 이 상황이 얼마나 힘든지 공개적으로 말하지 않으려 한다. 선거철에 정치인들은 여전히 사람들에게 무엇이든 하겠다고 약속한다. 이런 사회 운동이 당신의 개인적 문제를 해결할 수 있다. 누구누구를 개인숭배하면 나라가 다시 하나로 뭉쳐질 것이다. 이런 공허한 약속들이 정치인들의 발목을 잡고 결국 머지않아 다른 정치인이 이들을 대신한다. 하지만 민주주의는 조금도 나아지지 않는다.

디지털 혁명이 이런 과정을 가속화하고 있다. 또한 그런 과정을 상징하기도 한다. 가장 요란스런 '해결사'는 주로 거대 기술 기업들인데, 이들은 자신들의 기계가 세상에서 다루기 힘든 문제들을 해결할 수 있다고 믿는다. 솔루셔니즘(solutionism, 모든 문제에 반드시 해답이 있다는 믿음 - 옮긴이)을 광적으로 믿는 지도자들은 그들의 추종자와 마찬가지로, 문제해결 능력을 높이는 일은 무엇이든지 민주주의에 도움이 된다고 확신하기 때문에 민주주의에 방해가 되지 않는다. 그와 동시에, 이들은 자신들의 기술이 개인으로서 인정받을 수 있는 범위를 넓혀 준다고 확신한다. 즉 목소리가 없는 것에도 목소리를 부여한다는 것이다. 하지만 그 두 가지를 어떻게 함께 추구할 것인가에 대해서 그들은 아무것도 말해 줄 수 없다. 왜냐하면 그것이 불가능하기 때문이다.

이것이 도널드 트럼프보다 마크 저커버그가 미국 민주주의에 더 큰 위협이 되는 이유다. 저커버그는 민주적 제도와 관련해서 사악한 계획을 품지 않는다. 실제로 그는 민주적 제도에 거의 불만이 없어 보인다. 그의 의도는 선하다. 그런데 바로 그 점이 저커버그가 위험한 이유다. 민주주의의 핵심 난제는 흩어진 것을 다시 결합할 방법을 찾는 데 있다. 민주주의의 양 극단을 서로 연결하지 않고 강제적으로 결합하려고 해봤자 아무 소용이 없으므로, 무엇보다 먼저 연결의 중요성을 파악해야 한다. 미국 민주주의는 거부 기능이 있으므로 결국 트럼프를 몰아내고 그보다 더 오래 유지될 수 있다. 하지만 그런 거부 기능이 저커버그를 몰아내지는 못하는데, 그 이유는 그러기 위해서 좀 더 강력한 무언가를 요구하기 때문이다. 우리가 점점 커지는 정치적 공허감을 해소하기 위해 필요로 하는 제도들은 더 강력해진 솔루셔니즘과 표현주의 때문에 속 빈 강정이 되어버린다.

민주주의의 운명은 이렇게 될 것이다. 트럼프 같은 사람들은 등장했다가 사라질 것이다. 저커버그 같은 사람들은 사라지지 않을 것이다. 저커버그는 끔찍한 일을 바라지 않기 때문에 그의 위협은 별로 심각하지 않다. 수많은 문제가 해결되지만, 새로운 문제도 많이 나타날 것이다. 소외되었던 많은 사람들이 목소리를 낼 기회를 가질 것이다. 더디지만 확실하게, 민주주의는 최후를 맞이할 것이다.

21세기 민주주의를 위한 제언

그럼 나의 해법은 무엇일까? 현대 민주주의의 병폐를 다룬 모든 책에서는 이쯤해서 저자가 몇 가지 해결책을 제시하기 마련이다. 하지만 내게는 아무것도 없다. 만약 솔루셔니즘이 문제 중 하나라면, 단순히 해법을 제시하는 것만으로는 문제를 해결하지 못한다.

그 대신 나는 21세기에 필요한 몇 가지 교훈을 제안하겠다. 이는 미래를 위한 안내서가 아니다. 그저 우리의 현재 위치를 이해하는 데 도움을 주기 위함이다. 어떻게 끝나든, 우리는 우리가 시작한 곳이 어디인지 알아야 한다.

- 성숙한 서구의 민주주의는 전성기가 지났다. 화려하던 시기는 과거가 되었다. 우리는 이 점을 인정해야 한다. 눈부신 한 세기를 보내면서 크게 성공하고 역동적이었던 정치체제는 가장 성공한 자리에서 서서히 쇠퇴하고 있다. 여전히 의미 있는 선택을 할 여지는 많다. 후반부에 이르렀을 때, 민주주의는 많은 것을 이룰 수도 있다. 종종 인생의 쇠퇴기가 가장 충만한 시기가 되기도 한다. 하지만 그런 일은 우리가 지금 느끼는 두려움에서 벗어날 수 있을 때 그리고 잃어버린 젊음을 되찾기 위해 부단히 노력할 때에만 실현될 것이다.

- 그와 동시에 우리는 죽음에 얽매이지 말아야 한다. 민주정치는 막 인식하게 된 죽음의 암시 때문에 질식하고 있다. 어떻게 보면 우리가 두

려움을 느끼는 것은 당연하다. 종말이 가까이에 있을지도 모르기 때문이다. 지금 미래를 태평스럽게 확신한다면 웃음거리가 될 것이다. 두려움 자체보다 두려워해야 할 것이 훨씬 많다. 그러나 민주주의 사회에 생명체가 있는 한 민주주의는 반드시 살아남는다는 사실도 인정해야 한다. 만약 끝을 향해 가는 동안 종말에 대해서 걱정만 하고 있다면, 시간은 그저 의미 없이 흘러갈 것이다.

- 죽음의 과정이 예전과 달라졌다. 생명체는 죽어 가는 동안 점점 다른 모습으로 변해 간다. 인간도 마찬가지인데, 중요한 기능을 상실하고 나서도 일부 기능을 잘 사용해서 계속 살 수 있다. 치매는 신체 건강을 해치지 않으면서 정체성을 빼앗는다. 그렇게 절반만 유지되는 삶도 상당히 오랫동안 지속될 수 있다. 오늘날 기술의 발전 속도를 고려할 때, 우리는 완전한 삶보다 불완전한 상태에서 더 오래 살게 될 것 같다. 정치체제도 마찬가지일 것이다. 민주주의는 완전히 사망하기까지 시간이 걸릴 것이다. 인위적 개선, 지연, 기술적 해결책들은 생명 유지 장치를 거의 무한대로 유지시킬 수 있다. 민주주의는 문제들을 분해해서 관리 가능한 수준으로 만들 수 있다. 이는 민주주의가 자신의 죽음과 관련된 문제들도 해체할 수 있다는 의미다. 그렇게 해서 죽음을 조금씩 연기할 수 있다.

- 민주주의와 우리는 다르다. 민주주의가 사라져도 우리는 죽지 않는

다. 민주주의를 살린다고 우리가 구원되는 것도 아니다. 인간과 정치 체제의 삶이 그 정도까지 비슷하지는 않다. 민주주의가 작동을 멈추기 시작할 때, 우리는 그것을 계속 작동하게 하려고 과잉 보상할 위험이 있다. 즉 민주주의를 구하고 세상을 파괴할지 모른다. 현재로서는 더 나은 대안이 없지만, 그것이 전혀 가능성이 없다는 의미는 아니다. 만약 우리가 계속해서 민주주의는 신성불가침이라고 주장한다면(특히 선거를 계속하면 민주주의가 살아날 수 있다고 생각한다면) 우리는 결국 원래 목표를 잊게 될 것이다. 우리는 그저 시늉만 하게 될 것이다.

- 민주주의의 역사는 인간의 삶과 달리 종점이 하나만 있지 않다. 젊을 때 했던 약속을 아직 기억하고 있는 곳에서는 민주주의가 여전히 승승장구할 것이다. 재난도 분명히 일어날 것이다. 역사에서 보았듯이 무너지는 민주국가도 생길 것이다. 내가 이 글을 쓸 때 브라질의 민주주의가 특히 취약해 보였다. 2018년 여론 조사에서 브라질 국민의 반이 지금의 경제와 정치 위기를 해결하기 위해 '군이 임시로 개입하는' 안을 지지했다.[94] 민주주의는 점진적 붕괴를 감출 수 있는 방법이 대단히 많으므로 실제 일어날 가능성은 희박하지만, 여전히 쿠데타가 일어날 수 있다. 하지만 민주주의가 성숙한 서구 나라들은 다른 나라를 보면서 앞으로 일어날 일을 예측하기를 그만두어야 한다. 브라질은 그리스가 아니다. 다른 사람을 대신해서 죽을 수 없듯이, 그들을 대신해서 살 수도 없다. 그러므로 스스로 문제를 해결해야 한다.

서구 민주주의는 중년의 위기를 극복해 낼 것이다. 운이 좋다면, 위기를 겪으며 조금은 단련될 것이다. 중년의 위기가 반복되지는 않을 것이다. 어쨌든 이것은 민주주의의 종말이 아니다. 하지만 민주주의는 이렇게 끝난다.

2053년 1월 20일

21세기 후반부에 무슨 일이 벌어질지 우리는 확실히 알 수 있을까? 아무리 지연된다 하더라도 20년간의 기술변화로 모든 것이 대단히 모호해질 것 같다. 인간과 기계 지성 사이의 경계가 무너질 때 일상의 모습이 어떻게 될지 상상하기란 거의 불가능하다. 정치가 어떻게 될지는 신경 쓰지 말자. 비록 우리가 선을 넘지 않는다 하더라도 변화의 속도가 늦춰질 것 같지는 않다. 한창 때에 미래를 예측하는 일은 위험하다. 디지털 시대에는 무언가를 예측해 봤자 헛고생이다.

유발 하라리는 디지털 혁명이 일어나면 인간이 더 이상 사회 변화를 결정하는 주요 대리자가 될 수 없으므로, 그때가 진정한 역사의 종말이라고 주장했다. 우리는 미래를 좌지우지하지 못하므로, 21세기에 무슨 일이 벌어질지 상상할 수 없다. 미래의 모습은 우리를 대신해서 기계가 만들 것이고, 그 결과 인간으로 존재하기 위해 필요했던 기본적인 것들이 쓸모없어질 것이다. 하라리는 개별성, 의식, 도덕적 판단, 민주적 선택 등이 모두 과거의 잔재가 될 것이라고 생각한다. 그 때문에 지금 우리는 미래를 알 수 없다. 진보란 정보를 효율적으로 사용할 수 있는 수준으로 측정될 것이다. 인간의 경험은 일련의 데이터 점들로 축소될 것이다.[95]

어쩌면 그렇게 될지도 모르겠다. 하지만 어떤 디스토피아든 거기에 도달하려면, 여전히 이쪽에서 저쪽으로 움직여야 한다. 그러면 중간에 무슨 일이 벌어지는가라는 질문이 남는다. 최악의 악몽은 항상 역사의 잔재가 끼워 넣은 장애물의 방해를 받기 마련이다. 성공적으로 마무리되는 사회 현상은 거의 없다. 대부분은 불완전한 삶을 길게 유지한다. 민주주의도 예외는 아니다.

내 예측은 이렇다. 2053년 1월 20일, 선거를 통해 당선된 미국 대통령의 취임식이 워싱턴 DC에서 예상대로 열릴 것이다. 미래에 이렇게 확실한 사건이 일어나는 경우는 극히 드물다. 미국인들은 끔찍한 내전이 한창일 때, 두 차례 세계대전이 일어나는 중에, 그리고 재앙과도 같은 심각한 경제위기 속에서도 대통령을 뽑았다. 디지털 혁명이 일어나도 선거를 막지는 못할 것이다. 그 일을 막으려면 아마도 세상이 끝나야 할 것이다.

트럼프 대통령이 퇴임한 뒤에도 미국의 민주주의는 계속 유지될 것이다. 끔찍한 대재앙을 막아내면서 쿠데타도 일어나지 않을 것이고 법치가 무너지지도 않을 것이다. 민주주의는 느릿느릿 나아갈 것이다. 역사는 계속될 것이다. 정치의 미래는 알 수 없지만, 30년이 지나면 여전히 과거의 유산으로 인식될 것이다.

2053년 1월 20일 월요일, 워싱턴의 날씨는 좋았다. 연단에 외투와 목도리를 걸친 사람들이 드물 정도로 날씨가 따뜻했다. 요즘 1월은 (비가 내리기 전 짧은 기간만) 워싱턴에서 가장 날씨가 좋을 때다.

새 대통령은 자신감과 여유가 넘쳐 보였다. 그는 불과 28퍼센트의 득표율을 얻어 당선되었고, 이는 역대 최소 득표 당선자였다. 그럼에도 무난한 승리였다. 경쟁자 여섯 명과 득표율이 각각 10퍼센트 이상 차이가 났다. 가장 많이 득표한 사람에게 가점을 주는 개선된 선거인단제도가 도움이 되었다. 하지만 기존 선거인단제도가 있었더라도 승자독식제도를 채택하는 주에서 충분히 표를 받았기에 그런 보잘 것 없는 득표율에도 어쨌든 그는 승리했을 것이다.

지금까지 계속 그러했듯이, 리 당선자도 기성 정당들에 맞서 자체 운동을 주도함으로써 당선되었다. 그의 메시지는 단순했다. 거대 기술 기업을 장악하겠다고 했다. 민주당과 공화당 모두 각각 두 명의 후보를 냈는데, 당에 적합한 후보로 단일화하는 데 또 실패했기 때문이다. 수년 간 사람들이 말해 온 것처럼 두 당은 이제 힘이 다한 듯 보였다. 리는 자기 돈으로 선거 운동을 한 태양에너지 산업계 거물과 크라우드펀딩으로 자금을 모아 선거에 나온 팝스타를 멀찌감치 따돌리고 승리했다. 마지막 대선 후보 토론은 난투극으로 변질되어서 아무도 이득을 보지 못했다.

모든 사람이 대통령 선거제도가 엉망이라고 생각했다. 결선투표제(지금은 사라진 프랑스 제5공화국의 선거 형태) 도입을 포함해서 오랫동안 미국의 선거제도를 개선하려는 운동이 펼쳐졌으나 결국 흐지부지되었다. 많은 유권자들이 두 명의 대선 후보 가운데 하나를 선택하던 시절을 그리워하고 있지만, 합의를 통해 헌법을 개정하기란 불가능했다. 사람들이 가진 것에 집착했기 때문이다.

8년 전에 '전자투표' 비리가 터졌고, 이 문제가 법정에서 해결되는 데 2년이 걸리자, 일부 주에서는 종이 투표 방식으로 돌아가야 한다고 주장했다. 결국 당시 챈 저커버그 대통령은 개표 집계 권리를 주정부에 돌려주겠다는 약속을 하고 나서야 자리를 계속 지킬 수 있었다. 캘리포니아 주는 처음에 여러 문제를 일으켰던 안면 인식 시스템을 고수하기로 했다. 지금 미네소타 주에서는 유권자들이 직접 투표소를 방문해서 자신의 DNA 샘플을 보여 주고 신분 확인을 받아야 한다.

리 대통령에게는 중국 정부에 휘둘린다는 소문이 계속 따라다녔다. 이런 소문이 그에게 타격을 입히지는 않았다. 오랫동안 대부분의 유권자들은 그런 식의 이야기를 무시하는 법을 배워 왔다. 어쨌든 중국인과 이런저런 관계를 맺고 있는 사람들이 많았기 때문에, 대통령이 중국과 연이 있다는 사실은 도움이 되었다. 또한 리는 자기 사업을 시작하기 전 젊은 시절에 잠시 페이스북에서 일했었다는 사실이 밝혀지면서 잠시 구설수에 올랐으나 그럭저럭 극복했다. 그는 야수를 길들이려면 그 안으로 들어가서 그것의 작동 방식을 이해해야 한다고 주장했다. 이는 거짓말이었다. 리는 재무관리부에서 회계사로 일했을 뿐이다. 회사가 어떻게 돌아가는지에 관해서 실질적인 지식은 얻지 못했다.

리는 선거 결과가 미리 알려지지 않게 하려고 대선이 있기 몇 주 전에 지지자들에게 온라인 활동을 멈추라고 권장했다. 그의 전략은 효과가 있었고, 수백 만 명이 그의 조언을 주의 깊게 따랐다. "투표하라. 공유하지 말라!"는 선거 구호가 사람들의 마음을 사로잡았다. 하지만 아무도 선거 결과에 놀라지 않았다. 리 지지자들의 온라인 활동이 급격하게 줄자 리가 승리할 것이 명백했고, 그것은 또한 그를 찍기로 한 사람이 누구인지를 명확하게 드러냈다. 선거가 끝난 다음날 그의 지지자들이 온라인 활동을 개시했을 때, 그들은 호스트 서버에서 보낸 축하 인사를 받았다.

리 선거 운동의 주된 강령은 그가 "국민의 돈"이라고 부른, 궁지에 몰린 달러를 방어하는 것이었다. 그는 미국 내에서 지불 가능한 화폐를 다시 찍겠다고 약속했다. 이 공약은 오래 전에 구직활동을 포기한 수많은 대졸 채무자를 포함해서 거대한 블록체인 디플레이션의 희생자들에게 인기가 있었다.

리의 연합체는 집에 틀어박혀서 얼마 안 되는 기본소득으로 사는 사람들과 임시직을 찾아 여러 주를 전전하는 여행자들로 이루어져 있었다. 80세 이상에서 그에 대한 지지가 가장 낮았는데, 이들은 리가 자신의 연금 소득을 달러로 지급할까 봐 걱정하고 있었다. 노인들은 점점 비트코인에 집착하고 있었다. 그들은 걱정할 필요가 없었다. 이미 대통령직 인수 기간에 연방준비제도 이사회 의장이 대통령 당선자에게 종이 화폐는 위조 증거를 찾기가 어렵다고 설명했기 때문이다. 리는 종이 화폐를 부활하겠다는 생각을 단념하라는 압박을 받고 있다. 그는 여전히 다른 방법을 찾고 있다.

리와 함께 선출된 의회를 보면 리가 많은 일을 하기는 어려울 것이다.

정당은 분열되었고, 점점 무소속 정치인들이 내각을 차지하면서 정치 지형은 더욱 복잡해졌다. 헌법에 명시된 정교한 견제와 균형의 원리는 여전히 유지되고 있지만, 그 때문에 입법부가 법안을 통과시키기가 더 어려워졌다. 자유지상주의자들은 이런 사태를 환영했다. 많은 사람들이 그런 상황을 걱정하고 있었지만, 본질적 문제(거부권을 폭넓게 허용한 헌법이 개헌안에 거부권을 행사하는 문제)를 해결할 방법이 없었다. 과거였다면 국가가 비상사태를 선포해서 이런 장애물들을 제거했을 것이다. 하지만 지금은 정치 지형의 균열이 심해서 아무 일도 할 수 없었다.

리의 경쟁 후보들이 모두 취임식에 참석한 것은 아니었다. 세 후보는 리가 그렇게 적은 표로 당선된 것은 의미 없는 속임수에 불과하다고 주장하면서 참석하지 않았다. 그것이 행사에 큰 영향을 끼치지는 않았다. 취임식에는 열광적인 군중이 자리를 채웠고, 반대파는 소수에 불과했다. 의회 지도부, 대법관들과 함께 합동참모본부 인사들도 참석했다. 당연히 참석해야 하는 자리였다. 취임식은 순탄하게 진행되었다.

리는 핵무기 발사명령 인증코드를 가지고 있지 않았지만, 의회가 미국의 핵무기 최종 사용권을 합동참모본부 의장, 하원의장, 대통령이 지명한 자(대통령 비서실장이 맡는 것이 관례) 등 세 사람에게 넘겨준 이후로 30년 동안 모든 대통령이 그것을 가지지 못했다. 이 세 사람은 언제나 서로 연락을 취할 수 있었고, 그들이 합의하지 않고는 어떤 결정도 내릴 수 없었다. 이들은 곧 '세 현자'로 불렸는데, 그때 이후로 미국이 여러 번 핵전쟁의 문턱까지 갔다는 점을 생각하면 아이러니한 일이다. 이제 처음으로 그 세 명 모두 여성이 될 예정이다.

리의 취임식 연설은 짧고 감동적이었다. 연단에는 이전과 달리 가상의 국기가 아닌 실물 국기가 걸려 있었다. 그는 자신의 당선이, 세상의 소셜 네트워크의 주인들에서 워싱턴에 있는 국민의 대표자에게로 권력이 되돌아온 순간이라고 말했다. 모든 국민에게 영향을 미치는 결정들은 모든 국민의 이익을 고려해야 한다. 그는 청중에게 무엇보다도 미국은 여전히 민주국가라는 사실을 상기시켰다. 미국은 항상 민주주의 사회일 것이다.

그가 연단에서 내려오자 전전임 대통령이 옆에 앉은 사람에게 이렇게 말하는 것이 들렸다. "주장이 너무 과하군."

나는 꽤 오랫동안 민주주의가 겪는 위기에 관해 생각해 왔다. 나처럼 그 주제에 관해 연구하고 글을 쓰는 사람들이 상당히 많다. 내가 이 책에서 언급한 책과 논문 외에도 읽을거리가 아주 많다. 내가 생각을 정리하는 데 도움을 받았던 문헌들을 여기에 소개하겠다. 그 글들에 전부 동의하는 것은 아니기 때문에, 나는 이 책에서 좀 다른 이야기를 해보려고 노력했다. 하지만 그 글들은 모두 통찰력이 있으며 흥미롭다.

현대 정치학자들을 사로잡은 중요한 질문들(무엇이 민주주의를 유지시키고, 무엇이 민주주의를 후퇴하게 하는가)과 관련해서는 대런 애쓰모글루 Daron Acemoglu와 제임스 로빈슨James Robinson이 쓴 『국가는 왜 실패하는가』가 대단히 유용하다. 그들은 신뢰할 만한 제도가 정치 안정의 핵심 요인이라고 주장한다. 이 책은 이미 고전이 된 그들의 이전 책 『독재와 민주주의의 경제적 기원The Economic Origins of Dictatorship and Democracy』보다 좀 더 쉽게 읽을 수 있다. 그 책에는 방정식이 등장하지만, 『국가는 왜 실패하는가』는 그렇지 않다.

『역사의 종말』로 여전히 유명한 프랜시스 후쿠야마는『정치 질서의
기원』과『정치 질서와 정치 쇠퇴Political Order and Political Decay』에서 민주주의
의 부상과 몰락 가능성을 설명한다. 특히 미국의 융통성 없는 '비토크라
시vetocracy'*에 대한 걱정이 담긴『정치 질서와 정치 쇠퇴』는 후쿠야마가
태평스러운 낙관론자라는 오랜 오해를 불식시킨다.

스티븐 레비츠키Steven Levitsky와 대니얼 지블랫Daniel Ziblatt이 쓴『어떻게
민주주의는 무너지는가』는 아주 최근에 출간되는 바람에 그 책의 내용
을 이 책에 담지 못했다. 그 책은 실패한 민주주의의 역사를 통해 잘못되
어 가는 미국 민주주의의 현재와 미래를 설명하고 있어서 나와는 입장이
다르다. 두 사람의 책은 민주주의가 '후퇴'하는 원인이 무엇이고, 그런
면에서 트럼프를 어떻게 평가해야 할지를 설명하는 따끈따끈한 신작이
다. 그 책과 같은 주제를 다루면서 아주 다른 내 책이 그들의 주장을 반박
하기보다 보완할 수 있기를 바란다.

최근《민주주의 저널The Journal of Democracy》에 현재 민주주의는 어디에
약점이 있는가라는 질문과 관련해서 흥미로운 논문들이 다수 실리고 있
다. 일부 글은 몹시 암울하다. 이 책에서 언급한 낸시 버메오가 쓴 쿠데타
에 관한 글 외에, 야스차 뭉크Yascha Mounk와 로버트 스테판 포아Robert Stefan
Foa가 쓴 두 편의 논문,〈민주적 단절The Democratic Disconnect〉(2016년 7월)과

✱ 프랜시스 후쿠야마가 미국의 양당정치를 비판하며 만든 용어로, 극단적인 당파주의적 정치를
   일컫는 말이다. 무조건적으로 상대 정당의 정책을 비난하며 반대하는 경향을 뜻한다.

〈분리 신호The Signs of Deconsolidation〉(2017년 1월)도 영향력 있는 글들이다. 그들은 민주주의가 정착된 사회에서 민주적 가치에 대한 믿음이 특히 젊은이들 사이에서 약화되고 있음을 보여 주는 여러 증거에 집중한다.

1930년대에 민주주의에 발생한 사건들을 다루는 훌륭한 책들이 많다. 리처드 에번스Richard J. Evans는 바이마르 공화국의 실패한 민주주의와 도널드 트럼프의 부상 사이에 몇 가지 유사점이 있다고 생각하고 있는데,『제3제국의 도래The Coming of the Third Reich』는 바이마르 공화국의 이야기를 다룬다. 아이라 카츠넬슨Ira Katznelson이 쓴『두려움 그 자체Fear Itself』는 현재 미국 민주주의가 1930년대에 닥쳤던 재앙에 얼마나 가까워졌고, 그 재난을 피하기 위해 어떤 타협이 이루어졌는지에 관해 대단히 흥미진진한 내용을 담고 있다.

폴 카틀리지Paul Cartledge의『민주주의Democracy: A Life』는 과거로 거슬러 가서 복잡하고 낯선 고대 아테네 정치를 오늘날의 시선에 맞춰 흥미롭게 설명한다. 좀 다른 책으로는 데이비드 모스David A. Moss가 쓴『민주주의 사례 연구Democracy: A Case Study』가 있다. 이 책은 미국 민주주의 역사(성공과 실패) 속 여러 이야기들을 하버드 경영대학원의 점수기록표를 사용해서 평가한다. 이런 접근법은 모든 사람이 좋아하는 방식은 아니지만, 확대된 선거권이 주기적으로 정해지는 틀에서 민주주의가 빠져나오는 데 얼마나 유용한지 그리고 그것이 오늘날 얼마나 성취하기 어려운지 등의 문제를 다룬다.

현대 정치이론을 다룬 책 중에서 나디아 우르비나티Nadia Urbinati의『훼손된 민주주의Democracy Disfigured: Opinion, Truth, and the People』는 훌륭하게도, 현대 민주주의가 사람들을 구경꾼으로 바꾸는 다양한 방법들을 하나하나 자세히 설명하고 있다. 이 책보다 먼저 출간된『대의민주주의Representative Democracy: Principles&Genealogy』는 민주주의의 특징을 "다시 생각하는 것"으로 규정하고 있는데, 이는 내가 현대 정치를 이해하는 데 지대한 영향을 미쳤다.

최근에는 음모론이 만연하는 현상을 진지하게 다루는 책들이 많이 나오고 있다. 캐스린 옴스테드Kathryn Olmsted의『진짜 적Real Enemies: Conspiracy Theories and American Democracy, World War I to 9/11』은 초창기 작품이지만 여전히 훌륭하다. 판카지 미슈라Pankaj Mishra의『분노의 시대』는 장 자크 루소부터 오늘날 전 세계 엘리트 집단에 대한 공격에 이르기까지 대중의 오랜 정치적 분노를 다룬다. 책에서 미슈라는 19세기 이탈리아의 민족주의를 트럼프와 모디와 연결 지어 서술한다. 얀 베르너 뮐러Jan-Werner Muller의『누가 포퓰리스트인가』는 오늘날 포퓰리즘을 하나의 독특한 정치 형태로 만든 것이 무엇인지에 관해 짧고 간결하게 설명한다.

실존적 위험 연구가 시작되는 데 도움을 주었던 책은 마틴 리스Martin Rees의『마지막 세기Our Final Century?: Will the Human Race Survive the Twenty-first Century?』다. 이 책의 문고판에는 첫 번째 물음표가 생략되어 있다. 닉 보스트롬의『슈퍼인텔리전스』는 실리콘밸리에 있는 사람들을 포함해서 일반 독자를 대상으로 인공지능이 불러올지 모를 대재앙을 강조했다. 소니아 아마대Sonia Amadae의『이성의 포로Prosoners of Reason: Game Theory and

Neoliberal Political Economy』는 핵전쟁과 게임이론, 현대 경제학 사이의 관계를 다룬다. 그녀는 어떤 종류의 실존적 위험은 전혀 새로운 것이 아님을 보여 준다.

역사적으로 복잡한 국가와 기업의 관계(그리고 둘의 혼합 모형)에 관해 더 많이 알고 싶다면, 앤드류 필립스Andrew Philips와 J.C. 샤먼Sharman이 쓴『국제 질서의 다양성International Order in Diversity: War, Trade and Rule in the Indian Ocean』이 아주 적절하다. 두 저자는 주권국이 헤게모니를 갖게 된 것이 비교적 최근 역사에서조차도 원칙이 아닌 예외적인 일이었다고 생각한다. 그들의 생각이 아마도 맞을 것이다.

요즘은 디지털 기술이 민주주의의 기능에 어떤 의미가 있는지를 분석하려는 책들이 대단히 많다. 프랭크 파스콸레Frank Pasquale의『블랙박스 사회』는 우리를 위해 의사결정하는 알고리즘이 왜 민주주의에 해로운가를 설명한다. 디지털 기술의 긍정적인 내용을 다룬 책으로는 제프 멀건 Geoff Mulgan의『빅 마인드Big Mind: How Collective Intelligence Can Change Our World』가 있으며, 이 책은 민주주의를 학습한 기계의 문제해결 능력을 자세히 다룬다.『정치 격변Political Turbulence: How Social Media Shape Collective Action』에서 헬렌 마게츠Helen Margetts를 비롯한 저자들은 반향실 효과와 만연하고 있는 온라인 집단사고에 대한 환상을 제거한다. 늘 그렇듯이, 진실은 우리가 상상했던 것보다 더 좋기도 하고 더 나쁘기도 한다.

이 책을 쓰면서 나는 논픽션뿐만 아니라 소설도 참고했다. 내가 이 책에서 언급하지 않은 소설로는 필립 로스Philip Roth의『미국을 노린 음모The

Plot Against America』가 있다. 여러 가지 면에서 로스의 소설은 내가 연구하는 주제와 어긋나는데, 로스는 1940년대 초 미국에서 파시스트가 백악관을 장악하는 가공의 상황을 설정한다. 그는 과거에 일어나지 않은 일이라도 언제든 다시 일어날 수 있음을 우리가 생각해 보기를 바란다. 그는 트럼프가 등장하기 10여 년 전, 부시대통령과 '애국법Patriot Act'이 있던 시절에 그 책을 썼다. 트럼프가 집권하는 시대에도 나는 로스가 상상한 과거가 우리의 미래가 되지는 않을 것이라고 생각한다. 하지만 이 책은 내가 읽은 소설 중에서 가장 무섭고 흥미진진한 이야기 중 하나다.

이 책의 내용 중 일부는 케임브리지대학에서 내가 참여했던 두 공동연구인 〈음모와 민주주의Conspiracy and Democracy〉와 〈과학기술과 민주주의 Technology and Democracy〉에서 가져온 것이다. 두 프로젝트를 도와준 동료들에게 깊은 감사를 드린다. 특별히 두 연구에서 나와 함께 작업하면서 격려와 아이디어를 아낌없이 제공해 준 존 노튼에게 고마움을 전한다. 그의 도움이 없었다면 이 책을 쓰지 못했을 것이다.

또한 내가 진행하는 팟캐스트 〈토킹 폴리틱스Talking Politics〉에 출연했던 손님들과 동료들에게도 감사하다는 말을 하고 싶다. 나는 그들과 지난 18개월간 민주주의의 현재에 관해 많은 이야기를 나누었고, 대화를 나눌 때마다 무언가를 배울 수 있었다. 특별히 헬렌 톰슨에게 감사한다. 그녀에게 정말 많은 것을 배웠다.

프로필 북스의 앤드류 프랭클린은 내게 이 책을 쓰라고 제안했는데, 그는 친절하고 인내심이 많은 훌륭한 편집자였다. 또한 베이식 북스의 라라 하이머트도 마찬가지다. 두 출판사에 계신 다른 분들에게도 그들의

307

노고와 열정에 감사를 드린다. 내 에이전트 피터 스트라우스 역시 이 책에 엄청난 지지를 보내주었다. 소중한 연구를 도와주었던 벤저민 스투드베이커는 이 책에 담긴 아이디어 중 일부를 나와 함께 토론했고, 새로운 아이디어도 제공해주었다.

이 책의 개요는 내가 《런던 리뷰 오브 북스London Review of Books》에 기고한 〈이것이 민주주의가 끝나는 방식일까?Is This How Democracy Ends?〉에서 가져왔으며, 그 글은 2016년 12월 트럼프 대통령이 당선된 직후에 쓴 것이다. 이 논문을 쓰는 데 지원을 아끼지 않은 《런던 리뷰 오브 북스London Review of Books》의 메리케이 윌머스와 다른 편집부 직원들에게도 늘 고마울 따름이다.

마지막으로 내 아내 비 윌슨과 우리 아이들인 톰, 나타샤, 레오에게 깊은 감사와 사랑을 전한다. 내가 책을 쓰는 동안 아내도 자기 책을 쓰고 있었다. 내가 먼저 끝낸 것은 그녀 덕분이다.

프롤로그

1 Francis Fukuyama, 'The End of History?', *The National Interest,* Summer 1989 (16), pp. 3 – 18.

서문

2 'The Inaugural Address', *The White House, The United States Government,* 20 January 2017, http://bit.ly/2mLGtmv

3 이러한 견해는 다음에서 유래되었다. Adam Przeworski, 'Minimalist-conception of democracy: a defense', *in Democracy's Value,* Ian Shapiro & Casiano Hacker Cordon, eds. (Cambridge: Cambridge University Press, 1999)

4 'Statement by the President', *National Archives and Records Administration,* 9 November 2016, http://bit.ly/2A28UVs

5 위의 글.

6 'What we are in the middle of and what we have been in the middle of, essentially since election night and all the days following, is a silent coup', *The Rush Limbaugh Show,* 12 July 2017, http://bit.ly/2hU1lLW

제1장 쿠데타의 위험은 현존하는가

7   C. L. Sulzberger, 'Greece under the Colonels', *Foreign Affairs,* vol. 48, no. 2, 1970, http://fam.ag/2zjK029

8   위의 글.

9   Yanis Varoufakis, *Adults in the Room: My Battle With Europe's Deep Establishment* (London: The Bodley Head, 2017), p. 78.

10 위의 책, p. 469.

11 위의 책, p. 82.

12 Donald Kagan, *Studies in the Greek Historians* (Cambridge: Cambridge University Press, 2009), p. 46.

13 Edward N. Luttwak, *Coup D'Etat: A Practical Handbook* (Harmondsworth: Penguin Books, 1968), p. 9.

14 위의 책, p. 24.

15 다음에서 인용. Adam Roberts, 'Civil resistance to military coups', *Journal of Peace Research* (12, 1975), p. 26.

16 Jonathan Fenby, *The General: Charles De Gaulle and the France He Saved* (London: Simon & Schuster, 2010), p. 467.

17 Nancy Bermeo, 'On democratic backsliding', *Journal of Democracy,* (27, 2016), pp. 5 – 19.

18 위의 책, p. 14.

19 Bruce Ackerman, *The Decline and Fall of the American Republic* (Cambridge, MA: Harvard University Press, 2010).

20 Sam Bourne, *To Kill the President* (London: HarperCollins, 2017).

21 Chris Mullin, *A Very British Coup* (London: Hodder & Stoughton, 1982).

22 Joseph E. Uscinski et al., 'Conspiracy theories are for losers', *APSA 2011*

Annual Meeting Paper, August 2011, http://bit.ly/2zr6OBx

23 Joseph E. Uscinski & Joseph M. Parent, *American Conspiracy Theories* (New York: Oxford University Press , 2014).

24 다음을 참조. Joel Rogers, 'Are conspiracy theories for (political) losers?', YouGov –Cambridge, 13 February 2015, http://bit.ly/2ACrfI5 (full survey results: http://bit.ly/2k2kvNf).

25 다음에서 인용. Christian Davies, 'The conspiracy theorists who have taken over Poland,' *Guardian* 'Long Read', 16 February 2016 http://bit. ly/2enJyVI

26 다음을 참조. 'Free silver and the mind of "Coin" Harvey', in Richard Hofstadter, *The Paranoid Style in American Politics* (New York: Vintage, 2008).

27 이에 대한 고전적 설명은 다음을 참조. Richard Hofstadter, *The Age of Reform: From Bryan to F.D.R.* (New York: Alfred A. Knopf, 1955).

28 Thomas Piketty, *Capital in the Twenty-first Century* (Cambridge, MA: Harvard University Press, 2014).

29 Walter Scheidel, *The Great Leveler: Violence and the History of Inequality From the Stone Age to the Twentyfirst Century* (Princeton, NJ: Princeton University Press, 2017).

제2장 민주주의는 대재앙을 막을 수 있는가

30 Rachel Carson, 'Silent spring – I', *New Yorker,* 16 June 1962, http://bit. ly/2zYoOlx

31 John Hersey, 'Hiroshima', *New Yorker,* 31 August 1946, http://bit. ly/2yibwPT

32 Hannah Arendt, 'Eichmann in Jerusalem – I', *New Yorker,* 16 February

1963 (and four following issues), http://bit.ly/2gkvNOi

33 위의 글.

34 'The desolate year', *Monsanto Magazine,* October 1962, pp. 4 – 9.

35 Paul Krugman, 'Pollution and politics', *New York Times,* 27 November 2014, http://nyti.ms/2B288H9

36 Eben Harrell, 'The four horsemen of the nuclear apocalypse', *Time,* 10 March 2011, http://ti.me/2hMn8RY

37 Timothy Snyder, *On Tyranny: Twenty Lessons from the Twentieth Century* (London: The Bodley Head, 2017), p. 50.

38 Timothy Snyder, *Bloodlands: Europe Between Hitler and Stalin* (New York: Basic Books, 2010).

39 Derek Parfit, *Reasons and Persons* (Oxford: Oxford University Press, 1984), pp. 453ff.

40 다음에서 인용. Craig Lambert, 'Nuclear weapons or democracy', *Harvard Magazine,* March 2014, http://bit.ly/2i2BFgc

41 Nick Bostrom, 'Existential risks: analyzing human extinction scenarios and related hazards', *Journal of Evolution and Technology* (9, 2002), http://bit. ly/2jSajtw

42 위의 글.

43 Raffi Khatchadourian, 'The Doomsday Invention', *New Yorker,* 23 November 2015, http://bit.ly/2zdfTJY

44 Cormac McCarthy, *The Road,* p. 54 (London: Picador, 2006).

45 David Mitchell, *The Bone Clocks* (London: Sceptre, 2014).

46 E. M. Forster, 'The Machine Stops' in *The Eternal Moment and Other Stories* (London: Sidgwick & Jackson, 1928).

47   Christopher Clark, *The Sleepwalkers: How Europe Went to War in 1914* (London: Allen Lane, 2013).

제3장 기술의 발전이 더 나은 정치를 불러오는가

48   Mahatma Gandhi, *Hind Swaraj and Other Writings,* Anthony J. Parel, ed. (Cambridge: Cambridge University Press, 1997), p. 35.

49   David Edgerton, *Shock of the Old: Technology and Global History since 1900* (London: Profile, 2006).

50   Thomas Hobbes, *Leviathan,* Richard Tuck, ed. (Cambridge: Cambridge University Press, 1996), p. 9.

51   Mark Zuckerberg, 'Building global community', *Facebook,* 16 February 2017, http://bit.ly/2m39az5

52   Dave Eggers, *The Circle* (New York: Alfred A. Knopf, 2013).

53   Mark Zuckerberg, 'Mark Zuckerberg', *Facebook,* 3 January 2017, http://bit. ly/2hXwZIi

54   Josh Glancy, 'Mark Zuckerberg's "Listening Tour"', *Sunday Times,* 23 July 2017, http://bit.ly/2hVF4gM

55   Eggers, *The Circle,* p. 386.

56   The fullest account of this story is in Jon Ronson, *So You've Been Publicly Shamed* (New York: Riverhead Books, 2015).

57   Ezra Klein & Alvin Chang, '"Political identity is fair game for hatred": how Republicans and Democrats discriminate', *Vox,* 7 December 2015, http:// bit.ly/2ja3CQb

58   'Mark Lilla vs identity politics', *The American Conservative,* 16 August 2017, http://bit.ly/2uTZYhy

59 '5th Republican debate transcript', *Washington Post,* 15 December 2015, http://wapo.st/2mTDrBY

60 Joseph Schumpeter, *Capitalism, Socialism, and Democracy* (New York: Harper and Brothers, 1942).

61 Joe McGinnis, *The Selling of the President 1968* (New York: Trident Press, 1969).

62 Robert A. Burton, 'Donald Trump, our AI president', *New York Times,* 22 May 2017, http://nyti.ms/2B3Rt6e

63 다음에서 인용. L. A. Scaff, *Max Weber in America* (Princeton, NJ: Princeton University Press), p. 177.

제4장 더 나은 대안은 없는가

64 Nick Land, 'The Dark Enlightenment: part 1', *The Dark Enlightenment* (2013), http://bit.ly/2zZA5Cz

65 위의 책.

66 Curtis Yarvin, 'Moldbug's gentle introduction', *The Dark Enlightenment* (2009), http://bit.ly/2zft6lk

67 Alessio Piergiacomi, 'What would an AI government look like?' *Quora,* 30 April 2016.

68 위의 글.

69 Winston Churchill, House of Commons, 11 November 1947, http://bit.ly/2hMe3bR

70 Steven Levitsky & Lucan A. Way, *Competitive Authoritarianism: Hybrid Regimes after the Cold War* (Cambridge: Cambridge University Press, 2010).

71 Daniel A. Bell et al., 'Is the China model better than democracy?', *Foreign Policy,* 19 October 2015, http://atfp.co/1jRIJXC

72 위의 글.

73 John Stuart Mill, *Considerations on Representative Government* (London: Parker & Son, 1861).

74 Jason Brennan, *Against Democracy* (Princeton, NJ: Princeton University Press, 2016), p. 221.

75 위의 책, p. 212.

76 Christopher H. Achen & Larry M. Bartels, *Democracy for Realists: Why Elections Do Not Produce Responsive Government* (Princeton, NJ: Princeton University Press, 2016), p. 310.

77 Brennan, *Against Democracy*, p. 7.

78 David Estlund, *Democratic Authority: A Philosophical Framework* (Princeton, NJ: Princeton University Press, 2007).

79 Brennan, *Against Democracy*, p. 221.

80 Brian Wheeler, 'Nigel: the robot who could tell you how to vote,' *BBC News*, 17 September 2017, http://bbc.in/2x6K1IV

81 Benjamin M. Friedman, *The Moral Consequences of Economic Growth* (New York: Alfred A. Knopf, 2005).

82 Robert Nozick, *Anarchy, State, and Utopia* (New York: Basic Books, 1974), p. 310.

83 Paul Mason, *Postcapitalism: A Guide to Our Future* (London: Allen Lane, 2015).

84 위의 책, p. 134.

85 Philip N. Howard, *Pax Technica: How the Internet of Things May Set Us Free or Lock Us Up* (New Haven, CT: Yale University Press, 2015), p. 224.

86 위의 책, pp. 161-2.

87 Mason, *Postcapitalism*, p. 283.

88 Alex Williams & Nick Srnicek, '#ACCELERATE MANIFESTO for an accelerationist politics', *Critical Legal Thinking,* 14 May 2013, http://bit.ly/18usvb4

89 Yuval Noah Harari, *Homo Deus: A Brief History of Tomorrow* (London: Harvill Secker, 2016).

90 Derek Parfit, *Reasons and Persons* (Oxford: Oxford University Press, 1984), part 3.

결론

91 'UK to dodge Greek fate with tough budget – Osborne', *Reuters,* 20 June 2010, http://reut.rs/2jSSnyZ

92 Steven Pinker, *The Better Angels of Our Nature: The Decline of Violence in History and Its Causes* (London: Allen Lane, 2011).

93 다음을 참조. Clay Shirky, 'Power laws, weblogs and inequality', 8 February 2003, http://bit.ly/1nyyc36

94 Alex Cuadros, 'Open talk of a military coup unsettles Brazil', *New Yorker,* 13 October 2017, http://bit.ly/2gjbW25

에필로그

95 다음을 참조. Yuval, *Homo Deus.*

1) 인명

2) 국가 및 지역

옮긴이 최이현

연세대학교에서 행정학을 공부했다. 독서와 글쓰기에 마음을 뺏겨 십 년 가까이 다니던 안정된 직장을 그만두고 전문 번역가의 길로 들어섰다. 글밥아카데미를 수료하고 바른번역 소속 번역가로 활동 중이다. 옮긴 책으로 『여자들에게, 문제는 돈이다』, 『괜찮은 남자들은 다 어디로 갔을까』, 『자본주의가 대체 뭔가요?』, 『침묵하지 않는 사람들』, 『정치는 어떻게 시간을 통제하는가?』 등이 있으며, 계간지 《뉴필로소퍼》와 《하버드 비즈니스 리뷰》 한국어판 번역에 참여하고 있다.

쿠데타, 대재앙, 정보권력

초판 1쇄 발행 2020년 4월 13일   **초판 2쇄 발행** 2020년 4월 25일

지은이 데이비드 런시먼   **옮긴이** 최이현
펴낸이 김종길   **펴낸 곳** 글담출판사   **브랜드** 아날로그

기획편집 이은지·이경숙·김진희·김보라·김윤아
마케팅 박용철·김상윤   **디자인** 엄재선·손지원   **홍보** 정미진·김민지   **관리** 박인영

출판등록 1998년 12월 30일 제2013-000314호
주소 (04029) 서울시 마포구 월드컵로 8길 41(서교동)
전화 (02) 998-7030   **팩스** (02) 998-7924
페이스북 www.facebook.com/geuldam4u   **인스타그램** geuldam
블로그 blog.naver.com/geuldam4u

ISBN 979-11-87147-53-4 (03340)
* 책값은 뒤표지에 있습니다.
* 잘못된 책은 구입하신 곳에서 바꾸어 드립니다.

* 이 도서의 국립중앙도서관 출판시도서목록(CIP)은 e-CIP 홈페이지(www.nl.go.kr/ecip)와
  국가자료공동목록시스템(www.nl.go.kr/kolisnet)에서 이용하실 수 있습니다.
  (CIP 제어번호 : 2020008465)

만든 사람들
책임편집 김윤아   **표지 디자인** 김종민   **본문 디자인** 손지원

글담출판사에서는 참신한 발상, 따뜻한 시선을 담은 원고를 기다리고 있습니다.
원고는 블로그와 이메일로 보내주세요. 여러분의 소중한 경험과 지식을 나누세요.
블로그 blog.naver.com/geuldam4u   **이메일** geuldam4u@naver.com